传统武术文化阐释与训练实用指导

马 睿／著

中国水利水电出版社

www.waterpub.com.cn

·北京·

内 容 提 要

　　本书是在对传统武术进行长期研究、搜集大量相关资料的基础上撰写的,并借鉴参考了诸多学者的相关研究,是关于传统武术的科学研究成果。

　　本书研究对象为传统武术,具体从文化与训练两个角度展开论述。全书在系统阐述传统武术文化基础内容的基础上,深入解析了我国传统武术的丰富文化内涵,并对多元文化视域下的传统武术文化展开研究,指出了新时期传统武术文化的传承与发展问题及其策略。本书还系统地对传统武术体系中的技法训练进行了实用性分析,包括武术基本功与动作、武术拳术技法训练、武术器械技法训练、武术养生技法训练以及武术搏击技法训练,对习武者科学从事武术学练、提高武术技法水平具有重要的指导价值。

　　本书文化与技法并重、理论与实践紧密结合,是一本关于新时期社会文化背景下传统武术技法训练及其文化发展的科学著作。

图书在版编目(CIP)数据

传统武术文化阐释与训练实用指导/马睿著. —北

京:中国水利水电出版社,2017.5(2022.9重印)

ISBN 978-7-5170-5357-6

Ⅰ.①传… Ⅱ.①马… Ⅲ.①武术—传统文化—文化

研究—中国 Ⅳ.①G852

中国版本图书馆 CIP 数据核字(2017)第 092609 号

书　　名	传统武术文化阐释与训练实用指导　CHUANTONG WUSHU WENHUA CHANSHI YU XUNLIAN SHIYONG ZHIDAO
作　　者	马　睿 著
出版发行	中国水利水电出版社
	(北京市海淀区玉渊潭南路 1 号 D 座 100038)
	网址:www.waterpub.com.cn
	E-mail:sales@waterpub.com.cn
	电话:(010)68367658(营销中心)
经　　售	北京科水图书销售中心(零售)
	电话:(010)88383994、63202643、68545874
	全国各地新华书店和相关出版物销售网点
排　　版	北京亚吉飞数码科技有限公司
印　　刷	天津光之彩印刷有限公司
规　　格	170mm×240mm　16 开本　20.25 印张　363 千字
版　　次	2017 年 8 月第 1 版　2022 年 9 月第 2 次印刷
印　　数	2001—3001 册
定　　价	60.00 元

前　言

传统武术是中华民族文化的瑰宝,是我国传统文化的重要内容之一,具有丰富的文化内涵。传统武术具有多元价值,武术技法训练具有健身、养生、怡情等作用,传统武术文化朴素的哲学观及其与我国传统文化形态的紧密结合,对于中华民族稳固文化形态的形成和民族精神的塑造具有重要的价值。

传统武术根植于我国传统文化之中,文化底蕴深厚、历史悠久。现阶段,随着时代的不断发展和现代文明的进步,社会体系的各构成要素均发生了很大的变化,传统武术原有的文化土壤与社会环境发生了变革,因而在新时期传统武术及其文化的发展面临着新的机遇与挑战。如何实现传统武术文化在现代多元文化背景下的可持续发展成为一个重要的、值得探讨的社会课题。基于此,特撰写《传统武术文化阐释与训练实用指导》一书,旨在系统分析我国传统武术文化内涵的基础上,对多元文化视域下传统武术文化的有序发展、科学探索、教育传承进行深入探讨,并通过对传统武术技法训练的实用分析指导更多的人科学从事武术学练,扩大武术人口,振兴中华武术。

全书共九章,主要从文化和训练两个角度对传统武术进行了系统的研究。前四章为传统武术文化研究,第一章为传统武术文化概述,简要阐述了传统武术的概念、发展历程、流派、特点与价值;第二章从六个方面分别解析了传统武术的丰富文化内涵,主要内容包括传统武术与古代哲学、传统武术与传统美学、传统武术与中医养生、传统武术与伦理道德、传统武术与宗教民俗、传统武术与艺术表演;第三章为多元文化视域下传统的武术文化,对文化视域下武术文化的认同与自觉、"文化进化"视域下武术的技击嬗变、多元文化背景下我国丰富的地域传统武术文化进行了系统分析和深入研究;第四章为传统武术文化的传承与发展研究,在阐述传统武术文化传承体系构成的基础上,分析了当前传统武术文化的发展现状与困境,并就传统武术教育中的文化传承与传统武术文化的创新发展策略进行了探索研究。第五章至第九章为传统武术训练指导研究,第五章对传统武术的基本功与武术动作的技法训练进行了阐述;第六章至第九章分别就包括长拳、南拳、太极拳在内的传统武术拳术技法,包括刀、枪、棍、剑在内的传统武术器械技法,包括易筋经、五禽戏、六字诀、八段锦在内的传统武术养生技法,包括散打、擒拿、摔跤在内的传统武术搏击技法等的训练进行了系统、全面的分析与阐述,对习武者科学从事武术技法训练具有重要的指导作用。

本书从整体内容构思和结构设置上都力求做到系统性、严谨性,并与当前多元社会文化发展紧密结合,突出时代特点。具体来说,本书内容逻辑性强,叙述逐层递进,层层相扣;结构清晰明了,便于传统武术研究者与习练者层层深入认知与学练;在传统武术的现代化可持续发展中,重视传统文化的文化内涵、背景、发展分析,对传统武术文化的科学发展具有重要的实用指导价值。

本书在撰写过程中,参考了一些专家和学者的相关著作和研究资料,在此深表谢意。由于笔者水平和时间有限,书中难免存在错误或不妥之处,恳请广大读者批评指正。

笔　者

2017 年 2 月

目　录

前言

第一章　传统武术文化概述 …………………………………………… 1
　第一节　传统武术的概念 …………………………………………… 1
　第二节　传统武术的发展历程 …………………………………… 6
　第三节　传统武术流派与特点 …………………………………… 18
　第四节　传统武术的多元价值解读 …………………………… 25

第二章　传统武术的文化内涵解析 ……………………………… 30
　第一节　传统武术与古代哲学 …………………………………… 30
　第二节　传统武术与传统美学 …………………………………… 35
　第三节　传统武术与中医养生 …………………………………… 39
　第四节　传统武术与伦理道德 …………………………………… 45
　第五节　传统武术与宗教民俗 …………………………………… 47
　第六节　传统武术与艺术表演 …………………………………… 54

第三章　多元文化视域下的传统武术文化 …………………… 61
　第一节　文化视域下武术文化的认同与自觉 ……………… 61
　第二节　"文化进化"视域下的武术技击嬗变 …………… 70
　第三节　多元文化背景下我国丰富的地域传统武术文化 … 75

第四章　传统武术文化的传承与发展研究 …………………… 87
　第一节　传统武术文化传承体系构成 ……………………… 87
　第二节　传统武术文化发展现状与困境 …………………… 101
　第三节　传统武术教育中的文化传承 ……………………… 108
　第四节　传统武术文化的创新发展策略 …………………… 121

第五章　传统武术基本技法训练指导 ………………………… 124
　第一节　传统武术基本功 ………………………………………… 124
　第二节　传统武术基本动作 …………………………………… 133

第三节　传统武术组合动作 …………………………………………… 156

第六章　传统武术拳术技法训练指导 …………………………… 163
第一节　长拳 ……………………………………………………… 163
第二节　南拳 ……………………………………………………… 182
第三节　太极拳 …………………………………………………… 198

第七章　传统武术器械技法训练指导 …………………………… 202
第一节　刀术 ……………………………………………………… 202
第二节　枪术 ……………………………………………………… 216
第三节　棍术 ……………………………………………………… 220
第四节　剑术 ……………………………………………………… 228

第八章　传统武术养生技法训练指导 …………………………… 246
第一节　易筋经 …………………………………………………… 246
第二节　五禽戏 …………………………………………………… 257
第三节　六字诀 …………………………………………………… 266
第四节　八段锦 …………………………………………………… 273

第九章　传统武术搏击技法训练指导 …………………………… 282
第一节　散打 ……………………………………………………… 282
第二节　擒拿 ……………………………………………………… 294
第三节　摔跤 ……………………………………………………… 306

参考文献 …………………………………………………………… 316

第一章 传统武术文化概述

传统武术文化是我国悠久灿烂文化的重要组成部分。在中华文明的孕育下,传统武术文化也同样表现出诸多与之相符的特征。为了更好地研究传统武术文化的相关内容,对其基本理论知识和多元价值进行研究就显得很有必要,以期为日后的深入研究奠定基础。

第一节 传统武术的概念

一、传统武术概念的内涵

我国的传统武术在中华大地上传承了千百年。早期的武术仅仅被视为一种身体活动方式,更多应用于军事、健身和文化承载等方面。后来武术越来越被人们系统化和体系化,以至于最终形成了属于传统武术自身的科学体系,如此则成为直到今天中国文化乃至世界文化领域、体育领域中璀璨的民族智慧的结晶。

对于传统武术概念的界定问题,长期以来一直存有很大的争议。通过查阅大量历史文献后得知"武术"一词最早出现在南朝时代颜延年所作的《皇太子释奠会》中的记载:"偃闭武术,阐扬文令。"①之后,随着历史的不断演变,"武术"一词经历了各个不同的历史发展阶段,并且也形成了自身不同的内涵。颜延年在其诗中将"武术"一词定义为发扬文治,停止武战。仔细分析后发现,颜延年给"武术"下的这个定义与我们现代所理解的武术的含义相去甚远,甚至思维都不在一个同等维度上,所以这只能认为是给我们为"武术"下定义的一种另类的参考。武术传承到今天,已经与过去大有不同了,其基本含义也变得更加纯粹和简单,即主要是指能够使人们达到强健体

① 全国体育院校教材委员会 . 中国武术教程[M]. 北京:人民体育出版社,2003.

魄、维护自身安全的技击技术。武术在我国能够将传统的中国文化特点转化为外在的形式表现出来，并且还连带将传统哲学思想一同展现，其用武之道也是对我国传统伦理观念的直接体现。此外，中国的养生学、传统医学也与武术的基本理论有着非常密切的联系。我们可以认为，武术就是集古代健身、防身、养性、修养等理论和实践为一体的身体运动形式。

武术中的主要动作形式和功能都是用于格斗，这也是武术的本质运动形式。这种本质形式来源于武术的起源，远古人无论是为了打猎还是为了守护领地都会展开不少肢体纷争。在这些纷争中，掌握精湛的搏斗技术无疑是获胜利益的基本保障。由此可以看出，在武术的发展和变化的过程中，技击是其内容和形式始终围绕的根本属性。

对于武术的详尽分析还可以从字形、内容和字义上进行。

(1)字形上的分析。从字形来看，"武"这个字可以被拆解为"止"和"戈"两个部分。为此，著作《中国古典艺术》对此进行了论述，即"武字甲骨文篆文均从戈从止，金文亦从戈，作人持戈、持干、持戌前进的样子"。[1]

此外，许慎也曾在他的《说文解字》中提到过"夫武，定功戢兵，故止戈为武"。[2] 翻译成白话文，意思为军队在赢得胜利之后，整理军队回营。"止"就是停止的意思，"戈"则泛指一切战争中使用的工具，通常为兵器。由此可见，"武"是停止打仗的意思。然而上述解释只是在古代文献中的用法，有一定的语言环境，而实际上这些关于"武"的意思并非"武"的本义。

行术声(《说文解字》)，在行中，"术"字被写成"術"，"术"在金文、甲骨文以及战国时期的陶文中的写法就像处于一个四通八达的街中的十字之道一样。从这一方面来看，"术"的意思是经过后人引申的，技术方法是其引申后的主要意思。

综上所述，在研究了古人给"武"和"术"的释义后基本可以认定"武术"就是一种以技击为主要形式的搏击方法。

(2)内容上的分析。丰富多样的技击技术是武术运动的基本技术和本质特征。为此，在武术的基本理论、基本功、套路动作和实战技击等多方面几乎都包含了这个内容。在我国古代的文学巨典《礼记》《汉书》和《荀子》中都有关于武术内涵的解析，如《学记》将武术的具体内容概括为"执技论力"，另外两书又称"武术"为"技击"，汉代又称为"手搏"之技。《纪效新书·拳经捷要篇》写道："学拳要身法活便，手法便利，脚法轻固，进退得宜。腿可飞腾，而其妙也；颠起倒插，而其猛也；披劈横拳，而其快也；活捉朝天，而其柔

---

① 全国体育院校教材委员会. 中国武术教程[M]. 北京：人民体育出版社，2003.

② 同上.

也。知当斜闪……"俗云："拳打不知，是迅雷不及掩耳，所谓不招不架，只是一下，犯了招架，就有十下。"①在总结岳山派八极拳的武术文稿中，渤海马三称太极拳有四大法、六大开、六肘头、八大招、十二路等。单就招法而言就有 12 种之多，如虚招、实招、小招、活招、绝招、大招、单招、变招、攻招、巧招等。仅凭这些内容就足以将武术运动中丰富的攻防内容充分表现出来，同时也能将武术的本质特征很好地体现出来。

（3）字义上的分析。对于从字义的角度分析也可以给武术概念的内涵提供一定的参考。首先来看"武"字，从字义上讲，"武"字可以被解释为依靠威力服人，或是"讲武论勇"。"武"在《辞海》中解释为是一种"干戈军旅之事"；"术"则为"整军经武的技术和方法"的意思。为此由武术字义，就可以将其看作是一种力、技、击、法的方法。

人类的聪明才智创造出了众多科学技术，其中给传统武术带来较大冲击的是火器的发明。火器发明之后，凭借其杀伤力、杀伤面和投放距离等优势被更多使用到了军事领域，这就使之前军事一直依赖的武术技击价值大大降低，使得传统武术不得不更加突出强健身心的价值，向着健身和养生的方向来进行发展。时至今日，传统武术仍旧是深受广大人民群众喜爱的体育健身项目。不过，武术的本质——技击价值没有完全消退，仍旧可以使练习者掌握一定的攻防技击能力和技术，以便在必要时起到防身的作用。

二、传统武术概念的发展

几千年中华文明孕育出的武术运动，其概念始终是在不断变化发展的。要想探讨真正的传统武术概念，就需要对不同时期的传统武术概念的发展变化有所了解。因为每一个时期对传统武术概念的表述都可能反映出当时的社会背景、人们普遍对武术的态度以及统治阶级对于武术发展的支持程度。这显然对更加深入地了解武术的本质大有益处。

"武术"一词最早被使用还要追溯到晚清时期。在 1908 年 7 月的一篇名为《神州日报》的文章中说道："论今日国民宜崇旧有之武术。"这一时期西方科学逐渐被我国接受，与之相关其他关于概念等内容也越发追求标准化和具体化。这种发展趋势也就使得"武术"和"国技"之间的模糊与重叠获得了一些校正。最终武术的形式被命名为"国术"。这个词的出现，说明了人们认识并确立了武术不同于其他国家技击之术的范畴，带有非常浓厚的民族特色。

---

① 全国体育院校教材委员会. 中国武术教程［M］. 北京：人民体育出版社，2003.

到了近现代,民国期间就曾有文件对武术的概念进行描述,如在1932年发布的《国民体育实施方案》中提出:武术作为国术,原本是中华民族具有的进行身体活动的锻炼方法,既能够给人们提供相应的自卫技能,同时也能够作为进行锻炼的手段。此时的武术在军事领域的作用大不如前,在实际战斗中只有在近战时才有作用,这对于人们心中了解的武术已经大有不同了。另外,这一时期西方竞技体育项目大量涌入我国,大众对于这类运动项目逐渐喜爱,并能直观地发掘蕴含在这些项目中的健身、健心和审美情趣等价值。尽管如此,我国民众也并未完全对武术的价值予以否定。从上述概念来看,既着重强调了武术能够给人们提供一些自卫技能,同时又能够成为人们进行身体锻炼的工具。这也与当时我国正处于民族危机之中,提倡"强国强种"奋进口号的精神倡导相吻合。上述的诸多事例证明,武术具有的体育性质和技击特点,同时能够使人们更为清晰地认识到武术是我国民族固有的进行身体锻炼的方法。

著名学者马明达先生对当时民国时期普遍使用的"国术"一词做出解释,他认为"国术"的概念具有多元化和综合化,它的主体是古代"武艺"遗存下来的一些民间体育项目的组合体,是当时人们词语概念中"土体育"(本土体育)的官方称谓。关于"国术"一词的一系列表述显示出"国术"所包含的内容较为广泛,囊括的内容较多,它不单单是武术的称谓,甚至还包括一些民族传统体育的形式。当时的民国时期组织过颇有规模的"国术考试",从它的考试项目也可看出内容并不仅限于武术的内容,而是一个以徒手与器械的格斗竞赛为核心的民族体育体系。这里我们可以通过《国术考试条例》和《细则》中的规定了解得更加细致一些,如其中写有该考试分为国家、省、县的三级考试为文科和术科两种,其中术科考试的项目不只是武术的内容。因此可以说,在民国时期,"国术"的结构是一个具有多元结构的复合体,武术只是"国术"中的一个组成部分。

新中国成立以后,党和政府为发展我国体育事业做出了卓越努力。其中一项重要工作就是为了民族体育的有序发展,将民族体育置于整个大体育中的重要地位,将民国时期的"国术"进行拆分,并重新划分类别,将"武术"一词重新使用。这样一来,"武术"一词所表示的事物更加纯粹,具体内容包括拳术、器械、对练、集体演练、散手和推手等。

在1957年举办的一次"关于武术性质问题的讨论"会议上,学者们进行了激烈的讨论后基本达成了一致的观点,即认为武术的本质是技击;现代武术开展的主要目的是强健身心;武术是我国民族传统体育的重要组成部分,有着非常重要的健心价值和健身价值。在这一时期有一种"武术即技击"的观点出现,这种简单的"唯技击论"没有关注传统武术中的其他内涵与价值,因此太过片面和武断，并不具有代表性，因此受到了批判，很快便沉溺下去了。

我国第一部对武术做出全面解释的具有权威性的教材是 1961 年出版的《体育学院本科讲义·武术》。教材对武术概念的表述为："武术是以拳术、器械套路和有关的锻炼方法所组成的民族形式体育。它具有强筋壮骨、增进健康、锻炼意志等作用；也是我国具有悠久历史的一项民族文化遗产。"①根据这本教材中对武术概念的表述可知，它重点强调了武术是"民族形式体育"中的一种，同时也对武术的社会功能和具体的运动形式等内容进行了介绍。但是，引起很多学者关注的是，上述武术的概念并没有在表述中对武术所具有的技击特点进行涉及，同时在武术的社会功能方面也没有涉及练习者所掌握的一定的攻防技能，即使在教材最后的论述中提到了武术是带有技击性质的民族体育项目，但在就此问题进行的论证中好像也故意避开了它的技击性似的予以了淡化。不过，出现这种情况的原因并不难发掘，这主要是因为当时对武术"唯技击论"的理论进行了批判后，后来人们再给武术认定概念时为了避免"麻烦"而故意削弱了武术的技击特性。

《体育系通用教材·武术》也是一本关于武术的教学教材，它于 1978 年出版。这本教材对武术概念的表述为："武术，是以踢、打、摔、拿、击、刺等攻防格斗动作为素材，按照攻守进退、动静疾徐、刚柔虚实等矛盾相互变化的规律编成徒手和器械的各种套路。它是一种增强体质、培养意志、训练格斗技能的民族形式的体育运动。"②该教材较为详尽地对武术的每一个特点都进行了概括，特别是对武术的技击特征进行了详细说明，表现出了十足的客观性。在该文中还对训练格斗技能的方式有所涉及，这既强调了武术的技击特点，同时也对武术的民族形式的体育运动这一上述概念进行了说明，从而在一个方面将武术与现代竞技体育进行了一个初步的结合，为以后武术的竞技化发展做出了理论性的尝试。该教材在五年后再版，新版本对武术的概念进行了一些补充。新的武术即被定义为是以踢、打、摔、拿、击、刺等技击动作为素材，遵照攻守进退、动静疾徐、刚柔虚实等规律组成套路，或在一定条件下遵照一定的规则，两人斗智较力，形成搏斗，以此来增强体质、培养意志、训练格斗技能的体育运动。以上概念将武术的全部内容都包含其中，对人们开展武术概念的相关研究工作，提供了基本思想指导。

20 世纪 80 年代后期，国际武术联合会成立，该组织负责促进、协调与组织世界各国武术运动的交流和发展。我国作为传统武术大国，自然得到

---

① 贾亮. 武术传统文化与使用套路解析[M]. 北京:中国商务出版社,2008.

② 同上.

了该组织的重视。同时,为了在国际范围内更好地推广武术运动,我国确立了武术在国际上的通用名称,英文"Wushu"。"Wushu"一词的确立,标志着原始的技击、武艺、国术等从一种复合的、外延广泛的民族体育体系转变成为一种走向单一化的富有浓厚民族特色和东方文化的体育运动项目。

第二节　传统武术的发展历程

武术发展至今已经有几千年的历史,在漫长的发展过程中武术已经逐渐形成了内容丰富精深、社会价值广泛、文化色彩浓厚的体育文化形态。武术中包含的各种中华文化元素均是在不同历史时期慢慢完善和积累的。因此,对传统武术发展历程中的起源与经过进行研究有助于解决武术许多理论和实践问题。

一、传统武术的起源

(一)传统武术的雏形

追溯武术的原始雏形,还要联系到一定的生产和生活环境与背景。武术的产生与人类的生产活动密切相关,在"物竞天择,适者生存"的生存环境中,人类首先面临的就是人与兽之间的争斗。为了猎取食物,人类自然产生了拳打脚踢、指抓掌击、跳跃翻滚一类的初级攻防手段。然而,这些击打的方法多是基于本能的、自发的、随意的身体动作,人们还不能有意识地进行搏杀技能练习,但这些初级攻防技能却为武术的形成奠定了一定的条件,也是武术的萌芽。

在生产力十分低下的原始社会中,人类早就学会了制造和使用石制或木制的工具,并学会了使用这些工具击打野兽的方法。而且我们从考古发现中可以了解,旧石器时代已出现了尖状石器、石球、石手斧、骨角加工的矛。而到了新石器时代末期,则出现了大量的石斧、石铲、石刀和骨制的鱼叉、箭镞,甚至还有铜钺、铜斧等。因此我们不难看出:在人与兽的争斗中,人类掌握了基本的搏杀技能,原始人类的生存能力已大大提高。

在人类与野兽、与人的搏斗中,逐渐产生和兴起了武术,因此说,真正意义上的武术萌生于人与人的战争中。据《吕氏春秋·荡兵》记载:"未有蚩尤之时,民固剥林木以战矣。争斗之所自来者久矣,不可禁,不可止。"由此可见,早在原始部落发生大规模战争之前,中国就已经出现了人与人之间为抢夺食物、领地等进行的争斗。这些战争非常普遍，而且由来已久，正是这些争斗使大量生产工具逐渐演变为人类互相残杀的武器。在战争中，凡是能用于搏击的生产工具都成了战斗的武器，人们远则使用弓箭、投掷器，近则使用棍棒、刀斧，器械巨大的杀伤力被残忍地展现出来。渐渐地，人们发现光有器械是不够的，由此使用器械的技巧和战争中的格斗技术逐步分离出来，并沿着自身的规律向武术的方向发展。

战争也成为促进武术形成与发展的一个重要因素。原始社会末期出现了大规模的氏族间战争，而这种原始部落之间有组织的战争加速了原始武术的形成。据古籍记载，这一时期进行的大规模战争有黄帝与炎帝的战争、黄帝与蚩尤的战争、夏禹伐九黎、三苗的战争等。原始人群为适应原始战争的需要，要做战斗的演习操练，以熟悉战斗的击刺动作和应有的群体组合，于是在原始人群中萌生了"武舞"，或叫"战舞"。

"武舞"可以说是武术在早期的一种表现形式。所谓"武舞"，就是原始社会战斗技术的展现，它融知识、技能、身体训练和习惯的培养等为一体，将用于实战格杀的经验按一定程式来演练，是古代武术由感性认识向理性认识的升华。人们在狩猎、战事等活动之前或之后，都要跳武舞，幻想以这些击刺杀伐的动作来产生一种超自然的力量，以鼓舞士气，祈神保佑。

"武舞"在这一时期受到了很多人的喜爱和使用，几乎成为很多人操练的首选。据史籍记载，大禹时期三苗部族多次反叛，屡次征伐也未能使之降服。后来，禹停止进攻，让士兵持斧和盾进行操练，请三苗部族的人观看"干戚舞"，结果三苗部族被"干戚舞"雄浑的力量所慑服，立即臣服于大禹。这就是原始社会一次盛大的武术自卫演练。"干戚舞"是古代众多"武舞"中的一种，也是人们从战争实践中总结的攻防技能和经验，为后来武术套路的形成奠定了基础。

在近代某些带有原始风貌的民族风俗中，我们还可看到原始武舞的影子，如云南纳西族的祭神武舞"东巴跳"，数十甚至上百人手持武器而狂舞。在现今我国发现的原始岩画中，也能够看到一些原始武术的图像。在一些岩画中，远古的战士们成横列状，右手高举短戈，傲然屹立；还有一些人一手持方盾，一手执两端粗中间细的武器，双腿弯曲呈马步下蹲，生动展现了原始武术的威武形象。

（二）传统武术的形成

武术在历经了生产力十分低下的原始社会的时期以后，慢慢地过渡到了形成时期。在原始社会的斗争中，武术虽得以萌芽发展，构成了原始文化的重要组成部分，但它还只是处于萌生阶段，还没进入有目的、有计划、有组织的体育活动范畴,因而真正的武术是在进入阶级社会以后才逐渐形成的。

进入奴隶社会以后,武术开始从生产活动中分化出来,成为专为统治阶级服务的军事技能,并开始向专门化、复杂化方向发展。夏朝还出现了"序"和"校"等以武术为主的教育机构,进行各种武艺的传习和演练。当时的武技多称"手搏""手格""股肱"等,据《史记》记载,夏王桀就是徒手生擒猛兽的技术能手。

阶级社会中,战争连绵不断,家族私斗时常发生,格斗中比较成功的一击、一刺、一拳、一腿逐渐被人们模仿、传授、习练。因此,战场上的搏斗经验不断得到总结,武术进一步向实用化、规范化发展,兵器和武艺都有了较大发展,武术体系逐步形成。

二、传统武术的发展

传统武术的发展经历了一个漫长的历史时期,在我国历朝历代中,武术运动都随着统治阶层的意志或快或慢地发展着,即便是在全民禁武的时代,众多武者仍旧坚持对武术及其文化的秘密传承。由此可见,武术运动在我国的发展是长期的、可持续的。对于其发展的研究主要可以以古代、近代和现代作为时间节点开展。

(一)古代传统武术的发展

1. 夏朝武术的发展

夏朝属于奴隶制社会,统治阶级和奴隶间的战争给技击技术的发展提供了机遇。这个时期的战斗主要在车上进行,为了适应这种战斗方式,一些武术也针对战斗的需要进行了修改和完善,组合也更加合理,如戈与矛结合而产生的戟。

夏朝还出现了专门以武术技能传授为主要内容的"序"和"校"等教育机构,主要进行各种武技的传习和演练。

2. 殷商武术的发展

殷商时期的武术训练的主要手段是田猎。殷商时期的主要支柱产业为农业,因此人们不再像早期那样以打猎为生。为此,田猎的活动就从打猎的实际意义转变为了一种军事训练活动。田猎"以田狩习战阵",目的是训练各种武器的使用及驭马驾车技术,是集身体、技术、战术训练为一体的综合训练。

这一时期,青铜冶炼技术得到了大幅度的提升,一些直到今天人们仍耳熟能详的兵器被制造出来。兵器拓展了人的技击术的杀伤力,同时也使得武术的军事威力迅速增强。

3. 西周武术的发展

西周时期,为了维护贵族专政,统治者对贵族子弟进行"六艺"(礼、乐、射、御、书、数)训练,武术文化教育的气象由此萌生。在"六艺"中,"射""御"分别指射箭和驾驶战车,"乐"则是周朝开国的一种舞蹈,主要是在东南西北四方各做四次击刺的动作,后逐渐演变成为武术基础套路和传统套路中的"打四门"套路。综合来看,"六艺"中的"乐""射""御"都与武术有直接关系。

4. 春秋战国武术的发展

春秋战国时期是较为混乱的时期,各地的战争不断,这为练兵习武提供了良好的机遇和平台。此时,铸造工艺也有了很大发展,尤其在吴、越出现了制剑精良的名师大匠。诸侯各国"以兵战为务",对拳技、臂力、筋骨强壮出众者都很重视。当时不仅盛行击剑,文人佩剑也蔚然成风,武术的格斗技能迅速发展起来。

《管子·小匡》记载:"齐国宰相管仲,为使齐国强盛,实行兵制改革,责令官兵进行实战性武技训练,凡是民间有拳勇而不报告者按隐匿人才问罪。"这段文字的内容意思主要是为了寻找军事人才,齐国会每年举办两场武术比赛,优胜者将被充实到军队中,特别出色者甚至可以封武官,这种形式极大地促进了民间武术技能的发展。《吴越春秋》记载,古代越国有一位著名的女击剑家,时称"越女"。她不但剑技出众,而且还有一套技击理论。越女剑术阐明了其中动与静、快与慢、攻与防、虚与实、内与外、逆与顺、呼与吸等矛盾双方的关系,其技击理论已经比较成熟。

5. 秦汉武术的发展

秦汉时期,武术开始出现了早期的分化。具体分化出的内容包括拳术、剑术、象形武术等。这种武术的分支细化一直对后世的武术发展造成重要的影响。

秦朝为了维持国家的统一和专制皇权,民间禁武,阻碍了武术的发展,但是秦王朝的时间较短,对武术的消极影响不是很大。

汉朝的统治者对武术和军事十分重视,甚至认为武术是固家之本。汉朝社会几乎实现了"兵民合一"和"劳武结合",可谓是全民尚武。在军事武术中,剑的地位逐渐被刀取代,到三国时期,刀已经成为军队中最主要的短兵器。

除了实际的武术技击术和兵器的主流转变外,秦汉时期还出现了许多专门描述武术的著述,如在《汉书·艺文志》中,收录了《手搏》6 篇、《剑道》38 篇。《史记·太史公自序》记载"非信廉仁勇,不能传并论剑,与道同符",习武练剑,"内可以治身,外可以应变,君子比德矣。"这些著述一方面展现了我国武术的理论发展状况,另一方面还标志着习武者看重的"武德"开始形成。

6. 两晋南北朝武术的发展

两晋南北朝时期展现出了社会的民族大融合的趋势。武术也作为交流的主要内容在军队和民间均受到了重视和发展。此时的南方汉族政权更多追求武术的娱乐性,如当时流行角抵戏、刀盾表演、刀剑表演、武打戏等。另外,武术文化开始发展起来,在与文化的交融中开始与佛、道的思想和法术结合起来。

7. 唐朝武术的发展

唐朝是我国封建王朝中较为辉煌灿烂的时期。这一时期的政治较为开明、经济繁荣、文化开放、社会稳定。在此盛景之下,包括武术在内的各方面文化都开展得如火如荼。总结这一时期武术的发展主要有以下两方面内容。

(1)剑术的发展:在唐朝,枪是战阵的主要兵器,剑制被刀制取代,剑完全退出了正式战争的舞台。唐朝还是剑术发展的集大成时期。当时在军旅中剑已逐渐被刀替代,但剑术在民间仍很盛行。这一时期使用剑术的方法开始复杂化,逐渐发展成为具有自卫、健身、娱乐、表演等多种功能的武术项目。除了剑术获得了民间的大发展外,唐朝的徒手格斗技艺也发展起来,影响力日益增加,并东传日本,对后来日本武术的发展奠定了基础。

(2)武举制的建立:唐朝的统治者发展和完善了府兵制,并于长安二年(702 年)建立了武举制。武举制从此在我国后来的历代王朝中都有存在,直到晚清时期。该制度是用考试的方式选拔武勇人才,为了摘得最高水平的"武状元",各地勇士好汉纷纷习武练功,力求通过此种方式博得高官职位,光宗耀祖。一时间,练武之人遍布全国各地,极大地促进了武术的发展。一方面,武举内容的确立是对武术精炼化、规范化研究发展的结果;另一方面,武举制面向社会各阶层开放,激发了人们的习武热情。重武的举措促成了唐代的尚武任侠之风,甚至文人墨客也崇尚武侠,如诗仙李白的诗句"安得倚天剑,跨海斩长鲸""抚剑夜吟啸,雄心日千里"等。

8. 两宋武术的发展

(1)兵器的发展:两宋时期民族问题始终没有彻底解决,因此,不同民族或少数民族与汉族之间的战争连连。战争的存在就必定使统治阶层更加重视军事武备的发展,其中也少不了对武术的发展与支持。宋代不仅军事训练开展得较为规范和系统,而且兵器的种类也不断增多,除了常见的几种兵器外,还增添了锏、棒、鞭、斧等,这为后世民间武术器械的丰富和技艺的提高创造了物质条件。

(2)武艺的发展:宋朝时期,表演武艺的兴盛使得套子武艺开始大量出现。不仅军中有武艺表演,如诸军春教时"禁中教场,呈试武艺,飞刀斫柳,走马舞刀,百艺俱呈",而且由于商业的繁荣,在城市群众性的游艺场所"瓦舍""勾栏"中,武艺表演也丰富多彩。这些按规定程式、规定动作进行的武艺表演,为后世武术向表演方向发展奠定了基础。

(3)习武团体的发展:为了更好地传播武术和以武会友,宋代出现了许多武艺结社组织,其中有一定代表性的包括"弓箭社""忠义巡社""锦标社"和"英略社"等。其中,农村与城市武艺结社的目的稍有不同,城市结社习武主要以健身娱乐为主。不管怎样,众多的结社组织在当时的武术推广与传播产生了重要的影响力。

9. 元明清武术的发展

1)元朝武术的发展

元朝的中国是一个外族统治阶层的社会。武术在元朝的发展是较为顺利的,它的重要作用主要体现在两方面。

(1)元朝统治阶层为了镇压以汉族人民为主的起义,在强化朝廷习武练兵的同时却严禁民间习武。民间人士习武被发现者会受到严酷的刑罚。由此可见,即便元朝的武术发展有所进步,但这种进步并不是对民间武术的发展而说的。

(2)元代兴盛的文艺戏曲中的武打戏使武术在舞台艺术上发展到一个新高度,客观上奠定了明、清武术在舞台艺术上的发展。

2)明清武术的发展

明清时期,武术与军事武艺伴随着火器在军中的出现逐渐分离开来,火器的使用让单纯依靠身体技击技能的武术开始向民间发展,由此就形成了武术的集大成发展时期,使得武术文化在此时期最终形成。明清时期的武术文化特征主要表现如下。

(1)流派的形成:我国武术拳种、流派大都发端于该时期。

(2)套路的形成:尽管在明清之前出现过一些类似于武术套路的编排武术动作,但真正称得上武术套路的形式还是从明朝开始的。这时期武学大师程宗猷绘制的《单刀法选》中就出现了包括刀、棍等兵器武术套路的演练步法线路图。这本著作也就成为迄今为止最早的武术套路图谱。在我国武学理论著作中占有重要的地位。

(3)内功的形成:武术与所谓的内功在一开始原本并非同类,其发展没有过多的交集。然而到了明清时期,在民间的秘密结社组织中两者结合而诞生出武术内功,这为武术的发展进入到了一个新的层面奠定了基础。由此也就使我国传统武术的习练具有了"内外兼修"的功能。这也是我国武术与世界其他类型的武术的重要差别之一。

(4)内家拳的出现:内家拳直接用中国哲学理论阐释拳理,全面深刻地反映了中国文化的哲学内涵,重修身养性。内家拳虽然风格不同,拳理各异,但形意拳、太极拳、八卦掌等都出现于明清时期。

(5)武德的要求:明清时期所出现的各拳种的拳谱上除了展现出了拳种技击动作、套路动作外,还特别对习练者的道德水平进行了明确要求。有的要求甚至细化到了某个动作要秉持哪种道德标准。由此可见我国传统武术对习练者的道德要求是极高的。

(二)近代传统武术的发展

近代武术是一个承前启后的发展阶段。这个时期,国家政局不稳,内忧外患不断,各种思潮激烈交锋。在此时期,传统武术虽然受到了一定程度的负面影响,但在"强种强国"理念的号召下,武术再度兴盛起来,甚至开辟出了发展的新局面。

1. 武术组织的建立

辛亥革命后,我国传统武术的发展获得了各界广泛的重视,以至于在一些大城市出现了一大批武术会社。这些成果都是当时的武术发展的写照。

1910 年,精武体育会在上海成立。随后它的发展也较为顺利,一度成为当时影响最大、传播最广、维持时间最长的武术组织。

1928 年,民国政府在南京成立了中央国术馆,随后各省、市、县也相继成立了地方国术馆。除官方成立的武术组织外,更多的民间武术组织成立,如雨后春笋般成立的武术组织打破了武术的地域家族限制,武术的生存环境也由农村转向了城市,并逐渐形成以城市武术组织为中心的武术发展模式,各大城市开始有组织地推广武术,有组织地开展对武术的整理和研究。这为我国后来传统武术运动发展所带来的影响非常深远。

2. 武术形式的创新

1)武术教育形式的创新

武术本身具有的丰富内涵使其自然带有教育的属性。为此,武术被教育界看重就是非常自然的事情了。而将武术与教育相融合也就为武术的发展提供了又一个难得的良好平台。

1911 年,众多武术名家共同编辑了一本武术教材——《中华新武术》,该教材于 1914 年修订,1917 年被定为军警必学课程,1918 年被定为全国正式体操。

1915 年 4 月,在天津召开的"全国教育联合会"第一次会议通过决议:"各学校应添授中国旧有武技"。至此,武术被作为一种尚武强国的教育手段推向学校。

1918 年 10 月,在教育部召开的全国中学校长会议上通过决议:全国中学校一律添习武术课程。这标志着武术正式进入学校并成为学校体育课程中的一项内容。

2)武术竞赛形式的创新

1923 年 4 月,中华全国武术大会在上海举办,这是我国第一次举办单项武术运动会。

1924 年,武术套路成为旧中国第 3 届全运会的表演项目。

1928 年和 1933 年,中央国术馆组织举办了两次"国术国考",是近代影响最大的武术比赛。

1933 年和 1935 年,在旧中国举办的第 5 届、第 6 届全运会上,武术被列为正式竞赛项目。

3)武术观念的创新

现代体育运动几乎都拥有系统的理论和历经大量实践证实切实可行的训练方法。因此,武术面对现代体育观念的冲击,也在完善自身的理论与实践,努力朝着更加科学的方向发展。人们对于武术的认识随着新、旧思潮的交锋和"土洋体育"之争的展开以及武术进入学校体育课程和运动竞技场开始逐步深化,对武术的认识也逐渐清晰,并开始从体育的角度来审视这项我们既熟悉又陌生的传统运动了。

(三)现代传统武术的发展

1. 传统武术理论研究的发展

1)民间武术理论的发展

新中国成立后,在党和国家领导人的重视和支持下,传统武术的发展得到了社会各界的关注。因此在此后的几十年中的大多数时间的发展都是较为良好的,这一时期的发展也为传统武术运动的现代化打下了坚实的基础。

1952年,国家体委设立民族形式体育研究会。该研究会的主要职责为研究武术及其他形式的民族传统体育。武术作为民族传统体育中的代表自然得到了优先发展和研究。在此后的研究中又对武术的性质、发展方向、技术理论和人体生物等科学内容的研究有所深入。

1953年,在天津举行了一场有多民族群众参加的武术盛会。会后朱德同志指出:"要重视祖国几千年的传统。"

1957年,北京举办了全国武术表演评比大会。该大会除了武术项目的表演和评比外,还举行了关于传统体育项目发展的研究会议,众多有建设性的建议被提出,一定程度上促进了对包括传统武术在内的传统体育的进步。

1958年的全国武术运动会做出规定,要求运动员每人除了参加拳术、器械两类评奖项目外,还必须参加形意拳、八卦掌和短器械(刀、剑)的表演。

1959年的全国青少年武术运动会的规定项目有长拳、南拳、形意拳、八卦掌以及刀、枪、剑、棍、鞭等拳、械的比赛和表演。

1963年,武术暨射箭锦标赛在上海举行。该项赛事包含的项目非常丰富,特别是在传统武术的比赛中出现了很多平时较为少见的拳、械项目,让观众大饱眼福。

"文化大革命"期间,武术理论的研究受到了严重的干扰,武术发展缓慢。

1977年后,国家形势趋于稳定,各领域发展回暖。在传统武术的发展方面,几十个不同种类、不同特点的拳术和器械项目成为全国武术比赛的比赛内容。而这些内容在1982年的全国武术比赛,男女竞赛项目增加到16项,其中传统拳术分一类、二类、三类、四类,传统器械分单器械、双器械、软器械三类,加之集体项目可以自选,如集体九节鞭、集体长穗剑等,内容丰富,前所未有,令在场观众深深感受到了武术的魅力和武术文化的博大精深。

1979年,国家体委在全国范围掀起挖掘、整理武术的热潮。许多鲜见的拳种在南宁举行的全国武术观摩交流大会上做了交流表演。1980—1986年,国家体委先后在太原、沈阳等地连续 7 年举办了全国武术观摩交流大会,对各地区流行于民间的传统拳术、器械、对练等进行交流,调动了对各地的传统武术发掘、继承的积极性。1979 年后群众纷纷自办武术馆、社、站,至 20 世纪 90 年代初,各地武馆、武校、武术辅导站星罗棋布,学校习武的青少年达几百万人,越来越多的人开始加入武术运动。

1982 年,全国武术工作会议明确指出"必须加强武术的科学研究和理论建设"。这个会议精神使得相关学者对武术理论方面的研究开始重视。

1983 年,在历经多年的努力后,全国武术挖掘整理工作收集到了全国源流有序、拳理明晰、风格独特、自成体系的拳种达 129 个,并以此为基础出版了《中国武术拳械录》。

1986 年和 1987 年分别成立的中国武术研究院和中国体育科学学会武术学会(后更名为武术分会)。

1987 年,我国第一次全国武术学术研讨会召开。同年,武术运动大规模进入高校,从而为武术的科学研究提供了大量优秀后备人才。

1997 年,我国的传统武术开始实行"武术段位制",从初段位、中段位到高段位共有九段。这项新措施促进了武术在人民群众中的普及和提高。另外,国家还编制出版了一批传统武术拳种的竞赛套路书籍,为进一步推广和普及传统武术打下了基础。

2)学校武术理论的发展

自从传统武术进入校园后的几十年来,它对我国体育教育也做出了卓越的贡献。

1958 年,北京体院和上海体院相继设立了武术系。

1963 年,北京体院开始招收武术专业研究生。

1977 年,开始恢复高考制度招收武术本科生。

1978 年,恢复武术研究生的招生工作。

1997 年,上海体院开始招收武术博士研究生。

武术在学校的发展历程证明了武术已经步入现代科学的殿堂,成为培养高层次研究人才的一项重要学科。

3)武术理论体系的构建

随着我国学术界对传统武术科学研究的不断深入,一些关于武术的学术研究成果涌现出来,有的还在一些讲坛上引发了众多关注,武术的理论体系框架和技术体系的理论建设初见成效,武术学科体系正在逐步走向科学、严密、系统。

但鉴于我国传统武术基础性理论十分薄弱,理论研究的起点较低,武术理论研究仍远远落后于实践的需要,在许多方面,现有的武术理论还难以做出应有的理论指向和科学阐释。

2. 传统武术教育体制的发展

新中国成立后,武术作为学校体育教学内容之一,受到了国家相关教育部门的重视。

1956 年,教育部编订并颁布了中国第一部全国通用的《中、小学体育教学大纲》。该大纲中包含了武术的教学内容。

1961 年,《全国大、中、小学体育教学大纲》(修订版)规定了武术课程在小学中的课程标准。

20 世纪 80 年代以后,学校体育中的传统武术内容再一次得到了重视,并且要求学校体育课要把现代体育的教学和民族体育的教学联系起来,使学生对民族传统体育的学习变得更有意义。

1987 年,《全日制小学体育教学大纲》明确把武术列为 3～6 年级的基本教材之一。

1992 年,在全国第二次武术工作会议上提出了要编写大、中、小学的武术教材。

这其中,高校传统武术教学的开展工作相对较好,这也得益于高校可以获得更多的各种类型的体育资源,因此,高校武术教育取得了较为理想的效果。不仅如此,高校中热爱武术运动的学生还自发成立了许多武术社团,组织了许多武术活动。武术教材建设也逐渐开展起来。根据形势发展的需要,教育部在制定和完善体育教育专业本科课程指导纲要时,将原来的 11 门主干课程变为 9 门主干课程,后来又变为 6 类主干课程。尽管如此,武术课程始终是主干课程中的重要一项。教育部还组织专家根据不断修订和完善的体育教育专业本科武术(类)课程指导纲要,分别于 1996 年和 2000 年出版发行了《武术》教材。

在高校的武术教学中,以学生的需要和发展为中心进行武术教学,是一个值得认真研究的问题,尽管武术在各级各类学校的开展取得了一定的成效,但武术在学校的普及和推广还有很长的路要走,学校武术教育正在探索中不断取得进步。

3. 传统武术竞赛体系的发展

1953 年,全国民族形式体育表演及竞赛大会在天津举行。这次大会标志着武术作为体育项目开始进入竞赛领域。

1956 年,有 12 个省市单位参加的武术表演大会在北京举行。

1957 年,国家体委确定了武术为正式比赛项目。

1958 年,有 27 个省市单位参加的全国武术运动会在北京举行。

1959 年 3 月召开的全国青少年武术运动会和 11 月的第 1 届全国运动会的武术比赛分别使用了新的武术运动规则。这标志着我国传统武术的比赛从此步入了正规化的轨道,展现出了更高的规则性和公平性。

三年自然灾害和"文化大革命"期间,我国停止了一切武术比赛。

1979 年,全国兴起"武术热"。国家体委决定在北京体育学院、武汉体育学院、浙江省体委三个单位进行武术散手项目的试点训练。此后,这些试点单位在不同场合都做了汇报表演,效果喜人。

1984 年,在全国武术表演赛逐步走上了以优秀运动队为主的套路比赛、表演项目逐渐减少的基础上,国家体委将原来的"全国武术表演赛"改为"全国武术比赛",此举也标志着我国传统武术开始朝着竞赛化的方向发展。

1985 年,国家体委颁布并实施了《武术运动员等级标准(试行)》。该标准极大地鼓舞了广大武术运动员努力提高运动技术水平的热情,同时也标志着我国武术的竞技化发展越发科学和系统。

1989 年,国家体委将"全国武术比赛"改为"全国武术锦标赛",除赛事名字的变更外,还尝试了一些新的改革措施。改革的根本目的主要是增加运动员的竞争,强化了公平竞争的机制。

1990 年,在第 11 届北京亚运会上,武术成为正式比赛项目。

1997 年,武术被列为第 8 届全运会的正式比赛项目,是当时全运会的唯一非奥运会项目。

1999 年,为了使散手竞赛进一步规范化和突出民族特色,散手正式改名为"散打"。

2003 年,为了适应武术运动申报奥运会项目的需要,对《武术(套路)竞赛规则》做了较大的修订,武术比赛评判的客观性得到了进一步提高。

2004 年,对《武术散打竞赛规则》进行了重新修订。重新修订后的散打规则与国际流行的散打比赛规则基本获得了同步。这也是我国散打更加国际化的标志。

4. 传统武术在国际的传播与交流

让传统武术走向世界对于彰显我国各方面实力和提升国际形象都有着非常深远的意义。

1960 年,中国武术队出访了前捷克斯洛伐克。同年年底又随周恩来同志赴缅甸巡回表演,这使得武术成为国家外交的一种手段。一系列的出访表演不仅扩大了中国武术在海外的影响,也为我国的外交工作做出了贡献。

20 世纪 80 年代中后期,随着我国的改革开放,传统武术开始走出国门,在遵循"要积极稳步地把武术推向世界"方针的指引下,传统武术采用"走出去,请进来"的办法,在越来越多的国家广泛开展起来。

1985 年 8 月,国际武术联合会筹备委员会在西安举行的第 1 届国际武术邀请赛期间成立,这为后来正式成立国际武术联合会奠定了形式上的基础。随后在国际武联筹委会的影响和推动下,世界各大洲也纷纷建立相应的组织与其对接,如在意大利、阿根廷、日本和非洲均成立了武术协会。

1990 年 10 月,国际武术联合会在北京正式成立。该组织的成立标志着武术运动在世界范围内拥有了属于自己的正式的国际组织。

1999 年 6 月 20 日,国际奥委会承认了国际武术联合会的单项世界体育联合会的地位。

时至今日,传统武术早已成了我国与世界各国人民之间相互沟通的桥梁,同时也成为世界了解中国的一个重要的窗口。

第三节 传统武术流派与特点

一、传统武术的流派

众所周知,传统武术是我国众多武术流派和形式的统称,而并非只是单一的一种套路或打法。不同流派间的武术拥有或多或少的差异,而这种差异使得武术的内容非常丰富,让人学而不尽。不过从另一方面看,也正是由于传统武术流派众多,才在一定程度上对武术运动进入现代竞技体育家族造成了阻碍。下面对传统武术流派的基础知识进行分析。

(一)传统武术流派的分类

从动态发展的眼光来看,武术流派与现代武术的各种运动形式实质上都是对博大武术的不同分类方法。早期武术与现代武术的流派划分有所差异,现代武术的划分融入了更多的现代体育思维。然而由于我国传统武术有其本身的特色和传统,再加上不同流派和不同风格的武术分布地区不同,起源和发展的社会文化背景也不尽相同。因此,完全遵照现代体育的划分方法进行划分显得较为片面。

具体来讲,传统武术流派主要有以下几种不同依据的分类方式。

1."长拳"与"短打"

明代戚继光在《纪效新书》中介绍的当时流行的拳法有"长拳""短打"的分类,记载了"势势相承"的宋太祖三十二式长拳,还有"张伯敬之打""李半天之腿""千跌张之跌"和"鹰爪王之拿"等不同流派。明代程宗猷《耕余剩技·问答篇》记载"长拳有太祖温家之类,短打则有绵张任家之类"。后来,长拳类多指遥举遥击、进退急速、大开大合、松长舒展的拳术,短打类主要指幅度小、势险节短、贴身近战、短促多变的拳术。

2."内家"与"外家"

"内家"与"外家"之说最初见于清初黄宗羲撰《王征南墓志铭》中的"少林以拳勇名天下,然主于搏人,人亦得以乘之。有所谓内家者,以静制动,犯者应手即仆,故别于少林为外家"。

明清之际的内家拳仅是一个拳种,外家拳仅指少林拳,到民国期间凡注重"以静制动""得于导引者为多",概称为"内家拳"。"凡主于搏人""亦足以通利关节"者,概称"外家拳"。

3."少林派"与"武当派"

少林派因以少林寺传习拳技为基础而得名。少林拳源自嵩山少林寺僧众传习的拳术,后来逐步发展得与少林拳系特点相近的拳技归为少林派,其拳技有罗汉拳、少林拳、少林五祖拳等。

武当派之说以黄宗羲撰《王征南墓志铭》为据,"有所谓内家拳者……盖起于宋之张三丰。三丰为武当丹士",因此得名。清末又有人称太极拳传自明代武当道士张三丰。此后遂有将内家拳、太极拳、八卦掌、形意拳称为武当派。

4."南派"与"北派"

"南派"与"北派"的分类是按地域划分的派别,见于民国时期陆师通《北拳汇编》等书。此说在民间广为流传,以流传地域为基础,并受地理环境气候的影响。我国南方流传的武术拳法多,腿法较少,动作紧凑,劲力充沛;而我国北方流传的武术腿法丰富,架势开展,动作起伏明显,快速有力。根据南北武术的不同特性,有"南拳北腿"之说。

5."黄河流域派"与"长江流域派"

我国地域广阔,流传于不同区域的传统武术,风格特点迥然各异,民国初年《中国精武会章程》等书中,使用了"黄河流域派""长江流域派",以江河流域分派。

(二)传统武术流派的形成

传统武术流派的形成是一个动态的过程,它的划分过程秉承传统,也融入创新。如果一种武术的风格和技术特点都区别于任何拳技时,新的流派就宣告产生,如太极拳的形成就是由陈王廷吸取了各家拳法之长,以戚继光三十二式长拳为基础发展而来,后经多位太极宗师的丰富和改良,逐渐形成了太极拳派。

武术流派的形成主要有以下三种情况。

(1)繁衍支系,发展拳派:各式太极拳的繁衍,即属此类情况。

(2)类同合流,壮大拳派:各流派在发展过程中,将类似的武术技法进行归类,从而形成了一个较大的拳派,如少林拳派。

(3)融合诸家,创立新派:蔡李佛拳、五祖拳、形意拳、八卦拳等即属此类情况。

(三)传统武术流派的作用

关于不同流派分类的说法,对人们研究武术的技术特征、分布区域,对促进武术的发展与传播起到了一定作用。在武术的长期发展过程中,传统武术流派尽管受到小农经济以及宗法制度等的影响,但武术技术流派在中国武术发展的历史长河中仍然起着积极的作用,同时这也是我国武术种类较为丰富的重要表现。

传统武术的流派及其划分体现了不同技术特点的风格。不仅如此,它还是一种对武术古老技艺的延续与传承。

(四)传统武术流派的分布

1.南派武术流派的地理分布

武当派:主要分布于湖北、陕西、浙江的温州、宁波一带。

峨眉派:主要分布于四川。

咏春拳：主要分布于福建、广东等省。

2. 北派武术流派的地理分布

少林派：少林寺是中外闻名的少林武术的发源地，位于河南省登封城西北嵩山的五乳峰麓。主要分布于河南、山西等省。

八卦掌：主要分布于山东、河北、北京、天津等省市。

太极拳：主要分布于河南、河北、北京等省市。

形意拳：主要分布于河南、山西、河北等省。

通背拳：主要分布于浙江省。

戳脚：主要分布于辽宁省的沈阳市、河北省。

3. 岭南武术流派的地理分布

南拳：主要分布于广东、福建、湖北、湖南、四川、江西、江苏、浙江等省。

虎鹤双行拳：主要分布于广东、广西一带。

二、传统武术的特点

现如今，传统武术已经被越来越多的国内外武术爱好者所热衷，这与传统武术本身所包含的诸多特点紧密相关。总的来看，这些特点主要为传统武术的适应性、技击性、文化性和综合性。

(一)适应性

传统武术的适应性主要体现在如下方面。

(1)传统武术可以在室内外两种环境中开展，因此不会受到时间、气候和季节的影响，可谓是一种"全天候"的运动形式。由此它相对于其他体育运动项目而言，具有更为广泛的适应性。

(2)传统武术更多是自身的身体运动，或是持器械的身体与器械的结合练习。只要有相对空旷的场地就可以开展，因此对场地、器材以及对环境条件的要求极低，练习者可以根据场地的大小变换练习内容和方式，即使一时没有器械，也可以进行徒手练习。例如，场地过小可以习练太极拳等拳术；场地开阔则可以习练一些兵器套路。

(3)传统武术的种类繁多，因此也出现了较多的练习形式，有适合演练的各种拳术、器械和对练，有竞技对抗性的散手、推手、短兵，还有与其相适应的各种练功方法。为此，人们可以依据自身的兴趣选择拳种进行练习。

除兴趣外,还可以根据性别、年龄、心理状况等对选择做出适当的改变,以符合当时身心发展的需要。

(二)技击性

1. 技击性是传统武术的本质特点

传统武术的内容丰富、形式较多、流派各异。但不管是哪种武术,其本质都是一种积极性运动,也几乎都带有实战性特点。传统武术正是具备了这样的特点,有此本质属性,才得以区别于其他的运动项目。

2. 技击性决定传统武术的动作规格

传统武术的技击特点决定了其动作规格。清吴殳在《手臂录》中说"攻为阳,守为阴",也就是说,攻击对手时需要奋力突进,力法表现出刚劲的一面;守时随人而动,力法表现出阴柔的一面。并且,刚柔始终是相互转化的,没有永远的攻,也没有永远的守,攻中有守,守中带攻,刚柔并济。

3. 传统武术的动作方法具有技击性

传统武术最令世人感到文化底蕴的就是其套路运动。在武术套路运动中,编排的过程也在力求将武术的技击性和套路的艺术性相结合,尽管为了套路编排贯串及演练技巧上的需要在其中穿插了一些非攻防技击意义的动作,但无论动作如何艺术性和套路化,其也没有丢掉技击的本质属性。

4. 传统武术的力法和创新具有技击性

近代以来,传统武术中的各拳种中不仅在技术上体现了各种技击方法的做法和力法,并且在各自的拳理中也反复强调技击的理论。例如,太极拳的拳风主要以阴柔绵软为特征,因此无论是从外在动作特点,还是拳谱中的描绘都充分体现了太极拳的功法特点,以此还将太极拳的基本功练习——太极推手单独设立为了一项运动。这也是突出体现传统武术技击性特点的依据。

目前,传统武术的技击价值基本被消磨殆尽,更多的技击价值体现在防身方面。尽管必须承认传统武术套路技击的特点有所淡化,但技击性仍将作为传统武术的最基本特点而长期存在,这将会是相伴传统武术运动发展终生的特点。

(三)文化性

传统武术的文化特性具体表现在以下几个方面。

1. 传统武术套路的产生很大程度上是由传统文化决定的

传统武术套路的演变经过了一个长期的过程,最终才形成今天人们看到的这种带有高度程式化的运动形式。不同种类的武术套路都可以很好地表现出所属不同派别的武术风格和特点。我国传统武术之所以能够实现它的完整性、丰富性和传承性,与其始终浸在中国的传统文化背景中有着巨大的关系。这种传统文化的背景对传统武术产生的影响较多的主要为"道""崇礼"和"传承"。

(1)追求"道"是传统武术套路产生的思想基础。所谓的"道"通常被理解为是有原则、有方法、有方式的意思。因此,对"道"的追求实际上就是一种对正统的程式化的追求。

(2)"崇礼"是武术套路产生的伦理道德基础。"礼"的范畴具有一定的广泛性,具体来说,它包括人们的行为规范、仪节。我国自古就是"礼仪之邦",中国人重"礼"的态度影响到每个人的生活,乃至国家政治和国格。这样就使得中国人上上下下的言行处在一定的规格和程序之中,那么这种程序化的表现体现在传统武术套路中也就是非常正常的了。

(3)"传承"是传统武术套路得以延续的社会基础。作为唯一一个将文明一脉相承的文明古国,中国人历来重视传承,尊师重教。因此,只有程式化的武术套路才便于传承。

2. 传统文化决定了多种武术拳种的并存

(1)传统文化的独立性决定了传统武术的多样性和多种形式并存的特点。我国幅员辽阔,在不同地域居住的人受自然环境和人文环境的影响会衍生出不同的文化和思维方式,产生不同地域的人之间性格、民俗和文化特征。而在长期的封建时期中,生产力和科学技术水平有限,交通不便,地区之间的联系较少,人员流动困难,这就给不同地区的人相互交流的机会带来限制。所以在中国不同的地区所产生的各具特色的拳种在当地都是保持相对独立发展的态势。不过从总体的特点来看,南北拳种仍旧是存在着不同特点的。

(2)传统文化的封闭性使得众多武术流派和拳种之间的交流较少,如此才使得不同拳种和流派的武术表现得更加原汁原味,没有受到其他拳种的影响。在不同地区流传的拳种,正是由于文化之间的封闭性才得以相对独立地发展起来。

(3)传统文化体制的独立性决定了传统武术多个拳种的并存。这其中最为重要的文化体制就要算是古代中国的长期宗法制度和家庭本位主义了,这种制度使得中国的家庭家族特别重视血缘关系,因为国人普遍认为这是一种表现家庭凝聚力和排他性的绝佳方式。这种情况在传统武术的传承中非常明显地可以表现出来,常见的如一种家传拳术传男不传女、不传品行不端者、不传外姓人等。纵观我国多种拳种的流传过程,不难发现其中大多数都存在有这种情况。如此一来自然导致拳种之间的发展更加封闭,不同拳种的相对独立的传承也成为可能。

3. 传统武术体现了传统文化的"刚健有为"

"刚健有为"的精神是中国传统文化的基本精神之一,是中华民族的心理要素,它主要包括自强不息和厚德载物两个方面,这种精神在传统武术中得到了充分的体现。

传统武术是一种技击术,崇尚勇武,追求制胜。《角力记》(传为宋人调露子所撰)中记载:"夫角力者,宣勇气,量巧智也。然以决胜负,骋矫捷,使观者远怯懦,成壮夫,已勇快也。"由此可见,无论是对习者还是对观者都倾注了一种勇武顽强、一往无前的强者争胜的精神。

4. 传统武术体现了传统文化的"形神兼备"

"形神"原是中国传统哲学中的重要范畴,后来晋代画家顾恺之将其运用于画论,使之有了深刻的美学意义,强调不仅要追求事物的外在形态美,更要追求内在神的美。就此一来,此后我国众多传统文化中都包含了这种形神兼备的元素,传统武术也不例外。在传统武术中,"形神兼备"是以拳理的形式在传统武术中表现的,是中国传统文化特点在传统武术中的反映。

5. 传统武术体现了传统文化的"内外合一"

传统武术"内外合一"的特点主要是通过武术功法和技法来体现的。"内练精气神,外练筋骨皮"是各家各派练功的准则。其中,"内练"涉及"精、气、神",这和中国的养生术有关。"外练"主要指由人体骨骼、关节、肌肉所组成的运动系统,以及由运动系统完成的各种动作。"内练"主要为精、气、神。"内外合一"境界的具体表现如下。

（1）传统武术的动作要领分重视调整呼吸，使呼吸和动作相互配合。例如，太极拳主张身心合修，要求"以心行气，以气运身"；少林拳要求精、力、气、骨、神内外兼修；南拳要求"沉气实腹""发声呼喝"等。

（2）传统武术的套路在技术上往往要求把内在精气神与外部形体动作紧密相合，完整一气，做到"心动形随""形断意连""势断气连"，以"手眼身法步，精神气力功"八法的变化来锻炼身心。

（3）传统武术理论的训练要求是把"精、气、神"加上力和功，与"手、眼、身、法、步"相对应起来，这是养生理论和武术理论及训练方法相结合、相互渗透的结果和表现。

6. 传统武术体现了传统文化的整体观念

"注重整体"是中国传统哲学天道观的重要特点，要求人们在对对立统一这个宇宙根本规律的把握上，更加注重对立面的统一和协同，强调从统一的角度去观察事物，强调事物的整体性和过程性。

这种"注重整体"的具体表现方式为注重每一个动作的规格和细节，在此基础上还要注重动作与动作之间的衔接，以致到最终动作的气韵生动、气势连贯、一气呵成。

(四)综合性

传统武术是一种集功法、套路和技击术于一体的运动，是我国传统运动中最具代表性的项目，富有综合性的特点。

纵观一些带有技击性质的运动，如摔跤、柔道、拳击等，它们均能表现出极强的实战性，将技击的特点发挥得淋漓尽致，然而这些项目并没有丰富的套路演练，其存在的目的也只有一个，那就是用力量和技巧将对手打败。传统武术讲究功法的练习，功法又称"内功"，是套路演练和技击术的基础。技击意识是各派拳法共通的属性，将技击的意识和表现形态加入到武术套路中，才得以将武术套路运动和舞蹈、体操等区分开来，而功法的严格要求，又使武术较其他运动项目有着独到的养生修身之价值，使武术运动员的运动年龄可以长于其他运动。

第四节　传统武术的多元价值解读

传统武术具有的多元价值是其能够传承至今依旧被众多人热衷的重要原因。而且，越来越多的外国武术爱好者也对神秘且充满中华文化的传统武术颇感兴趣,甚至不远万里来到我国学习。传统武术的价值主要可以分为实用价值和社会价值两大类。实用价值主要体现在它的强身健体、观赏娱乐两方面,而社会价值则包括文化交流、形意审美和促进经济三方面。下面就对这两大类五方面的传统武术的价值进行解读。

一、强身健体的价值

传统武术对练习者起到的强身健体价值是一种多元化的强健,它不仅包括对人身体机能方面的促进,还包括对心理健康的促进。这就是所谓的身心兼备、内外兼修,而这也是传统武术带给人的最核心的价值。

我国的传统武术从来不只是要求身体外在动作的修炼到位,那只是传统武术习练的项目之一,而还有更多的修炼是在于心,是一种看不到的练习。只有当精、气、神的修炼与动作练习同步,使两者结合起来,才能真正称得上是习练到了武术的真谛。内修,为武术运动注入了灵魂。由此可见,传统武术既能够进行形体上的锻炼,同时也能够全面锻炼人的身心。

现代人们非常注重身心的共同发展,传统武术所具备的这种价值刚好满足人们所需。纵观众多体育运动,唯有传统武术将"内外兼修"思想发挥到了极致。传统武术对人身心两方面的发展主要是通过内练来调理精神,通经脉,理脏腑;外练可以强健筋骨,利关节。习练传统武术既可以提高人体的筋骨和关节的能力,增强体魄,同时还能够对体内的经脉、脏腑功能进行有效的调理,从而拥有更好的精神状态。长期坚持练习能够使肌肉的力量增强,提高关节和韧带的伸展性,提高人体免疫系统、内分泌系统和神经系统的功能,从而使机体能够保持在最佳的状态。在众多传统武术中,太极拳是最受人们欢迎的,也是开展最为普遍的项目。之所以受到传统武术健身者的青睐,主要在于太极拳强调通过意识来对动作进行引导,除此之外在实践中还能让练习者感受到明显的练习前后的身心方面的积极变化。再加上太极拳的动作缓慢阴柔,柔中带刚的特性,使得它的练习者的年龄跨度最大,下至学生,上至老人,可谓男女老幼皆可练习。

综上所述,长期习练传统武术对人身心发展的益处众多,可以获得内外两方面的良好体验,收获满满的健身效益。这些也是人们拥有良好社会适应能力和人际交往能力的前提。

二、文化交流的价值

只有通过传播,文化才能更好、更持久地发展下去,这点对于历史悠久的武术文化也是如此。习练武术虽然是个体行为，但在习练过程中，大多数练习者还是会通过教师指导的方式学习，学成之后还经常会与志同道合的"武林中人"一同切磋与交流技法和心得。如此，传统武术就成为一种非常理想的促进人与人之间沟通的途径，是增强团结与促进友谊的一种重要手段。

民族的也是世界的。目前，我国非常注重将民族文化推广到世界，希望以此成为世界了解中国的一个文化窗口。武术作为中华文化的代表，自然成为在国际中传播最广、影响力最大的文化名片。以致越来越多的国外武术爱好者被传统武术所吸引，甚至来到我国拜师学艺。在学习期间，他们不仅学会了武术的运动形式，更对中国的传统文化有了较为深刻的理解。除此之外，我国传统武术作为中华民族的优秀传统文化和体育项目，在国际交往中也发挥着其特殊的功能，为中华民族与世界其他民族之间的相互沟通做出了莫大贡献。

三、促进经济的价值

在现代，大多数具有一定规模和参与人数的运动都在朝着市场化的方向发展。传统武术作为我国传统体育的代表，它肩负着传统体育向市场化迈进和探索的重任。不可否认的是，传统武术本身也是具有经济价值的，然而这在很长一段时间内是被人们所忽视的。现代体育产业化的发展给传统体育发挥出其经济价值以良好的契机，因此必须抓住这个契机，坚定地将传统武术推向市场，敢于尝试，走上产业化发展的道路。

传统武术的经济价值具有潜在性和间接性两种形式，具体主要表现在以下两点。

（1）传统武术的竞技性在现代已经越发显现出来，而这也是武术走向市场的重要抓手。只有有竞争，才会吸引更多的观众，才会提升运动的影响力，进而才会获得更多的商业赞助，提升自身的市场价值。2000年以后，这种传统武术市场化的发展势头猛增，一时间，众多以传统武术为主的赛事获得举办，其中比较有影响力的赛事有"中国功夫与美国拳击争霸赛""中国功夫与泰国泰拳争霸赛""康龙武林大会""少林武术节"等。这些赛事或电视节目都是"武术搭台、竞技唱戏"的典范。

（2）我国传统武术具有修养身心的特点，这一特点在当下非常符合许多人减肥瘦身和提高身体素质的需求。这显然可以作为新的经济增长点来获得重视，潜力无限。

总的来看，从经济学的角度分析，传统武术产业属于第三产业。武术产业的发展不仅使武术本身受益,还可以带动与武术相关的其他行业的发展,这种联动式的发展带来的经济效益可想而知是非常良好的。传统武术文化资源的开发可以使世界各国人民通过传统武术文化来了解中国文化和中国人民,其中最重要的途径就是与传统武术相关的运动器材、服装、图书、音像制品以及影视文艺等,这也会为社会经济提供可观的发展助力。

四、观赏娱乐的价值

尽管传统武术具有技击性的本质特征,但几乎所有的武术动作,特别是套路武术中的动作都非常富有美感,具有相当高的观赏价值。在古代,街头卖艺的艺人中就不乏卖弄武艺的人,或是展现某种武艺绝活儿,或是表演一套功法套路,都是当时的人们喜闻乐见的节目。而在今天,武术已经成为一种体育项目,获得了更加正式的"身份",习武之人在设施完善的场地中表演武术,更能将武术中的美的元素表现得淋漓尽致。

武术之所以具有非常高的美学价值,成为人们乐于观赏的活动,主要在于其在长期的发展过程中深受中国古典美学的熏染,具有很高的审美价值。人们在观赏或自我演练中享受到形的飘逸、神存的韵味,给人一种奋发向上的启迪,对人的精神是一种极大的充实和洗礼,如此便可以从武术的观赏当中获得艺术美的享受。

传统武术不论是技术动作造型的艺术美,套路演练时内外合一、形神兼备的和谐美,还是竞赛对抗格斗中所表现出的精湛攻防技巧和顽强拼搏的精神等,都能给人一种美的享受和精神上的激励。

除此之外,这种娱乐的价值还体现在人们亲自参与到武术运动中。武术运动的种类繁多、形式各异,只要想参与其中的人,总能挑到适合自己的那"款"。因此,传统武术深受广大群众的喜爱,也使人们的精神文化生活更加丰富。

五、形意审美的价值

在中华文化的熏陶下,传统武术自然具有东方哲学的意蕴,这是传统武术具有的一种重要价值。这个价值也是传统武术之所以能区别其他国家武术运动的关键点。而这一哲学思想就是对自我充实与外在的神意表现的追求,即达到一种"形神合一"的境界。

传统武术所表现出的形意审美价值具体有以下几个方面。

(1)传统武术讲究手、眼、身、法、步等身体动作的规范,以及精、神、气、力、功的统一,强调习练者的意念思维,进一步发展到追求动作演练所体现出来的精神、节奏与风格,这就形成了武术形神兼备的运动特色及审美特征。

（2）在传统武术的对抗性搏击竞技中,人体的力量美、灵巧美、速度美和柔韧美得到了充分的展现,从而给人带来美的愉悦和享受。

（3）传统武术中的许多拳法等经常会受到原型启发,通过模拟自然界中的某种动物或景象的姿态来表现武术动作,以形喻式,如螳螂拳和醉拳等。这些都体现出了我国传统武术独具特色的含蓄、深邃的内在之美。

第二章 传统武术的文化内涵解析

传统武术是在中国地域范围内最具特色的一项运动，它源远流长，享誉全球，是我们中华儿女的骄傲。本章从哲学、美学、中医养生、伦理道德、宗教民俗和艺术表演这六大方向来解析传统武术的文化内涵。

第一节 传统武术与古代哲学

一、中国古代哲学的基本特征

中国古代哲学在商周之际萌芽，在春秋末期形成，在战国时代出现了"先秦诸子，百家争鸣"的历史局面。纵观华夏历史，中国哲学发展了三千多年，不同时期内的中国哲学从产生条件、风格、形式和内涵都具有自己的独特个性。

中国哲学有很多特点，但共通的一点就是对生命的重视。"中国哲学是以生命为中心，由此展开它们的教训、智慧、学问和修行。这是独立的一套，很难吞没消极于西方式的独立哲学中，亦很难吞没消极于西方式的独立宗教中，又进一步说道，"中国哲学的中心是所谓儒、释、道三教……而三教都是'生命的学问'。"①可以看出，传统武术认为通过锻炼可以修炼身心，体现出对生命体验的重视。传统武术文化与中国古代哲学思想高度融合，所以也可以看出，传统武术是与生命哲学息息相关的。换句话说，从东方人体文化学的观点看，人体在进行武术、舞蹈、养身这些生命活动中，体现出中国哲学的生命文化特征。

儒道两家的哲学分别以易学和《道德经》为基础，二者的相同点是从人体文化感悟而创造的生命哲学。易学属于在天人相应的学术思想指导下研

---

① 闫洪涛，左文泉，潘治国. 武术的文化底蕴与运动原理[M]. 西安：西安地图出版社，2009.

究万事万物运行规律及其相互关系的学问,包括《周易》以及后世对它的研究、发挥而形成的全部知识与学说。易学注重讲道,而最早开始讲道的是道家始祖老子。易学吸收先秦诸子的思想精华,对中医学和中华养生学的影响至深,老子则被视为中国养生之祖。在儒道两家看来,天地宇宙是一个有机整体,人和客观世界是统一的。当我们偏重思考和重视自我体验,即把对人自身的了解和体悟感受融入于世间万物。当对自然万物进行观察时,往往也是依据我们对世间变化的体验做出判断。中国古代传统哲学开启于上古时代,在经历代思想家的探索后认为人与世间其他生物一样,作为一种生命存在这个世界上,要按照正常的生命历程去生存和演变;通过体会自己,认识自身的过程之后形成了生命哲学,而这种生命哲学对武术这种独特的生命文化现象影响至深。中国古代哲学源于人体文化,大大促进了传统武术的丰富和发展。

　　道德互依,淳德全道。在古代哲学经典中,体现着道与德是相互依存的关系。从《道德经》至《周易》,都明确指出道与德在概念上既有联系又有区别,与我们今天理解的"道德"不太一样。"道"是指宇宙的根本规律,"德"是人们努力修持自己认识和践行这一根本规律的行为。人与天地万物一体,真正完全按照宇宙大化规律生活,就是淳德全道的人。"道"有价值属性是中国哲学道德一体鲜活生动的根源,是我们的祖先在对世间万物的感悟中获得的宇宙、地球、生物、人一体的观念的升华,在现在都被当作经典,而在曾经却被人们视为原始混沌之见,与事实相悖。20世纪后期,自然科学进一步发展,大家终于认识到了天、地、生、人的深刻关系,科学界有了天、地、生、人的系统的新学说,世界上不少科学家对中国生命哲学有了全新的认识,就是天地生人共源的根本认识:中国古代传统哲学强调的知行一致、天人合一。

二、传统武术和哲学思想的联系

(一)天人合一

　　"天人合一"是中国古代哲学的根本观点。

　　先秦儒家主张"天人合一",《礼记·中庸》中说:"诚者,天之道也;诚之者,人之道也。"该句表达的意思是,诚实是天道的法则;做到诚实是人道的法则,认为人只要发扬诚实的品质,即可与天一致。老子说:"人法地,地法天,天法道,道法自然。"即表明人和自然的一致与相通,所谓"天"并非指神灵主宰,而是"自然"的代表。

"天人合一"的思想灌输到武术中,第一个要表达的就是练武者追求人与自然的和谐统一。人们总是在练武之中追求人体与大自然的和谐相通,使人顺乎自然,以此来达到阴阳平衡。

自古习武者都非常注意在修炼的过程中使人体和季节、气候、环境等外在的客观条件相协调。练武术要讲究顺应四季变化选择不同的修炼内容。人和自然是和谐的统一,季节的变化同样影响着人的五脏六腑,习武要顺应天时。在面对不同的气候和环境上,要达到地利。因为中国自古南北方气候差异明显,所以传统武术在南北有不同的特点。北方常年气候干燥寒冷,所以北方武术坚韧朴实,粗犷豪放。南方多潮湿多降雨,天气瞬息万变,所以南方的武术动作空间小,但手法灵活多变,力道刚劲有力。在环境方面,习武者大多愿意在美好而安静的自然环境中去体悟武术的真谛,因为安静的环境有助于习武者发挥个人创造力,将身心融于大自然之中,达到心如止水的境界。这就是所谓的天时、地利、人和,达到了"天人合一"。如果在某个季节做不利于在该季节进行的活动,则破坏了阴阳平衡,不利于身体健康。

中国的武术家习惯从养生入手,将"天人合一"作为练武的最高追求。为了追求与大自然的和谐,古代习武者常踏遍名山大川,在大自然中去探寻人与天地之气韵,从中得到启发与灵感,结合人体运动的规律,创造新的武术套路,革新武术技法。在"天人合一"思想指引下,传统武术更加丰富多彩。

"天人合一"的思想决定了中国古代哲学主张人的道德和自然原则的一致性。"诚"是最高的道德修养,表现在武术中就是武德;"明"是最高的智慧,表现为技艺超群。古往今来,一代又一代习武者不断追求自我道德完善和技术完美,追求"诚"与"明"。

(二)阴阳辩证

阴阳辩证学说在古代就已确立,古代思想家认为人与宇宙万物都是由阴阳互动而成的。阴阳最初的含义很简单,指阳光的向背,向日为阳,背日为阴,后来引申为气候的寒暖,方位的上下、左右、内外等。古代思想家们进而体会到,世间所有现象都存在着既相互对立而又相互作用的关系,阴阳这个概念来阐释自然界两种对立和相互消长的物质力量。世界是阴阳两气对立统一的结果,自然界一切事物都有阴阳的规律。

任何拳术都要维持体内的阴阳平衡,都要气沉丹田。传统武术运动中蕴涵着阴阳学说,进攻和防守就体现着阴和阳的变化。古代武术就这样基于"一阴一阳之谓道"的哲理,沿着"顺阴阳而运动"的原则,延绵数千年发展着。

古代传统武术还强调以阴阳互根、阴阳消长、阴阳转化作为武术技法的基本原理,通过阴阳来解释、规范武术技法。

阴阳互根,指的是阴与阳互相为根基。孤阴不生、独阳不长,阴阳之中少了哪一个,另一个也必定会失去活力。在练武之中,通过主动肌的收缩(可看作是阳)与对抗肌的舒张(可看作是阴)的有序配合,才会使动作协调。如运用长拳时要辅以短打,运用短打则要辅以长拳,劲力要刚柔并济。在搏斗中,也讲究长兵器要能短用,短兵器要能长用,强调进攻要注意防守,防守中要伺机进攻,做到攻防兼备。

以武术名家的经验来说,阴阳对立蕴含在每一个武术动作之中。说得简单点就是某些部分增强,势必会造成某些部分减弱,反之亦然,这就是阴阳之间的消长。阴阳的消长必会符合一定比例,且人体的总体是平衡的,类似于物理学中的能量守恒定律。比如在打拳中,使出一招刚猛的招式,那就缺乏几分柔和。阴阳对立消长体现在两人对抗时,对手直劲打来,可以横劲破解;对手前进,可退而避之;对手后退,则可以进而击之。

阴阳转化是武术技法的基本原理,体现在武术训练中,则表现为"静中求动""动中求静"的指导思想。在初学武术时,先要学会练静功,通过静功提高人体对外界的感觉能力,之后再去学习动作套路。练静功一定要把心静下来,心烦意乱、心有旁骛是一定要避免的。若静不下来,则采用动功,使思想在注意动作要领、路线、含义、气息与动作配合的过程中排除杂念,达到相对静的状态。

(三)八卦学说

八卦学说是一门庞大的科学思想体系。早在上古时期,中国先人通过长期探索,认识到宇宙是个万物一体的巨大系统。古代的人们看到整体间各个局部的相互关联,提出了太极衍生八卦的基本理论,即为无极生太极、太极生两仪、两仪生四象、四象生八卦。根据这种理论,中国在古代形成了朴素的唯物论和辩证法。

八卦学说是在宇宙间万物相互关联中的运动规律的基础上,推测事物的发展和走向,又把发展理解为各种矛盾趋向和谐的反复过程。古人根据得出的规律,从颜色、位置、动作、方向、对象、物质、气味及转换过程等方面做了归纳。

传统武术中八卦掌是八卦学说的最好体现。八卦掌原名转掌,是传统武术中的一个拳种。该拳绕圆走转,所绕圆圈正经过八卦的8个方位,又以人体各个部位比对八卦,因此得名为八卦掌。

八卦掌的基本八掌分别比附为乾卦狮子掌,取象为狮;坤卦返身掌,取象为麟;坎卦顺势掌,取象为蛇;离卦卧掌,取象为鹞;震卦平托掌,取象为龙;艮卦背肾掌,取象为熊;巽卦风轮掌,取象为风;兑卦抱掌,取象为猴。八卦掌根据八卦理论的基础,以8个基本掌法比附八卦的数目,分为8组,每组8掌,一共64卦。

八卦掌以"易理"作为拳技的理论依据。八卦掌以"易理"说拳理,还以易理规范拳技。易理就是解释八卦含义的理论,包括简易、变易、不易三种基本思想。

"易理"认为:"易则易知,简则易从。"道理简单,则便于明了;法则简单,则便于遵从。八卦掌原理和技巧就遵循了这个道理。八卦掌向左逆时针绕走称为"阳仪",向右顺时针绕走称为"阴仪"。阴阳绕走,是八卦掌的特色,也是八卦掌的基本特征,八卦掌掌法的所有变化都是将攻防套路融于阴阳绕走。

其次,"易理"认为天地万象都处在不停地运动变化中,称之为"变易"的思想。这种思想体现在八卦掌上就是使走转招式像天体运行一样,周而复始地不停运转,将绕走和攻防融为一体。在对抗中要不停地走转与对手周旋,讲究以动制静,以快制慢,形成了"以动为本,以变为法"的八卦掌总则。

"易理"还认为"动静有常",认为万物变化的变化皆有规律可循,简单来说就是行动和静止都有常规,要让行动合乎规范。八卦掌按照这种"不易"思想,形成了"八卦取象、取身不易、运动技法原理不易"的定则。

八卦思想不仅是中国传统哲学中的精华,还充分被传统武术的理论所采用,是传统武术的理论基础之一,为传统武术的发展做出了巨大的贡献。

(四)五行相克

五行学说是古代人认识世界、解释宇宙事物变化的一种学说。五行学说最早被发现于商朝末期的《尚书·洪范》中:"一曰水,二曰火,三曰木,四曰金,五曰土。"《国语》亦有云:"先王以土与金木水火杂,以成万物。"五行不单单是日常我们所说的"金木水火土",还包括人体、自然界的各种变化规律。古人将自然界千变万化的事物采取类比方法按其不同性质、作用纳入五行的属性。表2-1阐述了一些五行规律。

表 2-1　五行一览表

五行	五脏	五体	五官	五声	五方	五时	五化	五色
木	肝	筋	目	呼	东	春	生	苍
火	心	脉	舌	笑	南	夏	长	赤
土	脾	肉	口	歌	中	长夏	化	黄
金	肺	皮	鼻	哭	西	秋	收	白
水	肾	骨	耳	呻	北	冬	藏	黑

　　五行学说中,用相生和相克描述事物之间的相互关系与作用。所谓相生,即两个事物相互促进、相互滋生之意,即前者对后者有积极、促进的作用。五行相生的次序是:木生火,火生土,土生金,金生水,水生木。所谓相克,即相互抑制,相互制约,即前者对后者产生压制、消极的作用。五行相克的次序是:木克土,土克水,水克火,火克金,金克木。五行学说将天地万物只分成了这五个组成部分,但将五行学说与阴阳学说结合起来,对古代医学、天文、历数等产生了巨大的作用。而传统武术也吸取了五行学说的精髓,制定了武术的基本原则。

　　武术拳种当中的形意拳以五行学说作为武术基本理论和基本原则。形意拳是以技击兼养生为突出特色的拳种,要求"心意诚于中,肢体形于外",追求体与意、形与神的高度统一。"五行拳"是形意拳中的基本技法,采用五行学说为指导思想,以"阴阳五行生克制化"的观点演练出人体上的"五行"。五行拳有劈、崩、钻、炮、横五式,分别对应于金木水火土五行。五行拳的相生相克,体现出五行学说对于武术运动的促进和发展。

第二节　传统武术与传统美学

一、武术中的韵

　　"韵"这个字,在现代汉语中最直接的意思就是"风度"与"情趣"。研究美学的思想家把"韵"简单描述为"表现出超凡脱俗的节操、气概的神态或风度"。传统武术中的"韵",是一种和谐、整齐、有节奏感的美。武术套路中的各方面都反映出了"韵"。武术的韵味,被大家总结出来就是"十二型",也就是我们常听说的快如风、缓如鹰、起如猿、落如鹊、重如铁、轻如叶、立如鸡、站如松、转如轮、折如弓、动如涛、静如岳。"韵",使动作清晰、层次分明,是一种美的体现。

武术动作上的"韵",在快与慢的变化、高与低的起伏中,带给观众以精神上的愉悦和享受。掌握"动"与"静""轻"与"重""起"与"落""高"与"低""快"与"慢""刚"与"柔"的分寸,要形成相互衬托、相互依存的辩证统一。这种看似相对而又合而统一的元素,表现出传统武术的鲜明的节奏感。"韵"的观念,深刻地体现出武术运动的审美思想,也体现出武术运动形体上的灵魂。

二、武术中的气

传统武术有多种套路,有多种内容呈现,有一个共同点是内外兼修,这种手段对身心的培养是大有裨益的。在武术修身之中以练"气"为关键。有拳谚云:"天有三宝日月星,人有三宝精气神","内练一口气,外练筋骨皮"。

武术名家都一致认为,"气"是武术的根本,强调练"气"的重要性。如武术典籍《罗汉行功全谱》序言中,详细论述了养"气"对武功的重要性:"天地万物皆一气之所结而成,天地无气则阴阳息,万物无气则生机灭,养气固不重哉。而人为万物之灵,则养气尤为重。"形意拳拳经云:"精养灵根气养神,元阳不走方为真,丹田练就长命宝,万两黄金不与人。"

武术各派对于"气"都有自己独家的理解,对于"气"对本派人练武的影响也反应不一,练"气"的方法也不太相同,但大家都认为练"气"是能使武功提升到另一个境界的基本条件。古代武术宗师认为,练武必须修炼"气",因为"气"是人生命的根源,通俗来说就是人活着都要靠一口气,有气则生,无气则死,气盛则生命旺盛,气亏则生命羸弱。传统武术注重内练一口气,从人的自我认知扩大到对宇宙万物的本根和生命的感触与探索。中华民族美学认为,"气"是美的本源,美也离不开"气"。芸芸众生都是阴阳二气交汇而生的,万物的发生、发展、变化都是与"气"相关的,因而美在生命中,生命折射出美。

练"气",达到"元气充足",使人体魄雄浑,斗志高昂,达到刚柔并济、动作敏捷的效果,从而显示出生命力的刚健、充实,是一种美的体现。而美的理想境界是"和",达到"和"的境界,生命就会变得顺畅、人生就能变得理想。历代武术家认为,如果习武者勤恳好学,是非分明,武术宗师不遗余力地传道授业,同时恪守清规戒律,不受外界诱惑所打扰,那么习武者就能达到"和"的境界。在练武之中,从人自我感知的"和",能够进阶到人与自然、人与社会的"和"。在古代,好男儿练就一身拳脚,在江湖上除暴安良、行侠仗义、惩恶扬善,与恶势力、坏风气做斗争,体现出习武之人身上的"和"与"气"。

归根结底,传统武术所注重的练"气",既有习武者对自身的修炼,也含有对人生命力、创造力和自身价值的修炼。"气"作为世间万物的生命根基,创造出一个生生不息的宇宙,让习武者在自我修炼中体会到人生的美好。

三、武术中的趣

"趣"生于自然,是人们在生活中的主观感受和直觉,把令人愉快的触觉和体验加以提炼、改造和升华。落地到传统武术中,武林前辈在感知与体验世界中吸取和借鉴了天地万物的"趣",并融于人体,提炼其精华,创造了各式各样的象形拳法。

有些象形拳术,如螳螂拳、蛇拳、猴拳、鹰拳等都参照动物本能,以趣适人,融会成全新的武术编排。在此类拳法中,发明者把武术技击中的手型、手法、步型、步法、腿法、身法对比动物进行加工处理,演变成现在的拳法。这种拳法取自动物本性,受到自然的影响,是中国传统美学对传统武术熏陶的成果。象形拳法至妙、至乐、至趣,丰富了中国传统武术的文化内涵,也体现出中国传统文化的美感与独特魅力。有些拳法,比如螳螂拳,也正式被我国收入国家级非物质文化遗产名录当中。

四、武术中的形与神

"形神兼备,内外合一"是传统武术对形与神的要求。长拳中的八法,"手、眼、身法、步、精神、气、力、功"形意拳的内三合"心与意,意与气,气与力合",外三合"手与足,肘与膝,肩与胯合"。各种拳法对形与神的要求都不相同,但有一个共同点,即是注重内外运动符合生命的自由与和谐,使内部意气的流动和外部神气鼓荡在运动中趋于和谐,达到形与神的兼顾。武术中的神,武术家认为神是形的内蕴、灵魂,没有了神,就丢了武术的魂,打出来的东西也就不配被称作为中国功夫了。对于练武者来说,神主要原自于人的内心世界,如对练武的强烈渴望,对武术的价值观,坚实的内心,高尚的情操,乐观的人生态度。

武术中阴阳二气相互流动,周而复始,生生不息地流转,使人的肉体与精神从周围环境中不断地吸取能量,也不断地耗散能量,以达到阴阳平衡。通过观察武术的运动形式,我们能体验生命的勃勃生机,正如一位当代高僧所说,人生是如此的辉煌,生命是如此的精彩,从这句话能够引起我们心中的愉悦,引起我们对健康人生的追求,对世间万物的博爱。

五、武术中的阳刚与阴柔

《易经》认为,阴阳是天地万物的根本,阴阳相互调和,滋养万物。根据这个理论,古人通过阴阳哲学确立了艺术创作和审美理论的一对词语——阳刚、阴柔。阳刚,代表豪放、雄浑;阴柔,代表飘逸、柔和。那雄壮、奔放的拳法表现出阳刚之美;那动作优美、步伐轻盈的八卦掌、太极拳则充分展现着阴柔之美。现在的武术套路中,也往往既展示着阳刚也体现出阴柔,在一套拳法中刚柔并存,相互转化。古代武术家发现,阳刚与阴柔是对立的统一,两者和阴阳类似,需要练武者达到和谐与统一,也就是刚柔相济。在长拳、南拳、刀术、棍术中体现刚劲勇猛的特点。长拳动作奔放流畅,身形矫健,一气呵成;南拳力道十足,步法稳健,气势豪放;刀术套路,力劈华山,横扫千军,动作大开大合,气吞万里;棍术动作,闪转腾挪,有张有弛,蹿蹦跳跃,气度不凡。这些武术技巧在刚柔上相互衬托,可谓刚中有柔,柔中有刚,相辅相成。

只刚无柔,显得太过暴力、生硬,只柔无刚,又显得过于娇柔、嗲气。刚柔这一对古典美学范畴,体现在武术套路的风格上能直接被旁观者所感触到。无论刚柔孰轻孰重,二者缺一不可。正由于刚柔的相互依存转化,从而表现出拳种的风格特点,使得武术风格更具灵魂和魅力。

六、武术中的意境

传统美学范畴中还有个词语叫"意境"。意境的直接意思是指一种能令人感受领悟、意味无穷却又难以用言语阐明的意蕴和境界。它是形神情理的统一、虚实有无的协调,既生于意外,又蕴于象内。具体在文艺作品中的表现是实际的景色和表现的思想感情高度一致,从而形成一种艺术境界,正所谓情景交融。

中国传统美学所产生的意境美直观影响了传统武术的发展,直观影响就是产生了多种多样的武术套路。传统武术中所说的套路是按特定的审美需要和价值取向,将具有攻防意义的技击动作进行艺术加工,把演练者、编创者的心中的情感、精神融合一致,在隐约中达到交融。这里的交融是指感情与环境交融,感情与技艺交融,神态与形色交融。套路的出现,加深了传统武术的文化底蕴,提高了的传统武术的艺术水平和观赏价值。

不仅是武术套路的演变,在传统武术动作的命名上也体现了意境美。古代武术名家在长期的探索与实践中,尝试用所见万物之态和江湖历史上的经典形象故事,将武术套路的一招一式描绘得缤纷多彩,练武者可在舞枪弄棒的同时享受着意境和神韵。

在武术套路之中蕴含了经典的文学色彩,比如人弓步向前、拔剑前刺被称之为"仙人指路";攻击对方胸部的拳法被称之为"黑虎掏心",这些命名方式表现出武术运动独特的意境和情趣,使人闻其名如见其形,不仅享受到意境和韵味,更如同感受到了武术拳技神奇而浓郁的文学意蕴。

在武术拳谚中,能够把不好形容的事理具象化,把烦琐枯燥的知识趣味化,把科学的规律清晰化,把内容集中浓缩并体现在简短整齐、对仗工整的诗句之中,达到言简意赅、易于理解。比如"吐为落雁,纳为鹰扬",展现出一幅美好的画面。"弓开如秋月行天,箭去似流星落地"传神地表达了吕奉先在辕门射戟中的飒爽英姿。这些典故真实地表达出武术的意境。意境是节奏、和谐、阳刚、阴柔、形神、技击等一切因素的综合,使人们感到受武术运动的独特意境与美感。意境美展示了传统武术运动的风格和内容中最独特的那一面,展示出武术最独特的魅力和创造性。整体的意境美使武术的本质融于行云流水的套路演练中,以神感人,以势夺人,以形娱人,这股气贯穿整场,如一首激昂的乐曲,又宛如一首经典的诗词,人们在这独特的意境中享受力与美,品味浓香厚重的中国武术文化。

第三节 传统武术与中医养生

一、传统武术与中医

(一)中医辨证学说

传统中国医学理论源自于唯物主义的元气论哲学。元气论认为,元气为世间万物的本源,是构成世界的最基本物质,元气之间不可分割,是互相联系、互相作用的整体。元气充塞于宇宙,连绵不绝、到处流动、变化无穷。元气聚在一起则成形而有力,散在各处则无象而柔弱。而整体论恰恰是中医学的根本特点和优点之一。

中医认为,整个人体是一个脏腑、器官有机联系和相互作用着的整体,往远处来看,人体在宇宙中与其他生物共同联系和作用,也融入于宇宙的整体。另外,中医又把一个人的形体与精神也视为互相联系、互相作用的整体,精神在物质基础上产生,同时支配形体物质的运动。中医的整体理论,包括人天相关、脏腑相关和形神相关等丰富的内容,蕴含着局部与整体的联系与作用的概念。

中医的脏腑学说认为心、肝、脾、肺、肾等五脏和胃、小肠、大肠、胆、膀胱、三焦等六腑,他们有各自的功能和作用,彼此又是互相联系和制约着的有机整体,他们与体表器官之间绝不是互不相干孤立存在的。传统武术中的其他运动通过形体上的伸展、收缩使脏腑得到很好的锻炼,在保健中有极好的作用。

中医学的辨证论治学说,认为在病原物的作用下,引起人在整体功能上的病理反应,这便是病"征",中医着眼于反映人体整体和有关脏腑的阴阳偏盛偏衰为纲的病理态的"征",并以此为基础来进行整体的调整去治病。故《内经》中说:"谨察阴阳之所在而调之,以平为期。"人体在中医的调节作用下恢复阴阳平衡,也便恢复了人类在长期进化过程中获得的抗病能力和修复能力,从而使疾病痊愈。这种辨证论治学说,不仅满足于治病,对在武术保健上也有重要意义。

(二)传统武术与中医的交融

1. 文化哲理的融合

传统武术与中医同属人体文化的性质范畴,二者有相同的哲学理论作为基础,并在同一区域内相互融合、渗透又共同发展壮大。传统中医理论诞生的同时,传统武术将传统医学的这些理论完整地吸纳到自身的理论特色之中,逐渐形成了形神合一,内外兼修的养身思想和健身之道,武术不少拳种就是在中医经络学说的指导下进行练拳健身的。

2. 治病原理与方法的融合

1)阴阳原理

我们在本章第一节中已经对阴阳有了初步了解,而在中医理论处处体现着阴阳辩证的思想。阴阳二字能全面概括事物的属性,它能代表世间所有相互对立的事物,也代表同一事物中的正反两个方面。自然界任何事物都有相互对立的两个方面,我们可以称它为阴阳两面。例如,自然界的白昼与黑夜、炎热与寒冷、凸与凹等,都可以分别用阳和阴来代表,阴阳的概念不局限于某个区域,在一切事物中都普遍存在。有的事物属于活跃的、高兴的、外向的、向上的、温暖的、明亮的、刚强的特性,都属于"阳"的范畴;有的事物具有安静的、悲伤的、内向的、向下的、冰冷的、黯淡的、温柔的等特性，都属于"阴"的范畴。人体内部中，上阳下阴，外阳内阴；对于所有脏器整体来看，六腑为阳，五脏为阴，如果以每个器官个体为单位，不同的每个器官又分阴阳。从部位上来划分心脏和肺部属阳，肝脏、肾脏和脾脏属阴；就物质与功能而言，功能活动为阳，物质基础为阴。总之，人体内外、上下、前后的各种器官关系复杂，但都可以用阴阳来概括说明。

传统武术的基本理论是外练"手、眼、身法、步"，内练"精神、气、力、功"，从外表上看，着重观察动作姿势、幅度、技巧，追求这些因素的完美统一，从内在里去看，则更看重精神、意识、气息的锻炼。通过内练，通过运气的过程，达到修身养气，改善与提高体内各个系统、各个器官的功能，通俗来说就是以内助外，以外促内，内壮外强，内养外修，内外的修炼是相辅相成的，也恰恰体现了中医中的整体论。与中医理论相符，传统武术在修身养性上讲究内外合一、阴阳平衡。

传统中医上认为，人类疾病的性质无外乎阴阳两类，如果一个人身体出现病征，原因就是阴阳失调。阴阳的某一方面偏差导致失去平衡就是身体出现病变的关键所在，所以根据阴阳变化的实际情况来探索病情、诊断疾病，才会抓住疾病的根源。通过阴阳的属性来分析疾病的性质，即可分为阳症和阴症两类。查明了病症，就对症下药。按照中医理论，人的阳气过于盛，阳热就会损及阴津，即阳盛则阴病，要消除多余的阳气，寒凉能驱除热气，即用寒凉的药物，补阴的药物来治疗某些阳热症；同理，人的阴气过盛，寒盛就会损及阳热，即阴盛则阳病，可消除多余的阴气，用温热驱除寒气，即用温热的药物，也就是阳的药物来治疗某些阴寒症。传统武术的练气原则和中医治病的方式不谋而合，就是根据阴阳盛衰的病理特点，气不足则补上，气多余则泻去，一点一点地弥补阴阳之前的差距，以恢复阴阳平衡的状态。

2）阴阳平衡与失调

阴阳作为事物的对立面相互制约，但又相互依存、相互作用。阴阳二者直接对立，表明两种不同属性的事物存在着相互制约的关系。例如，寒气可以祛除暑气，热气可以驱除寒冷，也就是用寒药可以清热，热药可以祛寒。

阴阳的此消彼长中，保持着相对的平衡。根据阴阳的运动变化，人体才会处于相对平衡协调的状态，才能推动事物正常变化和发展。人体的运动和世间万物的运动规律是相同的，阴阳体现在脏腑功能的活动中，也体现在机体内的精、气、血液等基本物质中，通过源源不断的此消彼长，尽量保持相对平衡，若有一方过于旺盛，打破了阴阳平衡规律，就会产生疾病。古人云："阴平阳秘，精神乃治"，阐述的就是上述道理。

人体中的阴阳增加和减少的过程中如果超出了正常情况，打破了阴阳的动态平衡，就会导致阳盛阴衰或者阴盛阳衰，即称为"阴阳失调"，阴阳失去了平衡，身体机能便会出现问题。《素问·阴阳应象大论》所说："阴胜则阳病，阳胜则阴病。阳胜则热，阴胜则寒。"翻译成白话文就是，阴偏盛了就会造成阳虚而致病，阳偏盛了就会造成阴虚而致病，阳气太盛则过热，阴气太盛则过寒，就是我们经常说的阴盛阳衰和阳盛阴衰，此为中医学的病理总纲。阴盛、阳盛、阴虚、阳虚是临床上常见的四种病理变化。

二、传统武术与养生

(一)贵自然，陶冶人的和谐观念

传统武术的所有门类中，受中国传统哲学影响最深的拳种就是依附于太极阴阳学说的太极拳。传统哲学中的阴阳辩证思想是太极拳的理论基础，是太极拳的行拳根本，谓之"凡身处处皆太极，一动一静俱浑然"。[①] 太极阴阳学说是东方的宇宙本体论和认识论，认为自然界周而复始，由无极而生太极，阴阳对转，化生万物。其核心是"天人合一"观，强调人与自然同构对应，在太极拳中人身为"小太极"，自然为"大太极"，两者应当和谐，应该顺应老子说的"道法自然"。太极拳贯彻了老子的"道法自然"的思想，将武术理论联合到一起，成为一个整体要求，符合人的生理，符合运动规律，符合自然，符合道德原则。下面以太极拳为例，讲一讲传统武术和养生的关系。

"天人合一"的思想的基础是思考人与自然，在基础之上还思考人生理想、人活着的意义，将本体论、认识论和道德论合在了一起，把"天道"与人的道德原则一致起来。当社会的高速运转、工作的压力影响着人类的心理健康，人总会有一些悲观、消极的情绪，比如紧张、焦虑、苦恼、郁闷、孤独等，这些不好的情绪体验会导致脱离世界"神人合一"观念，相对来说，现代人有与大自然和谐相处、在社会上共同进步的美好愿望，而"天人合一"的观念能够满足人们的这种愿望，所以人们尊崇"天人合一"的思想观念。太极拳能顺乎自然、天人相通，使人在精神上如入无人之境，与大自然形成和谐的境界。这种和谐的境界可以排忧解难，让人抛去忧愁、忘掉烦恼、戒骄戒躁，进一步升华人的心境，从而陶冶人的性情、格调，影响人的处世哲学与观念，摆脱心理障碍。

从事实上来讲，人处在现实社会就不可能摆脱所有世俗的东西，太极拳

---

① 闫洪涛，左文泉，潘治国. 武术的文化底蕴与运动原理[M]. 西安：西安地图出版社，2009.

的修性效应也只能是一个调节和治疗内心的手段,而拥有乐观的心态并遵循自然规律才是一个健康的人应该有的态度。

太极拳在行拳中还强调中国古代哲学的各种概念,比如"中正""不偏不倚""无过而不及"。事情发展到极端就很可能产生相反的结果,所以"无过而不及"的信念可以让人们胜不骄、败不馁,以柔弱胜刚强。

(二)求虚静,培养人的最佳情感

中国哲学史中的主动学说与主静学说相对相引,主静学说是主动学说的补充。从道家思想的主静,到道教内丹养生术的主静,导致了太极拳具有了主静贵柔的拳理思想。老子提出了"致虚极,守静笃""不欲以静",希望当时所处的时代能恢复到一个人道的人际社会;庄子要人"抱神以静""必静必清",既说出长生不老的方法,又阐述了人生的一种境界;道教内丹学说的精要在"养气守静",主张"守静去燥""忘形静寂",达到"神静则心和,心和则神全"。太极的一系列理论从思考的方式到养生的思想,都体现出对道德思想的重视,希望人的内心平稳而安定,发展一个和谐稳定的社会,人们具备道德修养,而社会的纷争就自然被化解了。在太极拳的运动技术中尤其讲究虚静。打拳前,人首先要静,做到心里平静,体态放松,使人的身心处于宁静、松脱的状态。在武术中集中注意力贯穿于整个套路中,这也是一个求静的过程。人真正地进入到了虚静,就达到了武术境界中的高级阶段,即"实中求虚、动中求静",把武术套路中的每一个动作,每一个细节,每一个前后连接全部看作是一动一静,再进一步由动而静、由实而虚,将人的注意力全部放在求静上,通过反复追求这个过程,会让动作越来越纯净。

虚静,从人的具体心境概括为安静闲恬,想要做到虚静要具有一种心无杂念、无欲无求的平和心境。通过武术运动来实现自我内心的虚静是十分有意义的,当一个人在结束了一整天辛苦操劳、高度紧张的工作之后,在伸展拳脚的过程中进入无干扰、无杂念的世界,会进入到一个真实的内心上的安静,这样人生就会多一点淡泊的境界。人生在奋斗了大半辈子之后,突然体会到这种空灵宁静的心境,这种心境上的变化会给人生带来新的情趣。太极拳对人的修身养性来说,是不可多得的"清心剂"。现代生活具有节奏快、速度快、压力大的特性,而传统武术中静心养性、动中求静的运动方式,让人的肉体和精神上达到阴阳平衡的状态,从而达到养生的功效。

(三)重养气,融健身、修心于一体

气是传统养生的精要,是中国哲学范畴内的极为重要的命题。气的内涵奥妙复杂,历代思想家和武术家都在研究,具有多重含义。气首先客观存

在于这个世界中,还是道德精神的主体。老子所说的"万物负阴而抱阳,冲气以为和",阴阳之气充塞于宇宙间,但也存在与人类的自身之中,天人相符,彼此感应。

气在养生学中被视为万物生命的本源。《庄子·知北游》中说:"人之生,气之聚也,聚则为生,散则为气",养生学著作《天隐子》则说:"长生之要,以养气为根",揭示了养气是长生不老的根本。道教的养生观对中国医学做出了重要贡献,许多中医理论就是通过道教的学说建立起来的。

传统武术中的多种拳法都十分关注气,从理论到实践,从观念到方法,注重运气、练气、养气。比如太极拳要求"气沉丹田",呼吸要匀细深长、自然平和,强调气息的调养运行。

太极拳等拳术的练气,既体现出生命的本源,又丰富了人的道德精神,所谓心气合一,犹如道教倡导的以人的思想、精神、心理状态为练习的基础。打拳把人的心理、生理和人生哲学连在一起,把心理平衡、延年益寿和生活情趣融为一体,太极拳既能养气,又能体会人生哲理。中国哲学提供了宇宙观、人生观的理论基础,练武者则运用这些理论去践行人生,实现人的身与心的全面健康,在养气中体验人生哲学,既修身又养心。

(四)尚直觉,体悟拳理与人生

中国传统思维中的一个重要特点是重视对整体和直觉的认知,把本体论、认知论、道德论三项理论合在一起。这种理论虽然有它偏颇、过于整体的一面,也有它可取的一面,因为三论合一在于提高心灵的境界。这种思维方式既看中理想,也看中现实。

老子主张"为道",怀着清心寡欲的心态看待世间万物,到了南宋,朱熹提出了顿悟式的直觉,"致知在格物",当有了足够长的时间去领悟和理解,就能豁然开朗,大彻大悟。这些思想家对人的直觉的思考,在锻炼太极拳中也有着深远的影响。正所谓"拳打千遍,神理自现",只要在实践中亲自体会太极拳的方法和理论,去体悟人生、道德,练习与修行自会熔于一炉。

学习太极拳的方法中,主张通过自然变化而知道虚实;把握阴阳变化而明劲法;在虚静中去懂神明,达到无声胜有声的最高境界。要求由熟而悟,由悟而通,渐熟渐悟,"一旦无障碍,豁然悟太空"。人们把太极拳称为"终身不尽之艺""非知唯难,行之唯难,所图之势皆太极大自然之机",活到老学到老,太极拳对人的培养是终生的。

在每一项拳术技巧中,打拳的技法,打拳的姿势,打拳的理论全都是一点一滴去彻悟的,每一拳势,无法用语言去解释其中的奥妙,正所谓实践出真知。至于打拳中的内劲，打拳中的内意，打拳中的内功，则层次更深，在持续不断的修炼中得以体会其意境，才会日臻成熟，收放自如，达到"无形无象，全身透空"的境界。

直觉体悟是传统武术文化中的重要内容，它清楚地折射出中国人传统的思维方式。在中国传统文化的映衬下，传统武术形成了独具特色的意象训练，让人打造出一个通过现有经验知识来联系个人情感的内心世界。直觉体悟长期被习武者遵循，具有不可替代的作用。中国武术的历史就是几代武术家在同一种价值认定下不断践行，不断总结，不断积累，反映出中华民族实事求是、自强不息的伟大精神。

第四节　传统武术与伦理道德

传统武术中蕴含多种伦理道德，其中对一个人训练武术最基本的、联系最紧密的就是武德。本节着重概括武术中的武德，分析武德的来源、特征和主要意义。

一、武德是练武基础

中国武术的格斗技术，除了发扬中国传统哲学与传统美学之外，还蕴含着中华民族传统伦理道德。在武术技巧理论中，研究的是如何打败对手，如何让自己取胜，想要打倒对方，就要采取搏斗，也自然就意味着暴力和伤人，甚至害命。但是中国传统武术却有着独到的伦理特色，处处表现着作为礼仪之邦的"仁义"的民族特征。中国传统武术在不断的发展历程中，形成了重传统、重经验、尊师爱徒的人伦观念，最鲜明的体现就是武德。

武德体现在许多门派的门规戒律中，少林《拳经拳法备要》强调"道勿滥传"，应传"贤良之人"，《少林短打十戒》中更强调："强横不义者不传，强横则为乱，无义者则负恩。"《峨眉枪法》说："不知者不与言，不仁者不与传，谈元授道，贵乎择人。"不同门派都有自己传承武道的准则，都对本派武术功夫的传人提出要求，讲究贤德、仁义，不能强横、没有道德。中国传统武术的伦理以儒家的仁义为基础，融汇了禅宗佛学的"持戒""化解"的大慈大悲，又以道家的"不争""虚静"调养性情为润滑，深刻地反映了中华民族善良、诚信、热爱和平的美德。

二、人人遵守武德

传统武术始终推崇中华民族的优良品德,要求每一个习武者要身体力行,遵守武德。现代武术名家在行功准则纲要中所讲:"练武者应遵守武德,若能做到心胸坦白、光明正大,方可德艺兼修,所以说身正则艺正。艺无德不立。总之,武术也要讲德才兼备,否则必入歧途。"[①]

武术的伦理道德不只是在严肃规定的教条中,许多原则都在许多拳术技法中有机地结合着。比如太极推手有两条原则:"见利思义"和"舍己从人"。这两条原则所表达的字面意思是要告诫人"不要不义之财"和"个人服从集体",从技击上讲则是太极拳理的核心要义,将这 8 个字作为人生的行事准则,也包含着大道理。"见利思义"源于《左传·昭公二十年》,原话是"居利思义,在约思纯",见到利益钱财,要想是否合乎正义;在生活贫困、精神困苦之时也要保持纯洁的人格;"舍己从人"一语来自《尚书·大禹谟》,是舜帝向大禹宣扬尧帝的大德时说的话。太极拳选这 8 个字作为原则,不是空洞地诉说大道理,在推手中体味"见利思义",不会只去想它的直接含义。

人生中许多见利忘义的人,往往都是多行不义必自毙。太极拳的技击中对中国古代典籍中的大道理做了形象的表现,可谓深刻。"舍己从人"是王宗岳的《太极拳论》中的重要论点。舍己从人是发挥出太极拳技击术的精髓,是"牵动四两拨千斤"、以柔克刚的不二法门。舍己从人看上去在武术对抗上是不成立的,然而世界上一切事物都有正反两面,有阴阳相互转化的规律,要辩证地去看待。太极拳的牵动四两拨千斤正是在舍己从人的原理指导下运用借力打力的妙招。如果简单地对比四两和千斤,胜负是没有悬念的,而重要的是"牵动"二字,舍己从人是练武的根本要义。这些来自 3 000 年前上古的人生经验,这些儒道思想的核心,在现代社会也是高尚的道德品格,不少有权有势者一夜之间的颠覆,基本都是见利忘义的结果。

三、传统武德的现代意义

对待传统文化,要取其精华去其糟粕。老传统也有对于现代人来说不太适用的东西,如至今尚有遗存的保守的门户之见等,但传统武德更多的却是人类文明精华。尊师重道的伦理规范,不仅体现在武道上,更覆盖了所有

---

① 汤一介. 武术文化与修身[M]. 北京:中央编译出版社,2008.

行业,成为约束人行为的道德理论,而且被历代贤能智者奉为文武兼修的人才标准。正因为有了传统武德,才使中国武术能传承至今并继续流传给后代。如果中国武术只以成败论英雄,只看重谁能打,谁下手狠,以杀戮的肉搏形式存在,也许早就被珍爱和平的人们所唾弃了。

中华民族崇尚的是在武术较量中点到为止,并不赞赏一定要分出个你死我活。这种追求平衡的概念使武术向智慧、养生、艺术表演方面多渠道发展。所以在武术文化研究中,随便说几句不可能把武术的特点描述完全,只关注某一点也不能概括出中国传统武术的全部。

中国传统武术总体上讲究道德与技艺相统一,没有美好的心灵,就不可能有高超的技艺,因此所谓艺无德不立;说到具体上,一招一式,都要求势正神圆,看着漂亮,用着厉害。把强身健体、修身养性和技击制敌统一于一体,是中国武术的最大特色,正因如此,它才会传遍祖国大江南北并走出国门,成为全世界人民都可以拥有的珍贵遗产。

中国武术文化的伦理特点,对于铸造我们的民族精神有着重要意义。一个民族的民族精神的产生非一朝一夕,而且也不会因为时间的流逝而永不改变,它是天时、地利、文化各种因素的长期积淀的结果。传统武术作为中国传统文化的重要组成部分,对于我们民族崇尚侠肝义胆、刚正不阿、匡扶正义的侠者精神和仁义礼智信的民族品德的熏陶、传承有着永久的价值。

第五节　传统武术与宗教民俗

一、传统武术与宗教的联系

中国的宗教,包括中华民族土生土长的道教和经过海外交流而传播到中国的佛教和伊斯兰教。除了这三大宗教,还包括一些由民间老百姓流传派生出来的民间秘密宗教。除伊斯兰教之外,这些宗教都互相渗透、互相融合,成为中国伦理观念与民俗文化的综合物,对武术自然也有着深刻的影响。

世界三大宗教能成为传承千载的人类文化的基本文明素质,是因为他们都宣扬禁欲、克制、忍耐、博爱、非暴力。在宗教历史上也有暴力和攻击性的文化,西方出现过各种宗教战争,也出现过武艺高强的宗教人士,但宗教战争的原因是多方面的,还有政治、经济、民族原因影响。随着战争的结束,这种暴力分子会被宗教所排斥，代表不了宗教的主旋律。中国的嵩山少林寺，不仅以武名扬海外，而且是中国武术最大的拳派——少林拳共认的武宗。佛教宣扬慈悲为怀，与一切暴力和伤害行为绝缘，以慈悲、乐善为宗旨的宗教，在中国却成了传统武术之宗，这在世界宗教文化史上，也是极为特殊的现象。

佛教自东汉传入中国之后，在魏晋南北朝蓬勃昌盛，与儒、道同尊，但佛教与中国武术文化产生的不解之缘，就值得大家去思考了。这既要从武术本身找原因，也要从中国历史发展、朝代的更迭中去寻找。中国武术的重要发展之地少林寺的发展与形成，就对武术与宗教的关系产生了重大影响。少林寺的开山祖师跋陀对奇技异能格外赏识，他本人与他的两个弟子僧偁、慧光本身都是武林高手，这成为少林寺的内在基因，而后禅宗初祖菩提达摩曾驻脚于此，又使少林寺成为禅宗发祥地之一，禅宗对佛教教义的独特理解，即其本身的宽容性和世俗性，都为少林寺以武术显名于世创造了条件。禅、武结合使体悟为上乘武艺的武术得到了独特的精神滋养。

从佛教教义本身来说，佛对于与武术的技击要义还是没有本质的交集的，只是传统武术中的修身和虚静与僧侣中的顿悟和渐修的禅理上有共同点。在传统武术中，更多的还是吸取道教的精华。道教的教理教义和修持方法，还有天人合一的思想境界，这些对武术的影响就要深刻得多了。道教对阴阳、八卦、五行等宇宙哲理的研究，对人与天地万物的价值与联系的探索，才使武术完善了自身的哲学理论。

（一）道教的"重人、贵生"和"主静、主柔"

1. 重人、贵生

道教主张通过修炼精气神达到长生不老，这种思想也延伸到了传统武术之中。传统武术的有些卫身的技法、拳法会与延年益寿结合在一起。传统武术中的形意拳、八卦掌、太极拳中受道教的这种熏陶就体现得很明显。

形意拳之所以又称气功拳，是因为具有三层功夫。形意拳拳论中明确指出这三层功夫得自道家。道家内丹术中的三步练法就是三层功夫，是形意拳内功的根本法则。第一层功夫叫练精化气，也就是小周天循环法，在形意拳中，谓之两仪；第二层功夫叫练气化神，也就是大周天循环法，在形意拳中，叫作三体势；第三层功夫叫化神还虚，在形意拳中，有规矩但不必刻意遵循，有意但不必专注于意，进入了随心所欲、得心应手的"拳无拳、意无意，无意之中是真意"的高级阶段。

中国道教是完全接受天人合一思想的宗教，道教把老子和庄子这些哲人的思想更加神圣化和世俗化。老子本人也被奉为道教最高神祉的"三清"之一"道德天尊"，《庄子》一书则被奉为《南华经》。道教促进了武术技理以五行、八卦、阴阳、太极等这些道家奉为神圣的理论做指导。道教在思维方式和哲学上对武术的影响，超过了任何一种宗教。

2. 主静、主柔

先秦道家主静、主柔，以虚静驭万物，这种观念完全被道教吸收，并影响了武术，形成了以柔克刚、刚柔相济、后发先至的技击理论。道教作为一种强调发挥人体自身的修炼而求长生不老的宗教，天然地对传统文化中的武术与气功特别重视而且有独到的贡献，而武术也对道教的发展给予了一定辅助。剑，作为一种古老的兵器，在道教中不只可以降妖除魔，而且可以做道教真人尸解的替身，而其自身即可升仙长生，早已被道教奉为具有神秘色彩的法器。陶弘景为梁武帝造的"凝霜、道家三洞九真剑"等十三柄剑，剑上分别刻有各种真人玉女、风伯雨师和蚩尤神形象，以及北斗皇辰二十八宿等，故而剑素来被戏称"宝剑"武术的古老兵器，成为负载宗教精神内涵的重要工具。

"气聚丹田""运转河车""凝神入穴"等道家内丹修炼术语，在少林拳派的不少拳诀拳论中可见。现代"气功"名词的运用，出自清代末年，尊我斋主人所集《少林拳术秘诀》。关于武术气功："气功之说有二，一个是养气，另一个是练气。养气而后气不动，气不动而后神清，神清而后操纵进退得其宜，如是始可言命中制敌之方。"养气之学，是修炼气功中的关键，而对于柔术之功的运用，多在于克敌制胜之中。练气与养气，虽同出于一气之源，具有虚实动静之分。"养气之学，以道为归，以集义为宗法。练气之学，以运使为效，以呼吸为功，以柔而刚为主旨，以刚而柔为极致。及其妙用，则时刚时柔，半刚半柔，遇虚则柔，临实则刚，柔退而刚进，刚左而柔右，此所谓刚柔相济，虚实同进者也。"

道教内功心法与中国武术的奇技异巧结合，使传统武术"内外兼修、形神并养"的技术体系完善齐全、独树一帜，成为传统武术文化内涵中的重要组成部分。

(二)伊斯兰教对传统武术的贡献

伊斯兰教奠基人穆罕默德一手捧《古兰经》、一手执剑传教的神武精神在中国的穆斯林中得到特有的反映，像查拳、弹腿等武术门派，回回十八肘、通臂劈挂拳等拳种，皆与伊斯兰教门有关。回族中出现了许多著名武术家，对现代武术教育的发展做出了贡献。

在中国,回族具有崇尚武勇的精神。几百年来,回族武术深入人心,并逐步成为回族的民族体育的重要内容之一,也体现出回族人民的人文精神。回族武术至今仍被许多回族同胞继续保持并传承下去。

回族武术内容丰富,门派繁多,既有中华武术的传统项目,也有富于独特风格的本民族项目,包括各种拳术、器械、对练。回族同胞在吸收其他民族武术精华的基础上,将传统武术各门各派融会贯通,结合穆斯林的风俗习惯与民族特点,经过几代人的努力钻研和实践,逐步形成、丰富、完备和发展起来的。新中国成立以后,回族武术已从封建时期各朝代国家冲突、对抗时的自卫手段变成增强人民体质、增进民族团结的一项体育活动。群众性穆斯林武术活动的普遍开展,不同民族间武术高手之间的交流与沟通,丰富了中国传统武术的文化内涵,为民族融合与民族团结做出了贡献。

(三)民间秘密宗教对传统武术的传播

1. 民间秘密宗教的起源

在古代,民间土俗宗教包括两种,其中一种是在汉族地区流传甚久的民间宗教;另一种是在边疆的少数民族聚居区的具有当地特色的民族信仰的宗教,这种宗教有的是原始宗教,有的是对佛教或道教的衍生物。它们在民间秘密流传,之所以说是秘密流传是因为它们不被当权统治者接受或承认,所以又被称为秘密宗教。关于民间秘密宗教,最早出现于公元 3 世纪,在东汉时期出现的太平道和五斗米教。宋代的明教,元、明、清三朝流行的白莲教都是历史上著名的民间宗教。这些秘密宗教不仅曾有大量信徒,还都曾经组织过浩浩荡荡的农民起义,反抗统治阶级。所以历代统治者都会打压这些威胁国家政权的秘密教派,如宋代发动的方腊起义,白莲教曾发动过元末红巾起义、明末徐鸿儒起义与清代乾隆、嘉庆年间的川、陕、鄂白莲教大起义等。

2. 民间秘密宗教大多具有政治目的

因为封建社会后期阶级矛盾和民族矛盾空前激化,加之统治阶级的压迫,导致这些与统治者对立的秘密教派不断更名,打起新的旗号。在清代,民间秘密宗教及打着宗教旗号的秘密结社多达二百余种,活动地区遍布中国各省区。汉族地区这些秘密宗教的教主也和其他宗教的领袖一样有一身功夫,但他们成立的初衷大多带有反抗统治者的政治目的,因此他们进行武术训练的目的是培养士兵,提高战斗力,讲究训之能战,这肯定会对武术的普及和武术技术的提高起到很大作用。明万历年间,闻香教教首于弘志就组织了名曰棒棒会的练武集团,到了天启二年(1622),发动了震惊朝野的闻香教大起义。民间宗教吸收道教、佛教的内功修炼方法,把不少教派的内功外武结合起来,形成其独特的民间宗教内功,大大促进了武术内外兼修的发展。清末的中国内忧外患,对外受到外国的欺辱,连续签下不平等的条约,而口号为"扶清灭洋"的义和团组织的中心力量就是以教练"神拳"为号召的,这无疑是武术与宗教结合的结果。纵观历朝各代的秘密宗教运动,不可否认的是肯定推动了传统武术的发展,但对人为何习武产生了扭曲,也对武术的价值观产生了消极的影响。

二、传统武术对民俗文化的影响

(一)北方花会与南方英歌中的武术

1. 北方花会中的武术表演

花会是我国传统的民俗活动,在北方地区广泛流传,一般在春节期间举行。在花会上,人们载歌载舞,进行多种文艺表演,周围人头攒动,衬托出节日期间喜庆祥和的气氛。这种具有强烈地域性民俗文化特征的歌舞表演,深受当地普通百姓的喜爱。自古以来,每逢佳节,民间花会都盛况空前,大家其乐融融。在花会中有各式各样的表演内容,但许多项目却都与武术有关。北京地区的"五虎少林棍",沧州地区的"武术扇""落子"等是花会活动中的经典节目。"秧歌""拉花"和天津娘娘宫的"法鼓""飞镲"等,也都需要有武术的功底和技巧。在中国经济发展与繁荣后,农村地区也有了翻天覆地的变化,花会这种富有感染力的民俗艺术更集彰显着老百姓对生活的热爱,也体现出武术在生活中对于普通百姓的影响。

2. 南方英歌中的武术表演

英歌,又称"鹰歌""鹦哥",是一种融舞蹈、南拳套路、戏曲演技于一体的传统民间广场舞蹈,表演气势豪壮,气氛浓烈,流传于广东、福建等地,由男子表演,有歌颂英雄的含义。2006 年 5 月 20 日,广东省揭阳市、汕头市联合申报的"英歌"(普宁英歌、潮阳英歌)经国务院批准列入第一批国家级非物质文化遗产名录。

在南方地区,英歌作为一种传统民间民俗艺术深受广大群众喜爱,它的产生与发展也与武术有着亲密的血缘。英歌流传于广东潮汕地区,男性演员多化身为梁山好汉,每人胸前挂着梁山泊好汉的名字,着戏装画脸谱,多则108人全员上阵,少则十几人。在表演过程中众演员各执短棒击打前进,前导化装成武丑人物时迁,手耍布蛇,前后腾跃联络,中间是化装成宋江的人物执鼓指挥。这种流传数百年、至今传承下来的民俗文化活动,对武术的普及和推广有着积极的意义。

通过南北方的特色活动花会和英歌中我们可以看出,华夏民族所独创的武术文化,在不同的地区即使有地域的差异,但本质上大体是相通的。

(二)藏族传统武术"拳巴"与"热巴"

远在秦汉时代,世居青海高原的羌族,在狩猎和战斗中创造了自己独特的武术"羌术"。唐太宗时期,文成公主远嫁西藏,在随行人员中有很多武士。在这个时期,藏族同胞吸收了前辈所创造的"羌术"的优点,并且同节庆和礼佛的民俗结合,开创了独具藏族特色的藏族武术。"武术"在藏语中被称为"拳巴",具有内外兼修的特点。

望果节是藏族人民的重大节日,一般是在谷物即将成熟之际举行。在节日中表达预祝农业丰收,并拥有着历史悠久的民俗活动。望果节来临之际,全体乡民出动,绕本村土地转圈游行,队伍最前面引路的是捧香炉的长者和高举幡杆的武士,那幡杆上拴着哈达,敬神完毕后就要开始武术表演。其中有角力、斗剑、耍梭标等,竞赛得胜者赐哈达一条、绸缎三方。据《西藏志》载,藏历正月十五日,举行宗教仪式后,要进行赛马、摔跤、武术等活动。藏族的宗教仪式和民俗活动中,武术是其中的重要内容,占据了重要地位。当年西藏曾出现许多以保镖为业的"勾松巴",他们擅长使藏刀、弓箭、弹石、索镖等器械。

热巴是一种藏族传统舞蹈,是由藏族热巴艺人来表演的。热巴艺人靠表演热巴舞为生,一般有流浪艺人班子,由一个家庭来组成。热巴艺人中有许多武林好手,热巴艺术的创始人圣者米拉日巴,就是一位德高望重、精通武术和气功的喇嘛。

20世纪30年代在朝瓦弄出生的著名热巴艺人阿谦,他技艺高超,70岁时还能徒手倒立上楼,他的8个儿子或舞刀或飞剑均各怀绝技。父子8人内外功兼练,软硬气功并修,在云南、西康一带甚有名声。

(三)傣族在泼水节上的传统武术

泼水节是傣族的新年佳节,是傣族人最重大的节日。每次节庆的表演开始时,总要由傣族人崇尚的孔雀做引导——扎着彩色翅翎的男女跳着袅娜而有力的孔雀舞。然后在铓锣和象脚鼓的伴奏下进行刀枪棍棒的武术表演。

傣族武术内容丰富，动作严谨古朴，柔中寓刚，套路短小精练，现有拳术 30 多套，象形拳类 16 套，棍术类 26 套，刀术约 10 套，其他 15 套。傣族武术，不论拳术、器械、对练，一般都有象脚鼓、铓锣伴奏，构图以走方为主。傣族普遍信奉佛教，格斗技击的武术本与慈悲为怀的佛教教义相左，然而傣族把武术的演练亦视为奉敬佛祖的贡献。傣族的宗教信仰和将传统武术发扬光大的少林寺不谋而合。西双版纳动海佛寺壁画中就保留了 200 年前傣族武术的壁画，极为生动珍贵，其中有练单刀、练剑和对练的形象。

(四)苗族传统武术"舞吉保"

苗族的武术，在东部苗语方言中称"舞吉宝"。苗拳是苗族武术文化中的代表，颇为人们称颂。古今的武术行家在与苗族武术交流、切磋后，无不为苗族武术技艺高深而叹服。苗族武术中最有特点的是苗拳，苗拳融汇了苗族千年来灿烂的文明中的精粹，是锻炼苗族勇士、培养民族精英、传承苗族文化的重要手段。历代苗族精英多数是苗拳大师，从舞吉保中，他们既接受强身健体、克敌制胜的拳术功夫，又习得民族哲理、伦理道德和为人处世的文化知识。舞吉保内容丰富，攻防皆有绝招，徒手与器械，外练与内修，内外基本功中有许多功法，是中国传统武术的珍贵遗产。苗族人的练武器械中具有特色的是用来防身的烟袋"棒棒烟"，它的特色是"内灌锡水外包铜"。此外，长柄的钩钩刀、两节连架棒、用若干股竹篾子制成的可缠在腰间的竹条镖、竹竿节等，亦是苗族人练武的传统器械。在苗族武术中，一般刀、剑、斧、戟、勾、戈、鞭、镗等，都有许多套路，古朴拙奇而气势猛烈，每当新年、节庆，苗族武术家总要活动一下身骨，表演一下拳脚来增添节日气氛。

苗族武术中与娱乐活动结合最密切的是芦笙拳。芦笙是一种古老的簧管乐器，深受苗家人喜爱。芦笙与苗族人的民俗活动充分结合，在悠扬的吹奏声中，苗族勇士"沉肩垂肘，含胸拔背，以气催力，牵拉架格，时而挥臂跪步，时而跨步冲拳，时而单舞，时而对练，整套动作步稳势雄，动静分明，巧妙地把芦笙舞和苗拳结合，令人耳目一新。"[①]。

苗族人民族特色的传统武术具有系统的科学价值，其修身养性的作用逐渐引起广大中国武术研究者的兴趣。

① 汤一介．武术文化与修身[M]．北京：中央编译出版社，2008.

第六节　传统武术与艺术表演

一、武术与杂技

(一)杂技艺术概述

　　杂技是一种以超常的技巧为特征的表演艺术。杂技演员靠自我身体技巧完成一系列难度极高的动作表演,令人叹为观止。杂技中的自卫本能、攻防技术积累而产生的动作与传统武术的一些动作完全相同。杂技表演中,杂技演员拥有着许多超绝的武技,如果让他们来改行进行武术训练,肯定也是无缝衔接。中国的杂技艺术源远流长,发展数千年,和传统武术互相促进互相借鉴,也直接促进了中国武术的发展。

　　中国古代杂技可分为七大类别,分别是形体技艺、力技、投掷技、幻术、动物戏、乔装动物戏、滑稽。这七大类别中多数项目都是来源于武术技巧,或者能转换于武术技巧。

(二)武术与杂技同源共生且互传互补

　　狩猎和战争是中国杂技的起源,也是传统武术中某些武术技巧的起源。"弹弓"是早于"弓弩"的古代射猎器,很快流行于杂技场上。宋代的瓦子诸艺中,作为杂技节目的"射弩",使射箭变成了一种杂技艺术。拉硬弓是武场的重要项目,是评判一名武士是否过硬的一项素质考核。历代的武将,都以能拉多少硬弓评判自己是否勇武。在杂技表演上,它不再是单纯地去标榜武士是否勇武,而是一种单独的娱乐表演,奉献给台下观众。清末,北京天桥著名的杂技艺人张宝忠能同时拉开五张强弓,每张弓 60 千克,总量在300 千克以上。

　　"流星索"最早出现于石器时代,是一种投掷的狩猎器具,但在杂技表演和传统武术中几乎同时被改造为训练武器和表演道具。杂技把这种古老的兵器装饰出表演性的外观并提炼出适合杂技的表演技巧,创造出了"水流星""火流星"等高超而精彩的杂技节目。

　　先秦的士、客阶层大多都是喜好舞枪弄棒的武士,他们的这些独特的技艺不仅促进了武术的发展,也成为后世杂技的重要项目。《列子·说符篇》中所述"宋有兰子者,以技干宋元,宋元召而使见其技。以双枝长倍其身,属其胫,并趋并驰,弄七剑迭而跃之,五剑常在空中"。说的是一位名为兰子的武术演员,边踩着高跷边耍弄着短剑,使武术技巧就变身为杂技表演,以此来取悦诸侯、求赏谋生。

古时许多打仗用的兵器成为杂技的表演道具,有些著名的杂技演员同时也拥有着高强的武艺,这恰恰也是杂技与传统武术融合的结果,如"飞叉"就是由武术器械演化而来的。在古代因为各种各样的因素,有些一身功夫的武士也颠沛流离,四海为家。这些武士常常通过拳脚功夫、骑马射箭等各种武术技艺和杂技表演维持生计。杂技艺人中也有很多通晓武术功夫之人,历史上这些人中有的就是反抗统治者,并成为发动起义的领导者,如参加了明末李自成起义大军的著名女将领红娘子,就是一名走绳杂技艺人;乾隆年间,山东农民起义的女将乌三娘也是位武艺高强的杂技艺人;白莲教的起义领袖王聪儿是一名精通剑法的杂技艺人,她所领导的起义震动朝野。通过这些历史上的事件不难发现,有些武艺高强的将领居然都是杂技艺人出身。

杂技训练的理论和方法基本和武术训练相同。"内练一口气,外练筋骨皮"也是杂技训练所倡导的。武术套路中的刚与柔常常被杂技发展为独具特色的表演节目,被杂技演员运用在舞台上并活跃至今。

(三)戏法与武术的联系

戏法是中国杂技艺术中最著名的技艺之一,并享誉全世界。中国的戏法和西方的魔术不一样,一般魔术表演在后面隐藏着机关,魔术表演时不允许观众在后面观看。中国的戏法常年在走街串巷,舞台周围站满观众,变戏法的演员身着大褂,而这表演的奥秘就在这演员的大褂里,因此演员必须有良好的身体素质和深厚的武功技巧,其中腰功和手法是关键。

戏法是变幻的艺术,巧手灵变,全在十指的功夫,讲究手、眼、身、法、步五字诀。表演过程中,演员从身上变出体积是自身2~3倍、质量达50多千克的东西,而这些东西又包括瓷器、玻璃缸之类的易碎品,有的还要带水带火,如果演员的功夫不到家,很可能会发生事故伤害身体。这些体积大、质量大的物件隐藏在演员身上,不能从观众的视角中发现秘密,在大褂的掩盖下,演员要上下匀称、形象美观,这里不只需要力量、技巧,还要求演员有吸腹的气功。而对于气功的练则要经过持久的武术训练,所以古彩戏被行内人士称为"文戏武活"。新中国成立后,武术成为一种体育项目,而杂技被划分到艺术活动,但在国外演出时常常是杂技与武术同台表演,二者都在推广、振兴中华民族的传统文化。

二、武术与舞蹈

（一）"舞"与"武"二字在古代通用

根据历史古籍，我们能找出证据表明"舞""武"这两个字在古代是通用的，如《诗经》中的"象舞"，《礼记》中的"象武"。《春秋》中有"以蔡侯献舞归"之句，而《谷梁传》在解释时却改为"献武归"了。《释名·释言记》中记有："武，舞也，征伐行动，如物鼓舞也。"早期的"武"与"舞"的意义是相同的，而且可以相互通用。

（二）古代"舞"与"武"交融互通

古代早期的练武活动，一套动作演练下来恰似一套舞蹈。武术家把徒手或手持武器的战斗技术动作进行模拟，通过舞的形式予以再现。这种舞主要体现出战斗的动作，把在战斗中运用成功的拳脚动作、使用武器的招式一遍又一遍地演示。这种舞还没有具体的套路和体系，一组动作中零零碎碎地反复重复着、模仿着，没有动作规格上的要求，也没有动作的前后顺序，更没有乐器的伴奏，但这种练舞过程，也是武术技术传授过程。

武舞早期出现于公元前 10 世纪，西周时期常被作为一种搏杀技术。可以说，武舞是早期武术与舞蹈的交融性的体现，它具备着修身养性的实用性，但也有表达思想感情的作用，武舞的动作组合与传统武术套路有许多的一致性。在武舞盛行的年代，武术的技击性、套路性与舞蹈的艺术性尚没有充分发展，武舞、武术和舞蹈这三者很难区分。有些舞蹈既是现代舞蹈的起源，也是一些武术动作的源泉。在夏商周时期，在战士们出征之前或得胜归来，君王常安排规模宏大的武舞犒赏三军，如武王伐纣，便"作大武之乐"。大武之乐反映了周武王灭商纣王的宏大气势，歌颂了周武王的显赫战功，表现了武王伐纣的军容威仪，且有作战时的战阵的攻防动作再现，高度还原真实的战争情景。武舞是武术和舞蹈的结合，既可以看作是表演，也可以看作是武术器械练习。

历史上，楚汉相争时发生著名的鸿门宴，在《史记·项羽本纪》中记载，"项庄入为寿，宴会时以舞剑为乐"。为了庆贺西楚霸王攻下咸阳，虞姬于夜宴中曾舞剑助兴。这种剑术表现具有明显的武术特征，具有击、刺等剑法，为剑术套路的发展与开拓打下了坚实基础。又如《三国志·吴书·凌统传》载，东吴将领凌统，因甘宁杀害其父，想借着宴席上刺杀甘宁，"酒酣，统乃以刀舞"，很明显就是装作表演而真实目的想要动手。而甘宁也毫不逊色，曰："宁能双戟舞。"其实凌统的刀舞、甘宁的双戟舞看起来是舞蹈,实则意在技击。

(三)武术与舞蹈相互影响

历史的车轮继续前进,武术与舞蹈在表现形式和概念上划分得越来越清楚,而二者也走上不同的道路。武术被用来自我防卫与军事作战,而舞蹈偏向于表演艺术。汉代出现了"武艺"一词,首次把舞蹈与武术区分开来。但武术同时具备了形体美与艺术美,其巨大的魅力也为艺术领域的发挥与创造提供了灵感,所以部分舞蹈受武术的影响掺杂了一些武术的内容。当然,舞蹈的编排套路、动作搭配也同样对武术的动作内容与表现形式产生着影响。

1. 武术对舞蹈的影响

汉代的"剑舞"源自于民间武术,慢慢地从一种防御敌人的手段变成了一种具有艺术特色的舞,此外,起源于汉朝的"百戏"更是集武术、体操、杂技于一身。元明清时期,有些舞蹈动作,如扑步、飞脚、旋子、射雁等,更是大胆地引用自传统武术,至今仍广泛应用于舞台表演。唐朝著名宫廷舞曲《秦王破阵乐》是当今最著名的舞曲之一,它歌颂了唐太宗李世民击败叛军,稳固大唐政权的赫赫战功。整个舞曲中,舞者披甲执戟,舞姿威武雄壮。舞队摆出各种阵势,"发扬蹈厉,声韵慷慨"。伴奏音乐"声振百里,动荡山谷"。此舞不仅具有浓厚的战争气息,还有一种威慑力,展现出强大气场,其中许多舞蹈的表现都吸取了传统武术的击刺攻防等动作。

2. 舞蹈刈武术的影响

武术套路的演练形式、演练风格吸取了舞蹈的精华。武术套路中,在体现出武术技巧的步与腰、手与脚的配合上借鉴了舞蹈上的动作,而武术套路的布局、形式上的变化也吸收了舞蹈的表演艺术。例如,东汉傅毅《舞赋》中的"罗衣从风,长袖交横",至今在武术套路中也是一种形式。又如"体如遨龙,袖如素蛇",这种身段与手部动作的结合,则被武术吸收后紧密结合技击的方法来表现身法。还有"行如游龙,舞似飞凤",也被武术剑术套路所吸收。有许多套路,吸收了舞蹈中花哨的动作,丰富了套路的内容,突出了表演效果,更加引人入胜。

随着武术运动的发展和套路的不断丰富,舞蹈动作引入到武术的例子越来越多。比如木兰拳就是武术与舞蹈相结合并有音乐伴奏的一种崭新拳法;敦煌拳是创编者根据敦煌壁画上的舞蹈形态而创编的一套健身武术。现代人创编的这些新一代的武术拳脚套路,在具备健身锻炼的基础上,还拥有很高的表演价值和欣赏价值,受到广大健身者越来越多的喜爱。现代的武术项目如太极拳、练功十八法等,练习人数较多,都配以音乐,使动作整齐,节奏鲜明。武术操练的舞蹈动作虽然在风格和特点上都有所区别,但这种配乐的形式却和舞蹈有相似之处。

舞蹈上的一些形式和特色如今也被应用在武术上。新时代的传统武术的重点是发展武术竞技,弘扬武术文化,吸引更多同道中人参与进来。目前,武术比赛的形式也有所改变,如套路对练项目,可以配音乐;比赛服装不受原规定的限制。这一切都是在形式上又不改变传统武术特有的体育属性的前提下,吸取了舞蹈艺术上好的表现手法,这种借鉴对武术运动的发展无疑拓宽了思路。

三、武术与戏曲

(一)古代武舞是戏曲的源泉

中国戏曲以其独具风采的表演技艺卓立于艺术之林,是一种历史悠久的综合舞台艺术样式,一般被认为起源于原始歌舞。除了歌舞外,丰富多彩的武打艺术也是中国戏曲重要的组成部分。二者相互影响、熏陶,构成了中国传统戏曲的主要表现形式。正所谓舞中有打,打中酝舞。

舞蹈,在古代被视作一项重要的仪式内容。历代皇帝在纪念重大事件中几乎都要进行武舞。上文"武术与舞蹈"中提到过的武王伐纣,便"作大武之乐""项庄舞剑、意在沛公"等,因此不再赘述。

中国传统的武舞除了有些技巧融进了武术中去,另外一些技巧则与新兴的百戏相结合,形成了秦汉时代文艺、体育结合的盛宴——乐舞百戏。乐舞百戏的出现不仅推动了戏曲的发展,还丰富了武术的套路,从此中国进入了戏曲与武术互相影响,同步前进的时期。武舞的兴盛,为中国戏曲发展提供了源泉。

(二)戏曲在不同朝代的发展

百戏,也叫散乐,是汉代民间演出的歌舞、杂技、武术、戏曲等杂耍娱乐节目的总称。先秦时期的武舞为中国戏曲的发展创造了基础,秦汉时期的百戏则是中国戏曲诞生的摇篮。"中国戏剧之单称为'戏',似乎也是由百戏支分出来,而成为专门名词。其中确也有不少的东西,在戏剧的形成上有相当的帮助。"[1]《东海黄公》是汉代百戏中的节目,该剧的主要情节是手持金

---

① 闫洪涛,左文泉,潘治国. 武术的文化底蕴与运动原理[M]. 西安:西安地图出版社,2009.

刀的黄公与白虎做搏斗(当然白虎肯定是由演员扮演的),具有较强的武术色彩和多种杂技动作。这种戏曲既有武术动作又有杂技表演动作,融各种技艺于一炉。

作为文武总汇的两汉角抵百戏,决定了武术对戏曲、舞蹈、杂技等艺术所产生的影响。研究中国舞蹈历史的学者给出的结论是:"中国的传统舞蹈,它的独特的色彩之一是糅合了武术与杂技两大因素。"百戏中的精奇巧妙、变化多端的武术招式与人物的塑造、戏剧的剧情有机地结合起来之后,就逐渐变成为戏曲中的武打艺术。

隋唐时期,中国封建经济走向成熟,在这一时期正是中国传统戏曲发扬时期。这一时期的"戏"或"弄"是以歌舞形态来表达故事情节的表演。作为歌舞艺术鼎盛时期,武术也格外受到重视,而且正是由于歌舞和武术的兴盛,才会出现唐代公孙大娘、李十四娘等经典的角色。被称为"开元三绝"之一的剑舞家裴旻精通剑舞,不仅有掷接兵器的杂技技巧,还拥有优美的舞蹈动作。隋唐时期武术与传统戏曲的互相影响和借鉴,说明中国戏曲从源头上就与传统武术紧密结合。

宋、元、明代的杂剧,是我国戏曲发展史上又一个里程碑。宋元时期的"绿林杂剧"中,扮演绿林豪杰的均是武术技艺高强的演员。在山西新绛县吴岭庄所发现的元朝至元十六年(1350)的墓中,墓门上方镶砌彩绘杂剧雕砖一组,其中第六个戏俑着圆领小袖蓝袍、皂靴,双肘架起,提袍角外张,作武功架子科,极似后世的短打武生。这说明在杂剧中,武功的应用已是相当重要的一种艺术形式。

(三)各具特色的各类戏曲

中国传统的戏曲表演具备四大要素,即"唱""做""念""打"。传统武术上的多种技巧与"做"和"打"有直接联系,对中国戏曲的发展有着直接和间接的影响。

我国传统戏曲自萌芽始就与武术结下了不解之缘。到了明代,戏曲出现了真刀真枪的武打,促进了戏曲的故事性和刺激性。据王思任《米太仆万钟传》载,明末江西按察使米万钟家的戏班,上演南宋抗金的故事,在宋军与金兀术会战一场,所用的刀枪把子,皆为真实的武器。明代还流行一类目莲戏,以武打为主,一连三日三夜地表演,多为惊险的武功、杂技等。随着戏曲丰富的发展,深厚的武术功底是戏剧演员必须具备的条件之一。

随着戏曲艺术的发展,神州大地各类剧种争相斗艳,百花齐放。像各种梆子戏以及赣剧、粤剧、湘剧、徽剧、潮剧、川剧、梨园戏、蒲仙戏等都相继发展起来。不论是哪个地区的戏剧,都借鉴了武术中的一些打斗动作。这时,武打题材的戏剧逐渐成熟,一些经典的题材,一些宏伟的场面,力拔山兮气盖世的项羽、"抬望眼,仰天长啸,壮怀激烈"的岳飞等,无不被得到淋漓尽致的表演。中国的不同地域所产生的不同剧种形成了一个博大精深的艺术体系。众多戏曲中,首推中国国粹京剧。

京剧作为国粹走出国门,成为介绍与传播中国传统艺术文化的重要媒介。分布地以北京为中心,遍及中国,2010年被列入人类非物质文化遗产代表作名录。相比其他剧种,京剧还很年轻,受到多种熏陶,吸取众家之长逐步形成和发展。在京剧表演初期,不乏一些武打的剧目,但在表演行当的分工上却没有武行。经过逐步发展,才分出了文、武两套剧目,并有了武生、武旦、武净、武丑等行当。由于大众对武打戏情有独钟,许多戏班在戏报中以"全武行"为号召,武行的表演艺术得到了迅速的发展和丰富。京剧名家盖叫天就是一位武生,在表演中下过不少苦功夫,学过武术真本事。他的武功按行语而言,是"又溜又冲又边式"。在《十字坡》一戏中,有一场景是摸黑的客店中,武松与孙二娘暗中夺刀,盖叫天使的是真的短刀。他曾看一位先生耍九节鞭很有功夫,便把这人请到家里,拜师学练九节鞭。经过不懈的努力,盖叫天练就了舞弄兵器的绝活儿,双手能耍两枝竹节鞭,并且可以用鞭梢彼此顶住竖起来同时转动。在《西游记》孙悟空到龙宫寻找兵器一场戏时,盖叫天就把这套功夫派上用场,显得与剧情极相吻合。中国戏曲对于武术的参考和借鉴由来已久,但绝不是生搬硬套和东施效颦,要根据剧情及人物动作的需要合理利用,这样才能促进演戏的功夫和水准。

京剧行当中不仅是武生,就是以唱功为主的青衣、小生等角色的表演者,也得具备一定的武术功底。例如,戏曲大师梅兰芳在《霸王别姬》一戏的虞姬舞剑表演中,就吸收了太极剑和形意拳的招法气韵;著名京剧演员程砚秋将自己的武艺体现在演技中,创造出了独具特色的舞步,被称为水袖舞姿。

在戏曲表演中的武术,根据剧情和塑造出来的人物特点,是展现历史故事、塑造人物形象的一种手段。中国戏曲经过长期的衍变和发展形成独有的民族风格,在结合戏剧自身的发展水平之外还得符合观众的审美观。

中国的戏曲是一种有着悠久历史的古老艺术,而中国传统的武术文化是中国戏曲产生和发展的源泉。从历朝历代的各类形式的戏曲,再到现在的以京剧为主的多种剧类,无不与武术紧密相连。中华民族五千年的历史,传统武术与戏曲表演艺术同根同源,相互渗透和影响。中国传统的武术文化,在其发展过程中,在戏曲、杂技、舞蹈等多种艺术中相互滋润、相互启发,这正体现出中国传统文化的优秀和独特之处。

第三章　多元文化视域下的
传统武术文化

武术文化是我国优秀传统文化的一部分,也是世界文化的重要组成。在当前世界文化多元化发展的背景下,我国传统武术文化如何在保持其原有的文化属性和内涵的基础上适应新的文化发展潮流是一个值得深思的社会问题。本章就对这一问题进行深入的解析,从文化视域下武术文化的认同与自觉、"文化进化"视域下的武术技击嬗变和多元文化背景下我国丰富的地域传统武术文化三个方面进行探讨。

第一节　文化视域下武术文化的认同与自觉

一、武术文化的自我认同

(一)武术文化认同

文化认同(cultural identity)是人们对文化的一种心理上的认可,是人们在一个民族共同体中长期存在的文化形式的肯定,对这种文化的认同其核心是该文化对民族的价值的认同。[①]

武术是一种体育运动形式,也是一种文化形态,具有丰富的文化内涵,其伴随着中华民族的文化发展史,不断丰富和发展成熟,是中华民族的一种具有代表性、象征性的文化形式。武术运动具有健身性、技击性和观赏性多种属性,武术文化内涵丰富、博大精深,武术文化中所包含的"天人合一""形神兼备""扬善除恶""仁义谦虚"和"尊礼重道"等,都是武术文化的精髓,也是被中华民族所认可的文化内涵。

---

① 刘文海.文化认同视域下武术文化传承与对策研究[J].民族传统体育,2015,5(34).

(二)武术文化的核心价值

人们对武术文化价值的认同,其本质在于对武术文化的核心价值的理解与认同,这种价值认同是文化认同的本质。

1. 重视"礼"的教化

古语解释"礼"为"不易之礼,乃礼之里面,礼之精髓;礼之意义,约略如此"。重视习武过程中武术对习武者"礼"的教化,是我国传统武术文化的本体价值。

"礼"是武术文化的"内核","礼"的本质为"道"。

在传统武术萌芽和形成之初,其只是一种身体运动形式,并不具有文化内涵,随着武术的逐渐发展,传统武术文化中的"礼"最初是阶级社会中的对权力的强调,在这种"礼"制下,武术逐渐具有了文化性质,并逐渐形成"尊师重道""武德戒律"等行为准则,在世代习武者身上传承、沉淀下来,并不断得到发展与完善。

2. 注重"身韵"的人文情怀塑造

武术首先是一种体育运动,是一种肢体语言符号,它注重"身韵"的塑造,和其他体育运动形式不同,它的"身韵"内涵赋予了武术文化长久的生命力,并在此基础上追求"神韵",主要体现在"形神兼备"方面,并讲究内外兼修。

"神"是习武者通过对"形"的把握和追求,是一种内在的精神气质。武术的"神韵"既包括对生命的感悟,还包括自我的情感指向和艺术追求。[1]

传统武术的"身韵"深受中国古代传统文化观念的影响,形成了特有的传统美学思想和观念,习武者在习武过程中,运用富有韵律的肢体律动展示中华民族的精神、风貌和气概。

3. 德艺双馨

武术是一种文化资源和教育资源,通过肢体传播和思想影响,习武者在习武过程中学习武术体式,领会武术精神。

"武德"是传统武术文化的重要组成部分,武德是在武术这一特殊领域中对社会伦理道德思想的具体运用。武德是一种从武、习武道德,武德是习武之人必须遵循的行为规范和准则。武德贯穿于习武者拜师择徒、教武、习

---

① 李信厚,郑健. 文化视域下武术文化的认同与自觉[J]. 广州体育学院学报,2016,36(5).

武、用武的全过程,尽管在不同的历史时期和拳种门派中,武德的具体要求不同,但作为传统武术文化中的核心部分,从古至今,武德一直符合中华民族的伦理道德、行为处事准则和对"善""美"的追求,并逐渐发展成为中华民族伦理道德思想的重要一部分,成为中华民族精神之一。

二、武术文化的不断丰富

(一)吸收中国传统文化精华

我国传统武术是在我国传统文化发展的基础上逐渐形成并得以发展的。在中华民族文化的不断丰富过程中,武术吸取了我国优秀传统文化的精华内容,进行自我丰富与完善,并逐渐形成一个完整的武术文化体系(表3-1)。

表3-1　武术文化不断丰富的内涵①

武术文化	武术功能	武术需求	武术形式
文化萌芽	生存竞争	本能需求	人与兽斗
吸收兵学、军事	原始战争	政治需求	人与人斗
吸收宗教文化	宗教娱乐	宗教需求	武舞、战舞
吸收生活文化	谋生手段	竞争需求	卖艺、武艺
	养生方式	健康需求	导引术、气功
	锻炼身体	生命需求	
吸收儒道释文化思想精华	人性修炼	人格需求	修身、养性、解说流派学说
	心力修炼	心理需求	
	陶冶情操	兴趣需求	

武术在我国历史悠久,流传数千年而不衰,充分说明了武术在其发展历程中能始终满足不同历史时期社会文化的发展需求,对社会和民族文化的发展具有重要的促进价值与作用。这也从一个侧面说明传统武术对自身的文化内涵的不断丰富与调整、完善,因此,武术才能在社会文明不断发展、人们思想观念不断转变的过程中,始终保持较强的生命力。

---

① 李亚云. 文化自觉视角下武术文化发展研究[D]. 西安体育学院,2015.

总之,武术文化是在我国丰富的传统文化的培育下逐渐发展起来的,是中华传统民族文化的集大成者,传统武术文化是一种包容并蓄的文化。在随着时代的发展的过程中,传统武术文化在受不同历史时期的政治、经济、军事、宗教、文艺等社会多要素的影响下,不断吸收优秀文化成分,从原始的单一的身体运动形式,逐渐发展成为内涵丰富的体育文化体系,并在不同的历史时期影响着人们的思想,武术文化的影响还将持续影响下去。武术文化是我国文化的瑰宝,也是世界优秀文化的重要组成内容,它不仅影响着中华儿女和社会文化的发展,还将影响全世界的人和文化的发展。

(二)与西方体育思想融合发展

我国传统武术文化与西方体育思想的融合发展既是传统武术文化自身发展的需要,也是世界文化一体化发展的客观要求。

一方面,在全球化机遇下,武术文化的传承不能仅囿于国内,必须走出国门,扩大传统武术文化的影响力。

另一方面,在近现代,整个世界范围内人与人、文化与文化的接触越来越频繁,“地球村”的概念被提出,这也就意味着任何一种文化不可能闭门造车和孤立地不受外界影响的发展。不同的文化之间的交流、影响,其根本动因就在于文化差异。文化差异作为初始动力,对文化交流的产生、扩大和发展产生重要的推动作用。传统武术文化的发展必将受到西方文化思想的影响,也会在一定程度上影响西方体育文化的发展。

在我国近代史上,鸦片战争以后,国门被迫打开,包括西方体育文化在内的西方文化涌入我国,对我国传统文化产生了极大的影响与冲击,当时,受西方体育观念的影响,我国传统武术在逐渐吸收西方体育文化理念的基础上,走上中西方体育文化融合之路。[①] 在西方体育文化影响下,我国传统体育融入现代体育的范畴之中,具有了竞技化的性质,在一定程度上提高了我国武术的观赏性与竞技性,也推动了武术的竞技化发展、武术文化产业的商业化发展(表 3-2)。

表 3-2   传统武术与体育化武术的文化表征对比

项目	传统武术	体育化武术
功能	军事、健身、文化功能	以健身功能为主
属性	文化属性	体育属性

---

① 冉学东.对中国武术体育化进程的文化反思[J].成都体育学院学报.2014(1).

续表

项目	传统武术	体育化武术
传承模式	师徒传承、家族传承	师徒传承、家族传承、馆校传承
传承方式	言传身教	课堂讲授
学训形式	以师傅带徒弟的形式,数人私密教授学习和训练	以课堂的形式,集体公开授课
学训场地	私密、僻静	公开的体育场馆、公共场地
学训内容	武德与武技,德艺同修的演练技击一体的功夫	课堂讲授的知识和技艺,强调武德教育,主要为武术演练技术
理论基础	传统哲学、天人合一、阴阳五行学说,兵学、中医学	运动生理学、运动训练学、教育学、心理学、现代医学
价值取向	修身养性,淡泊名利;追求"天人合一"的和谐	重竞争和自我价值的实现;更多地与商业挂钩

三、武术文化认同向武术文化自觉的转变

所谓文化自觉,具体是指一种文化在充分地认识自身文化的基础上,了解自身文化与其他文化的关系。① 武术文化的自我认同与自觉体现了现代人对武术文化的更加深刻的认识,充分认识到在新时期多元文化发展基础上,武术文化的本质、内涵与未来发展。

(一)文化自觉的起点——技术传授与传统文化学习相结合

正如前面所述,武术文化是我国乃至全世界的优秀文化瑰宝,是人类优秀文化的代表之一。对武术文化价值观念的认同是促进武术文化发展的重要基础和前提,在此基础上,促进武术文化向文化自觉的转变,其根本目的在于传承传统武术文化、复兴武术传统文化、促进传统武术文化在新时代的发展。

传统武术是艺术,更是文化。这种文化的传承是整体的、全面的,并非单一形式的技击技法的传授,因此,具体到传统武术文化来说,传统武术属于一种独特的教育形式,传承传统武术文化就是开展一种教育活动,通过教育("师徒传承""口传身授"),传统武术的技术和文化才能得以保存并流传

---

① 刘伟林.气韵论[J].华南师范大学学报(社会科学版),1998(4).

发展。

现阶段,推广、传承与发展我国传统武术文化,开展武术教育教学是一个非常重要和有效的途径,这是复兴我国传统武术文化的必然选择。学校教育传承是传统武术文化传承的最主要的途径。这种传承方式能够在一定程度上扩大传承面,通过将传统武术纳入学校教学体系,通过学校教育进一步普及与发展传统武术,吸引和影响更多的人(包括学生及其家长)传承武术文化,同时,也有利于发现和培养优秀的武术文化传承人。

需要特别指出的是,不仅要在国内学校体育教学中设置武术课程、逐渐将武术纳入升学考试范围,还要在全世界开展武术教育,借鉴"孔子学院"国际化推广的成功经验,在全世界范围内设立传统武术教育机构,使更多的人关注、了解、传承武术。

具体来说,通过学校武术教育和传统武术教学,不仅能够促进学生身体正常发育,全面提高其身体素质,增强其体质,学生还能通过传统武术文化、基本功、技击原理、技法等的学习,培养学生坚强的意志品质,使学生形成自己的世界观、人生观以及价值观。此外,传统武术具有丰富的文化内涵,是我国几千年文化和民族精神的结晶。通过传统武术教学,学生可以充分认识与了解我国传统文化,并养成良好的道德意识和提高对中华民族精神文明的认知。在武术教育教学中,必须充分认识到,武术运动知识与技术并不只是为了学习,更重要的是希望学生通过接受武术教学,形成终身体育意识和习惯、提高学生武术文化素养。

(二)文化自觉的重点——增强武术文化凝聚力

文化凝聚力是促使个体自觉从事某种实践活动的内在的一种驱动力。

武术文化的经久不衰,将中华儿女在文化认同上产生心理共鸣,使得中华民族文化能作为一种黏合剂将中华儿女紧紧地联系在一起。当前,中国武术文化得到了越来越多的国外朋友的认识,并得到了认可。英国历史学家汤历因比指出:"传统中国文化将成为世界各国文化的黏合剂和凝固器。"因此,通过增强我国传统武术文化的凝聚力,有助于增强民族自尊心、自信心,"文化自觉"意识的建立在现阶段世界多元文化发展背景下对促进我国传统武术文化的发展具有重要的促进作用和现实意义。①

首先,习武者要树立起武术文化自觉意识,积极参与到传统武术及其文化的学练之中,坚持练功、坚持修行,长此以往,才能提高自身的武术文化修养与品格,才能保证对传统武术文化的全面理解和保持原生态的传承。

---

① 李萍.哲学视域下中华武术文化研究[M].长春:东北师范大学出版社,2011.

其次,政府应给予武术文化良好的推广、普及、传承空间与条件,营造良好的武术文化发展氛围、发动全社会的力量传承武术,使每一个人都认识到武术文化传承的重要性和意义,并自愿肩负起武术文化传承的责任。

四、武术文化的自我反思与发展

(一)竞技体育时代,武术文化的自我认同

中华武术源远流长、博大精深,但武术文化并没有渗透到人们的日常生活中,武术文化只是在特定的场合被提起和被关注,说明当前社会大众对武术文化的自我认同还没有达到较高的水平。

近年来,我国政府特别重视民族传统体育的发展,在促进武术文化的传承与发展中做出了许多努力。例如,积极地组织和举办各类武术比赛、重视武术教育发展、开展多种类型的武术文化推广活动等,这些举措对我国武术的发展起到了重要的推动作用。2012 年 11 月,第 5 届世界传统武术锦标赛在安徽举行,吸引了 55 个国家和地区参与,进一步推广了中国传统武术,弘扬了传统武术文化;2013 年 2 月,武术被确定为奥运候选项目,武术进入奥运会取得又一个重要的进步;2016 年 7 月 26 日,国家体育总局公布了《中国武术发展五年规划(2016—2020 年)》,各地武协认真部署、积极落实规划内容,发展武术之乡、设置地域性特色武术拳种校本课程,我国武术发展正在走上一个新的台阶。

但是,不得不承认,我国武术文化虽然在人们的视野中更多地呈现,但是,我国武术习练的主要人群仍集中在老年人群,武术的文化魅力毋庸置疑,但武术并没有进入人们的日常生活,武术及其文化的推广和复兴之路还很长。

1. 武术文化是一种需要内化的体悟文化

武术文化的传承是一个需要体悟实践和内化的过程。武术学习,不应只局限于对身体锻炼价值的追求,更重要的是,在强身健体的基础上,感受传统文化的激励和享受传统文化的美,充分体验和延续民族精神,这是对武术的最大继承。①

具体来说,习武者在习练武术的过程中,不仅仅是身体训练,更是一种

---

① 王岗,邱丕相,包磊 . 重构学校武术教育体系必须强化"国学意识"[J]. 体育学刊 . 2009(9).

通过肢体运动接受传统文化熏陶和塑造,内化武术内涵的体验过程。[①] 武术的习练过程还强调身心兼修,强调习武者对武德的学习和对武术文化的传承。而武术文化内涵丰富,并非一朝一夕就能掌握,也并非艰苦习练就能领悟,习武者对武术文化的解读需要一定文化基础,大众对武术文化的理解也需要建立在对我国传统文化充分理解的基础之上。

现代社会,生活节奏快,很多人没有足够的精力、时间去潜心学练武术,一些武术爱好者对武术的接触也仅仅停留在动作形式和套路习练的层面,并不深入。而在西方快餐文化的影响下,年轻人更倾向于追求具有新鲜感官刺激的竞技体育,对民族文化的兴趣不大。

武术在现阶段所面临的上述现实充分说明了武术文化传承与发展所面临的严峻考验。新时期,促进社会大众对武术文化的认同和传承必然是一个艰巨的工程。

2. 武术文化是一种"知行合一"的过程文化

对武术文化的领悟需要一个较长的时间才能有所成效,需要一个"知而行,行而思,思而悟,悟而得"的过程。

武术文化,以我国传统哲学思想为基础,是一种自我教化的文化。中国武术文化集合了我国传统文化的重要精神内涵,体现了古人对宇宙、生命、个体、群体的思考、理解与感悟。

武术文化的知行合一与现代竞技体育文化的注重技术分析和技巧应用有着一定的相似性。现代竞技体育发展水平高,运动员的速度、力量、高度发展空间有限,必须依靠技术改进来实现。

(二)休闲娱乐时代,武术文化的与时俱进

休闲体育时代,人们对体育文化的需求更多地倾向于娱乐、休闲,观看与欣赏武术文化表演、武术赛事是现代人接触和参与武术文化的重要方式。

通过武术文化表演、武术赛事举办,传统武术的娱乐性、观赏性、竞技性得到了充分展示,也促进了武术文化产业的发展。

在娱乐休闲时代,人们享受丰富的文娱生活,也不仅仅满足于感官的冲击,人们更加重视心理需求,随着人们体育消费观念的转变和对消费质量的重视,当前的体育消费已经进入到了一个由文化引领的时代。人们对体育文化的追求已经开始逐渐上升到更高的精神层面。武术与其他文娱活动相

---

① 李亚云. 文化自觉视角下武术文化发展研究[D]. 西安:西安体育学院,2015.

比,有着丰富的文化内涵,这是武术文化在当前休闲娱乐时代发展的一个重要优势。

因此,在当前大众休闲娱乐时代,要进一步推广与发展武术文化,就必须充分发掘武术表演、武术竞赛的文化内涵,满足当下人们对体育文化的欣赏需求。

首先,应从文化的角度来看待武术文化在当前体育消费市场中的发展,重视武术的市场文化营销,从市场消费需求的角度再对武术进行重新审视,大力、充分挖掘武术所具有的优秀文化内涵,使武术的核心价值得到充分体现,将武术表演、武术竞赛作为一种文化商品进行推广。

其次,应该认识到传统武术在当今社会最吸引社会大众的是哪方面的价值体现。现代社会政治稳定,传统武术的应用价值已不复存在,而其文化艺术价值日益凸显。因此,将武术作为一种文化商品来进行推广是武术发展的必然趋势。将武术系列产品进行推广时应将其文化作为核心,充分地挖掘武术中的休闲娱乐元素,重视武术文化品牌的建立与推广,开发不同的武术消费产品,为消费者提供更多自由选择的权利,满足消费者的多样化需要,以此刺激潜在的广大的武术消费者,使更多的人通过武术消费了解武术文化。

(三)新媒体时代,武术文化的"自美其美"

大众媒体与体育文化传播之间是相互影响、相互促进、共同发展的关系。一方面,大众媒体可以促进体育文化的普及;另一方面,随着体育运动水平的提高和体育文化的备受关注,高水平体育运动赛事、优秀体育明星不断产生,可以进一步引起大众媒体和社会大众的关注,从而促进传播媒介的效益提高和技术发展。

武术文化传播是武术发展的重要驱动力,当前,社会媒体在文化传播中的作用越来越大,对大众舆论和关注内容具有重要的导向作用。因此,可以说,当前的信息时代,就是媒体主导的时代。

武术作为一种文化事物,对其推介一定离不开主流媒体、自媒体等的宣传和推广。尤其是在新媒体不断出现和博得大众眼球的当下,必须始终对武术文化传播保持警醒,对媒介生态环境有清晰的认识和把握,积极推广和传承武术文化的同时,也要防止媒体对武术文化的误传、误导。

新媒体时代,人们可以随时随地接受来自各方面的信息,在这样的媒体环境下,普及与推广武术文化,需要对武术文化进行整合传播,因此,必须充分和有效利用各种媒介,全方位地传播武术文化,在武术文化传播过程中,加强武术管理部门的信息监管，以及武术文化参与者的自觉自律。①

第二节 "文化进化"视域下的武术技击嬗变

一、武术的技击本质

从传统武术文化发展来看，技击性是传统武术的重要属性和基本特征，是传统武术文化的重要表现特征之一。与传统武术的文化背景有着十分密切的关系，其萌芽并发展于冷兵器时代。传统武术有着漫长的发展历史，在其形成与发展过程中，传统武术的攻防技击性发挥着十分重要的作用。

从传统武术与其他体育运动的区别来看，传统武术是传统体育的重要组成部分和重要体育运动项目，传统武术区别于一般体育项目的个性与其独特的技击文化的存在具有密切的关系。

传统武术承载着武术独特的技击文化，传统武术的技击文化和思想秉承着中国传统文化的"整体观"思想，强调"体用兼备""练打结合""技道双修"。

武术是一项体育运动，同时也是一种文化形态，它与体育运动的共同特点是竞技性和健身性，竞技性是传统武术的本质属性，健身性在武术发展过程中具有重要推动作用。

二、武术技击嬗变的文化背景

（一）西方体育竞技文化的冲击

西方竞技体育文化思想对我国体育发展的影响是非常大的，直接促进了我国传统体育的竞技化发展，包括传统武术。

体育全球化时代，西方竞技体育是世界体育发展的主流，我国传统武术要想不被世界体育发展所淘汰，就必须进行竞技化改造、发展和创新，如果不进行竞技化改造，武术最终将会面临着被淘汰的危险。将武术纳入到现代体育的范畴，这是武术发展的客观要求，是武术融入现代竞技体育与走向

---

① 李亚云．文化自觉视角下武术文化发展研究[D]．西安：西安体育学院，2015.

世界的重要途径,是武术未来发展的一个必然趋势。

在西方竞技体育主流思潮的影响下,我国传统武术进行了竞技化改造,并力争进入奥运会。

现阶段,我国正在对武术进行套路和动作技术方面的改造,主要是进行规范化改造,使其符合现代竞技体育技术判断的需求。在传统武术的竞技化发展过程中,如通过将传统武术打、练分离开来,将传统武术套路运动也被分为若干的竞赛项目,来适应现代竞技体育的项目分类。

(二)社会转型促进武术文化发展的变革

我国传统武术是在传统文化和传统哲学思想下产生、形成和发展起来的,而整个社会是在不断进步和发展的,社会的转型必然会导致社会文化发生变化。

当前我国社会和阶级社会相比,在政治、经济、文化、科技等方面都发生了很大的变化,人类社会不断向前发展,社会文明也在不断向前发展并适应社会发展需求。

社会的发展变革,使得社会诸要素都在发生着变化,这些要素从多个方面影响传统武术在现代社会的发展。

(1)政治方面。目前,我国政治环境良好,法制健全,社会安全保障能力逐步增强,法制社会使得新中国成立以前以"格斗"和"搏杀"为特征的传统武术社会需求逐渐消失,人们对传统武术的关注更多地集中在健身方面。

(2)文化方面。人与人之间的关系日益疏远,学校集中教育教学成为学习知识和技能的主要形式。传统伦理的转变和家庭结构的变化,传统武术早期的师徒关系逐渐消失。

(3)生活方面。现代社会竞争激烈,生活节奏快,社会分工日益细化,传统武术原有的较为稳定的传承结构已经逐渐失去了其存在和发展的空间。

总之,在当前新的社会环境下,社会文化要素的发展都要适应于社会化的大生产要求、创造和发展为它服务的新文化,而武术作为一种传统文化,在当前社会新的文化环境下要想持续发展,就必须转变以往的传承方式、发展模式。这是现代社会转型对传统武术发展转变的重要影响。

三、新时期武术的竞技化发展探索

(一)武术自身的竞技化改造

对传统武术进行竞技化改造是传统武术在现代社会可持续发展的必然

要求,必须转变观念,充分认清这一事实。

现代社会已经进入商品经济时代,有市场需求才有发展空间。传统武术的发展绝对不能走"酒香不怕巷子深"的路子,必须主动进行商品化改造,适应现代商品经济的发展。传统武术的发展围绕消费者的需求进行运作,要想使武术竞赛顺应竞技市场竞争、在竞技体育市场化过程中更好地抢占国际市场份额,促进我国传统武术竞技的快速发展,对于武术产品和武术赛事来说,无论是在设计、生产,还是包装方面,都要将以消费者为中心的理念充分地表现出来,并主动参与市场营销。

当前,竞技体育是世界体育发展的主流,对传统武术进行改造使其符合竞技体育的特征,才能促进其竞技化的科学发展,具体来说可以从以下两方面着手进行武术的竞技化改造。

1. 武术的内容和形式的竞技化改造

对传统武术套路的结构和内容进行改造,提高竞技武术的娱乐性和观赏性,使武术既包含民族项目要求,同时又能将世界各国本民族的同类素材和内容融入其中。

改变原有竞技武术套路模式化的类同现象,在丰富传统武术套路内容与形式的基础上,使其突出和充分体现西方竞技体育的一些特点,为其进一步融入现代竞技体育奠定基础。

需要特别提出的是,对武术内容和形式的竞技化改造不是盲目改造,必须坚持保留传统武术基本特点为基础。

2. 武术规则的简化和操作化改造

对传统武术竞技规则的不断调整也是我国传统武术一步步走向竞技性、规范化的过程。

规则的可操作性是现代竞技体育的一个重要特点。我国传统武术内容丰富、动作多变、套路多样,不仅重视技术动作,更强调"精气神",讲究神韵,这就使得武术的评判不仅仅局限于动作、套路的完成。而现代竞技体育的评判标准是非常直观的,是用时间、距离等客观数据说明的,我国传统武术内容丰富,要进行统一的技术评定,就必须做到规则的规范,现代竞技体育比赛规则的规范化是武术发展的客观要求,这是传统武术评判标准适应现代竞技体育发展要求必须改造的地方。

在武术竞技化探索过程中,武术竞赛规则的不统一和操作性的缺乏是影响传统武术竞技化发展的一个重要制约因素,对武术套路、动作的技术评判缺乏统一、明确的标准,直接影响了不同裁判在比赛过程中对参赛选手的评判。从裁判员的角度来讲,目前,在武术套路比赛中,技术动作的规则判定十分复杂,对裁判员的武术专业素养和裁判能力要求较高,而现在的武术比赛裁判员多为兼职,对武术技术动作研究有限、对操作性不强的武术竞赛规则的理解也有限。[①]

为融入现代竞技体育,针对上述问题的存在,传统武术必须统一规则,统一规则就应该使武术竞赛规则的使用要方便,现阶段,要想保证传统武术竞赛公平、公正地进行,简化武术竞赛规则非常重要。简化武术竞赛规则是保证武术比赛的客观、公正开展的重要和有效手段,简便可操作性的武术竞赛规则便于裁判员评判,这是促进竞技武术竞赛的竞技化和国际化发展的必由之路。

我国传统武术于 1952 年作为民族形式体育项目进行推广。此后,我国多次对武术竞技规则和竞赛体系进行不断完善。传统武术的竞技化改造正在不断完善和适应现代体育发展。

(二)建立武术竞技品牌赛事

赛事的成功举办对竞技体育运动项目的发展具有重要的促进作用,当前世界范围流行方法、关注度高的体育运动项目大都有规模宏大、影响广泛的重大赛事,如足球的世界杯赛事、网球的大满贯赛事、其他体育运动的锦标赛等。

近年来,我国为推广武术,也开始重视武术赛事的举办,并注重打造武术赛事品牌。以此推广武术、扩大武术影响,促进武术的市场化运行与发展。

经过近几年的努力,一些武术赛事,如"散打王"已成为人们心目中的品牌形象,这是在中国武术与美国职业拳击选手、泰国拳手近几年的连续对抗中逐渐形成的。此类的武术赛事商业价值、市场前景巨大。2014 年,我国首次举办全国武术运动大会,这是一项比较年轻的赛事,但也是当今中国武术运动水平最高的赛事,2016 年第 2 届全国武术运动大会于 9 月在天津再次举办。共有来自全国 37 个参赛单位的近 2 000 人参加。全国武术运动大会运动员水平高,赛事规模大,观众数量多,媒体重视度高,对我国的传统武术及其文化是一个很好的推广。

(三)借鉴热点项目发展经验

西方竞技体育的发展有很多成功的例子,传统武术可以根据这些成功

---

① 张志辉. 竞技武术套路竞赛规则嬗变的研究[D]. 北京:北京体育大学,2015.

案例进行全球化的市场战略和本土化的运作管理。

国际上美国 NBA(职业篮球赛)、NFL(职业橄榄球赛)的推广、营销经验表明,在战略计划中的赛事定位、全球化产品设计、扩张政策、赛事组织等方面都有一套成功的经验。

结合国内外热点体育运动项目的发展经验,我国传统武术的竞技化发展,应重点做好以下工作。

(1)建立专门负责武术国际化推广的机构,有针对性地组织、落实武术赛事推广计划。

(2)通过充分利用现代媒体技术,进行有针对性的传统武术文化的包装、宣传、推广。

(3)通过借鉴其他竞技项目的协会管理制度和竞赛制度,进行武术俱乐部、运动队的经营管理,同时,加快武术赛事管理体制的改革,将武术赛事运作纳入规范化市场竞争。

(4)重视武术专业竞技训练基地的建设,重视武术竞技人才的培养,并促进人才的科学、合理流动。

(5)充分利用现代科技手段,建立竞技武术产品研发机构,建立起世界范围内的武术产品连锁市场,通过科学化的市场化运营,推广武术品牌,扩大武术产业规模、宣传武术文化。

(6)拓展武术竞技化发展的融资渠道。

(7)以武术文化发展促进武术竞技的推广。重视举办有效的武术竞技活动和各种武术文化宣传活动,扩大竞技武术的群众基础。例如,积极宣传和推广国际或国内武术博览会、武术旅游节、学术论坛会、展销会等活动。

(四)注重武术竞技人才培养

竞技体育的发展离不开人才的发展,竞技体育技术、技能等的进步都需要相关竞技人才去完成和实现。传统武术的竞技化发展的推进,也应该将重点放在竞技人才培养方面。

我国武术竞技化的发展中,人才培养不完善是一个不争的事实,严重制约了我国传统武术的竞技化发展。

当前,我国传统武术的竞技化之路刚刚开始,还处于发展的初级阶段,在人才培养方面还存在许多不足之处。客观来讲,我国传统武术群众基础广泛,但是,在传统武术竞技人才培养方面有着许多问题。最突出的是,武术不像其他一些奥运体育项目具有竞技训练经验和优势,更容易获奖和体现官员的政绩,因而政府投资有限,缺乏武术训练机构或训练中心。

（五）建立完善的传统武术竞赛管理体系

在武术竞技化发展的道路上，政府应建立完善的传统武术竞赛管理体系。

首先，在确定一个赛事之初，应就武术赛事的市场定位与市场发展空间进行分析。

其次，实事求是，对举办地的政治、经济、文化、体育等环境进行深入调查，并分析影响武术赛事的内外环境，以便于有针对性地制订赛事计划。

此外，政府应为武术的竞技化改造与发展创造良好的政治、文化环境。应在竞技武术"既是民族的，又是世界的"这个涵盖深广的问题上做推广，以更好地适应世界各国人民的需要，扩大群众基础，为传统武术文化的可持续发展和竞技化发展创造良好的国内、国际发展环境。

第三节　多元文化背景下我国丰富的地域传统武术文化

地域文化，又被称为"区域文化"，是特定区域的人们在特定的历史阶段创造的具有鲜明地域特征的文化。地域文化与不同地域环境的人们的生活习惯、民俗风情等具有十分密切的关系，它根植于人们的自然文化之中，受到人们的生活和文化的影响，同时也影响人们文化的发展。我国不同地域生活的人们形成了各种具有地域特色的地域文化，在特定的地域文化环境影响下，武术文化也具有了不同的内容和特点，并形成了不同的流派。如黄河流域的少林武术文化、武当武术文化；长江流域的峨眉武术文化；珠江岭南流域的南拳、截拳道等武术文化。鉴于篇幅所限，这里重点分析以下几种具有代表性的武术文化。

一、少林武术文化

（一）少林武术的起源与发展

少林武术起源于我国河南地区，嵩山少林寺是少林武术萌生和发展的摇篮。具体来说，少林武术起源有以下两种说法。

（1）少林武术由达摩所创。据说达摩在公元477—499年游历至嵩山少林寺，为改变弟子禅坐过久后的精神不振状态、缓解疲劳，创编了一套"活身法"，帮助僧人锻炼身体、保护寺院。这些锻炼身体的动作、功法被视为少林拳术的雏形。

（2）少林武术由少林祖师跋陀（也称"佛陀"）的弟子慧光和僧稠创建。相传，跋陀游学至佛法兴隆的北魏国，当即受到喜欢研究佛法的魏孝文帝的欢迎，其为跋陀修建了少林寺，跋陀便在此为众人讲经。慧光是跋陀在旅行时所收的弟子，当时慧光正在踢毽子，跋陀认为慧光的专注度很高，是可塑之才，便将其带回少林寺；僧稠是跋陀的另一位弟子，他聪明过人、记忆力超群、体魄强壮，擅长摔跤。慧光和僧稠在少林佛法的研究和普及方面做出了积极的贡献，并注重锻炼身体，带领僧众一起进行拳术的习练，此为早期的少林武术内容。

更多学者认同，少林武术是众僧侣在长期的修禅、修道、健身和自卫过程中形成的，少林武术与佛教紧密结合在一起，形成了一个独立的武术流派。

少林武术从北魏开始萌生，距今已有一千五百多年的历史。起初，为保护僧院安全，少林寺召集院内身强力壮、善用器械的僧人成立武僧队伍。由于很多统治者喜欢和推崇佛教，少林寺成为皇家寺院，僧人不断参与政治活动，少林寺也担负起保护朝廷的重要责任，由此，出现了少林僧兵，在特定的历史环境下，少林寺开展起有组织、有纪律的僧兵训练，少林武术不断向高水平技击武术发展，一代又一代的僧兵僧曾为民族、为正义而战。少林寺与少林武术名声远扬，并逐渐成为中原武林第一门派。

封建社会，佛教的国情化极大地促进了佛教与传统武术的相结合，少林武术是佛教文化与中国武术文化结合的一个典型。在思想方面，佛教禅宗文化渗透到武术文化之中，成为少林武术技法原理的重要内容支撑；同时，少林僧人在传承、发展我国武术技法方面发挥了重要的推动作用。

近代，少林武术多在民间流传，习武成为民间百姓反抗国外势力、封建军阀、地主恶霸等压迫的重要表现方式。

新中国成立后，我国强调传承与发展传统体育文化的重要性，在促进武术发展方面，先后成立武协保护和推广少林武术。为了促进武术的发展，将其列为 1959 年第 1 届全运会正式比赛项目。1994 年，武术成为亚运会正式比赛项目，我国传统武术走上世界体育发展舞台，2006 年，少林武术被列为"非物质文化遗产"。当前，少林武术闻名世界，许多国外习武爱好者认识中国武术都是从少林武术开始的。

（二）少林武术的门派

少林武术历史悠久、内容丰富，在长期的发展过程中，逐渐形成了多个流派，并有南北少林的区分。

当前，少林武术支派众多，主要有"三大家""四大门"（表 3-3）。

表 3-3　少林武术门派分类

北派少林拳	南派少林拳	三大家	四大门
劈挂拳、通背拳、孙膑拳、查拳、螳螂拳等	南拳五大家:洪家拳、刘家拳、蔡家拳、李家拳、莫家拳; 周家拳; 蔡李佛拳; 白眉拳、飞鹤拳、龙形拳等	红家少林 孔家少林 俞家少林	大圣门 罗汉门 二郎门 韦驮门

(三)少林武术的内容

少林武术内容丰富,不同流派的武术内容具有不同的功法练习特点,根据不同的分类依据,可以将少林武术分为多个类型,一般来说,武术有武功和器械之分,其中,武功又可细分为如下几种。

1. 内功

内功,又称"内壮功""内养功""富力强身功",是习武者进行内在修行的一种功法,更注重精神方面的修养。

少林内功由 3 种裆势(站裆、马裆、弓箭)和 4 种动作(前推八匹马势、风摆荷叶势、倒拉九头牛势、霸王举鼎势)组成。习武者通过练习内功,可使身体内部环境得到极大的改善,进而有助于促进习武者外部身体特征和精神面貌的改变,实现内壮外强的习武目的。

2. 外功

外功,也称"外壮功",是习武者针对自身进行的专门用于提高抗击打、摔跤、碰撞等的能力,是与内功相对的一种武术功法练习,常见的外功功法主要有铁砂掌、金刚指、鹰爪功等。

少林武功大部分都属于外功和硬功,常见功法拳术有七星拳(参照天下北斗土星)、少林五拳(以龙、虎、豹、蛇、鹤的动作特点为基础)、少林花拳、少林罗汉拳、少林龙尊拳(又称"龙拳")、少林童子功等。外功的练习有强健筋骨、增强体魄之效。

3. 柔功

柔功,是一种专门进行身体柔韧性练习的重要武术练习方法,武术基本功练习多属于此类。

长期坚持柔功练习,可提高肢体关节活动幅度和肌肉伸展性能。

4. 轻功

轻功,也称"弹跳功",是专门性的武术功法练习方法和手段。

少林轻功是少林寺历代武僧经常研练的武术功法,一般专练纵跳和超距,提升人的跑、跳、攀爬能力,具有"轻"和"稳"的特点。少林轻功多为负重练习,通过日常的负重,一般来说,练习过程中,通常借助沙子、石头等进行。负重练习能使得习武者在具体的武术功法练习中,提高自己的弹跳技巧,从而使得身体更加灵活和轻盈。

传统武术的轻功练习是对人体弹跳的一种有效提高,但这种提高是建立在人体运动的科学原理基础之上的,近现代文学创作中对武术轻功的一些描写,如"飞檐走壁",是夸张手法,并非属实。

5. 气功

气功,是少林武功的一大类,包括练气和养气。少林寺流传的气功有很多种。比较常见的主要是少林硬气功和易筋经。

(四)少林武术文化的特点

1. 禅武合一

少林武术是从佛教圣地嵩山少林寺发源而来的,因此,少林武术与佛教文化之间关系密切,相互渗透。

佛教起源于印度,其传入中国后与玄学文化相结合,形成中国佛教的"禅宗"文化,禅宗在少林武术文化中具有诸多表现。

从表面来看,禅和武术是两个截然相反的形态。禅以"静"为特点、武术以"动"为特点。但是禅心运武为少林武术增加了关于哲学与人生的思考,对少林武术的技术风格产生了影响,并使得属于暴力和攻击行为的"少林功夫"和宣扬"大慈大悲""积德行善""反对杀生"的佛教紧密结合。

从禅宗上来说,少林僧人的禅修是修行,从武术上来说,其是一种练功方法。动与静结合是少林僧徒的重要修行特点。一个深谙动静之机的人往往也是一个自省沉毅的人。真正武艺高强的人往往精神虚灵、身躯活泼,言论谦和、朴素自足。

少林武术的"禅武合一"不仅影响着少林武术自身的发展,也在很大程度上影响着我国武术的发展。重视禅修是习武之人的一门重要修行课。

2. 朴实无华

少林武术具有朴实无华、攻防兼备的技法特点,每招每势,都不掺杂哗众取宠的内容。

3. 刚柔相济

刚健有力、刚柔相济是少林武术的重要特点之一。

所谓"刚",就是硬,少林武术出招又硬又猛,能给予对方重击,可实现一招制敌,如大洪拳的轰手、炮拳的崩捶等。

所谓"柔",就是不和敌人硬碰硬,善于周旋和抓住对方弱点,牵制对方、消耗对方。

少林武术的刚柔相济则指刚中有柔、柔中带刚。如出招时发力猛,收招时滑柔轻浮,充分体现了刚柔相济。

二、武当武术文化

(一)武当武术的起源和发展

武当武术与道教的发展具有十分密切的关系。道家文化以养生为核心,在日常的修行中非常注重自身精气神的蓄养,练习武术首先是为了养生,武术攻防技击并非道教武术的根本目的。

张三丰是武当道教文化和武当武术文化的创始人,张三丰是一个非常伟大的思想家、养生家,他深入研究儒、佛、道三家文化,得出"修身利人"的结论,张三丰认为,虽然儒、佛、道三家的创立者不同,所提倡的核心文化和价值不同,但都离不开讲"道"。

与其他宗教文化相比,道教是我国本土宗教,其根植于我国传统民族文化,对武术文化的发展具有非常重要的影响作用。道教文化以老子和庄子的思想为基础,强调"我命在人不在天,还丹成金亿万年",无疑,道教更加重视自身现世的发展,不祈求来生。

形意拳是典型的道教思想影响下产生发展起来的传统武术文化和项目,形意拳的拳理来自道家文化,其技法理论充分显示了道教武术文化的技击卫身思想,而非主动出击。

太极拳也是典型的道教武术项目,所谓"道法自然",道教思想影响下的太极拳重视人与自然的和谐,不主张攻击,主张顺其自然。

(二)武当武术的门派

武当武术是我国的一个重要的武术流派,其历史悠久且具有一套完善的理论体系,涉及养生、炼药、武术养身等多方面的内容。经过多年的发展,武当武术成为我国传统文化的重要组成部分,以其独特的文化风格彰显着中国传统的哲理,阴阳五行、养生、八卦等理论,并体现在拳法动作和功法原理中。

在武当武术的影响下,诞生了很多门派,它们的形式和内容丰富多彩,都或多或少地受到武当武术的影响。其中,最为人们所熟知的武术套路有太极拳、形意拳以及八卦掌等;器械类武术主要有太极剑、太极枪等;此外还有一些轻功和气功等。

武当太极拳和武当八卦掌是武当武术文化的代表。

1. 武当太极拳

武当太极拳是武当武术的集大成者,其由太极、两仪、无极等多元拳术、功法构成,太极拳在漫长的历史发展进程中逐渐形成了自身的一套完善的太极体系,包括动作套路、技法原理与太极思想。

武当太极拳由张三丰在整理各内家拳法的基础上所创,其后,发展成为多种流派和风格体系,如陈氏太极、杨氏太极。

武当太极拳蕴含八卦、九宫之理,强调随心境而生,以柔克刚、以静制动,具有"四两拨千斤"的效果。

太极拳拳理奥妙,发展为陈、杨、吴、孙等数家流派(表3-4)

表3-4 太极拳的流派

流 派	创始人	特 点
陈式太极拳	陈王廷	显刚隐柔,刚柔相济,动作螺旋、缠绕,手法多变,忽隐忽现,快慢相间;呼吸讲究"丹田内转";架式宽大低沉,并有发劲、跳跃和震脚动作
吴式太极拳	吴鉴泉	以柔化著称,动作轻松自然,连绵不断,拳式小巧灵活,不显拘谨
杨式太极拳	杨露禅	舒展简洁,动作和顺,速度均匀,绵绵不断,整个架式结构严谨,中正圆满,轻灵沉着,浑厚庄重,能自然地表现出气派大、形象美的独特风格
武式太极拳	武禹襄	姿势紧凑,动作舒展,步法严格,虚实分明,胸部、腹部在进退旋转中始终保持中心,出手不过足尖
孙式太极拳	孙禄堂	讲究进退相随,动作舒展圆活,转变方向时多以开合相接

简化太极拳是我国大众重要的健身项目,新中国成立以后,为了在广大群众中推广太极拳,1956年,我国在杨式太极拳的基础上删去繁难和重复

的动作,选取 24 式,编成"简化太极拳"。当前,简化太极拳在宣传武当武术文化、增强大众体质方面发挥了重要作用。

2. 武当八卦掌

八卦掌,又称"八卦连环掌""游身八卦掌",在我国武术拳术中具有很高的地位。

八卦掌是一种以行步走转和掌法变换为主的拳术,其在运动的过程中纵横交错,分为 8 个方位,与周易中的八卦图的卦象非常相似,故称为"八卦掌"。

"先天八卦掌"是八卦掌最早形成的套路,在日后的演练和传承过程中衍生出"后天八卦掌"。即一掌生八式,八掌共生六十四式。"后天八卦掌"极大地丰富了八卦掌的套路和内容。

八卦掌的武术功理很多,主要讲究"八要""九论"(表 3-5)。

表 3-5　八卦掌的功理要求

八要	三形	"行走如龙,动转若猴,换势似鹰"
	三势	"步如蹚泥,臂如拧绳,转如磨磨"
	三空	"手心涵空,脚心涵空,胸心涵空"
	三合	"意与气合,气上力合,力与意合"
	三圆	"脊背要圆,两膀抱圆,虎口张圆"
	三顶	"舌顶腭,头顶天,掌顶前"
	三裹	"气要裹,肩要裹,两肘要裹"
	三敏	"心要敏,眼要敏,掌要敏"
九论	论身	头正身直,虚灵顶劲,以腰为轴,跨为先锋
	论肩	肩宜松,松则肩穴开,气贯全身
	论臂	前臂圆则内劲伸出,似曲非曲,似直非直,曲如弓形其力无穷
	论指	食指勾眉,中指上指,无名、小指并拢,大指微扣
	论手肘	前手向外推,后手向下坠,前肘对准脚跟,后肘对准后脚尖
	论股	前股领路,后股坐劲
	论足	里足直出,外足微扣,足扣要小,足摆要大,足如蹚泥,平起平走
	论股道	股道上提气通督脉,接至任脉,气如丹田,此所谓提肛实腹
	论腿	上腿带动跨部,小腿后膝带动踝部

八卦掌在不断的发展过程中,逐渐形成了很多不同的流派,其中,流传较为广泛的当属程、尹、史、梁、张五大流派,被称为八卦掌的代表流派(表3-6)。

表3-6　八卦掌的五大流派

流　派	创始人	特　　点
程派八卦掌	程廷华	讲究天时地利,注重内功修炼,并须按时辰方位而作;用时又讲究五形生克制化,游身绕进,背身击敌
尹派八卦掌	尹福	在战术上以我为核心,注重以逸待劳,迫使对方绕我而行,我则随心所欲,伺机进攻;在步法上讲究小步、快步、续步,快速行进、轻灵稳健
史派八卦掌	史计栋	以八字(或搬、扣、刁、钻、搬、扣、劈、进)为法,以五形(龙、虎、猴、蛇、痛)为势
梁派八卦掌	梁振圃	身法上以拧、坐、揉、抖、撞等为长,步法上以扣、摆、挫、踩、趟、踢等为主;形象上以猴头、蛇眼、包背、龙腰、鸡行、虎步、鹏展、鹰旋等为尊;战术上注重以正击斜、声东击西、避实击虚、出其不意、借力发人、以捷制疾
张派八卦掌	张占魁	象形取意、以形育神

八卦掌身法敏捷,步法灵活,随走随变,拳谚说:"坐如虎踞,视若猿守,转似鹰盘,形如游龙。"行步和桩步是八卦掌功法基本功的重要基础。

八卦掌以八卦思想为基本拳理,八卦掌的八卦思想是一种朴素的唯物论和辩证法,为八卦掌的产生、演变、发展奠定了丰富的文化基础;八卦掌是八卦思想在武术中的一种特殊外显,它取象于数理,立体于八卦,借用八卦数术来规范拳技的层次和系统。

八卦掌也属于内家拳,讲求内练真气,外练刚柔相济,以静制动,注重养生。

(三)武当武术文化的特点

和其他武术内容与形式相比,武术重视对人体生命活动的探究,在各武术流派中独树一帜,在我国形成了广泛的影响。

1. 以道家思想为指导

武当武术是我国武术文化的重要组成部分,是我国传统武术的创新和发展,但并不是对"自然武术"的一种改良,其有系统的理论基础,在此基础上演化而出各种掌法。

武当武术的理论基础正是道家的哲学思想。武当武术起源于道家思想,表现在武当武术的技击原理和技法特点中。道家对保存自身尤为重视,其对于社会上的各种防卫术进行分析,武当武术以道家原理为指导,建立了自身武术体系。

武当武术的习练主张"天人合一",这就使得其拳法具有了自然的神韵,追求人与自然的和谐。

2. 追求养生

武当武术以养生为宗旨。正如前面所说,武当武术以道家思想为基础,我国的道教是一种本土宗教,色彩神秘,具体来讲,武当文化虽然也有相应的神仙体系,但更加强调今世的修行成仙,而不像其他宗教那样注重来世。

武当武术属于内家功夫,其功法练习更注重对人体健康发展的重要作用,具有重要的生理和心理调节价值,长期练习,不仅能实现强身健体的效果,还有助于良好心态的形成。

3. 以技击为末学

武当武术重视养生,因此在武术技击作用上并不十分重视,这也就不难理解。

例如,武当武术的代表功法运动——太极拳,人们更多地认为太极拳更适合老年人练习,并不适合青少年人。也因此,人们对武当武术的评价,更多的是注重道德和德行方面。

道家注重养生,视技击为"末流",具体来说,道教武术技法习练的目的首先是发展身心,其次才是防身自卫。

此外,道家主张"清静无为",倡导和平、止戈,主张以理服人,避免人与人之间的争斗。

4. 重视呼吸吐纳

道家重视养生,武当武术有许多呼吸吐纳之法。

武当武术文化认为,"气"是生命的源泉,养生的意义就在于养气,养气与修心之间具有非常密切的联系,太极拳的"心如止水""宁静其心""以静制动"都是对内心修为的强调与重视,"气"是调节心理活动的根本。

武当武术的动作习练也体现了对呼吸方法的重视,在武术技法的习练过程中,通过运气来实现身体内环境的调节,即真气运行,武当武术文化思想认为这是对人体的健康发展极为有利的。技法动作练习过程中,配合相应的呼吸和横膈运动,调整心境、实现动作、呼吸、心神的共修。

三、峨眉武术文化

(一)峨眉武术的起源与发展

峨眉武术文化起源于四川峨眉山,形成于明代。峨眉武术文化集众家之长,具有自身技法与风格特点。

关于峨眉派的创立,主要有以下两种说法。

(1)民间相传,火龙真人是峨眉武术的首创者,据相关史书和文献资料记载,火龙真人名叫魏伯阳,后世道家尊称他为魏真人,又称火龙真人,其创办了最初的峨眉派文化。

(2)源于文学著作,金庸武侠小说《倚天屠龙记》中记载了峨眉派的创立。书中提到峨眉派由郭襄所创。郭襄,南宋末年生人,襄阳大侠郭靖与黄蓉之二女,其武功驳杂,有"小东邪"之称,15岁时在黄河见到杨过,心生爱慕,一直行走江湖,希望能与杨过碰面,却始终未能如愿,40岁时大彻大悟,在峨眉出家为尼,开创峨眉派。

据不完全统计,峨眉武术各种功法练习有2 368种,其广泛吸收了其他各派的武术精华,并具有自身的风格特色,如强调以柔克刚、借力反击,以快取胜,尤其适用女性习练。

(二)峨眉武术文化的特点

1. 以阴阳学说为哲学基础

阴阳学说是峨眉功法哲学基础的主流,在峨眉武术文化发展中具有重要的影响作用。

峨眉武术功法认为人体外为阳,内为阴,阳盛而阴衰,其病在内,阳衰阴盛,其病在外,峨眉武术功法强调内外统一,内练意、气、心;外练手、眼、身。重视以抑强扶弱来调理阴阳,使之平衡,令体健气足。

2. 朴素的武术价值观

峨眉派武术注重"仁术""武德"和"养气",峨眉武术文化重视对习武之人要具备浩然之气和人道主义精神的推崇,要求习练者必须具备一颗正直善良的心。体现在武术技法和套路中,就是以防御保身为主。

峨眉武术注重阴阳,以防御为主,与其所有习武者均为女性具有重要的关系,在武术技法练习中,充分认识到了女性与男性的生理不同,注重发挥女性的生理特点与优势。

3. 辩证的武术养生观

峨眉派武术讲究内外兼修、形气并重、刚柔相济、开合有度,以超常的"神"气和强大功力显威制胜。明唐顺之在《道人拳歌》中形容峨眉武术的硬功为"岩石迸裂惊沙走",柔韧为"百折连腰尽无骨",灵活为"一撒通身皆是手"。

四、不同地域武术文化比较

少林、武当、峨眉是我国传统武术在不同地域环境中形成的各具特色的武术文化形式。三者相比较,在文化内涵和特质方面呈现出不同(表 3-7)。

表3-7 少林武术文化、武当武术文化、峨眉武术
文化三者的文化内涵、特质的比较①

项　目	少林武术文化	武当武术文化	峨眉武术文化
地域文化	中州地域文化	荆楚地域文化	巴蜀地域文化
文化起源	少林寺	武当山	巴蜀地域
文化基础	佛家"禅文化"	道家"道文化"	儒家"侠文化"、道家"道文化"
文化特质	功夫文化	养生文化	侠义文化、养生文化
技术基础	少林禅武医	养生太极	格斗技法、养生功法
武术技理	以攻架见长	以呼吸见长	主张内外相重
功法力道	少林武术善刚	武当武术善柔	峨眉武术主张"亦柔亦刚,刚柔兼备"
功法特点	多用长手	多用短手	长短并用

新时期,要促进我国武术文化的发展,从不同地域武术文化特点入手,传承和发展巴蜀地域武术文化的视角,从不同地域的武术文化的发展历程

① 赵斌,代凌江.峨眉武术文化的特征与发展路径[J].上海体育学院学报,2015,39(4).

与地域文化的发展历程中,梳理出多元地域武术文化的起源及演进过程,重新认识地域武术文化的特点,认真界定峨眉武术文化的定义及其在现代社会的传承格局。同时,注重打造地域武术文化品牌,这是我国多元文化背景下推广、传承不同地域武术文化的一个切实可行的举措。

第四章 传统武术文化的
传承与发展研究

传统武术文化源远流长、内涵丰富,值得所有中华儿女进行传承与发展。本章从传统武术文化传承体系构成、传统武术文化发展现状与困境、传统武术教育中的文化传承、传统武术文化的创新发展策略四大方面展开阐析,进而明确指出传统武术文化传承和发展过程中出现的难题,为进一步传承和发展传统武术文化指明道路,最终促使传统武术文化得到有效传承和发展。

第一节 传统武术文化传承体系构成

传统武术文化传承体系主要包括学校传统武术教学、传统武术训练与竞赛、传统武术竞技化发展等方面,本节主要对这三方面进行重点分析。

一、学校传统武术教学

(一)传统武术教学的基本规律

取得理想传统武术教学成效的一项基础条件是全面掌握并严格遵循传统武术教学基本规律。传统武术教学的基本规律是经过长时间的武术教学实践总结下来的,是改善传统武术教学效果必须遵循的。换言之,一切脱离传统武术教学规律的教学活动,最终均难以获得理想的教学效果与健身效果。

1. 技能形成的基本规律

技能形成不仅和个体生理有密切关系,还和个体思维认知方式有密切关系。以生理作为划分依据,能够把体育动作大体划分成粗略掌握阶段、改进提高阶段、巩固运用阶段。

（1）当处于粗略掌握阶段时,学生对所学内容有大体掌握即可,不需要学生对众多问题有深入理解,只需要形成表象认识。

（2）当处于改进提高阶段时,要求学生进一步完善已经学完的知识或动作,尽量用最短时间建立肌肉动力定型。

（3）当处于巩固运用阶段时,要求学生灵活衔接各种动作,熟练运用已经掌握的动作。该阶段学生的武术运动能力应当达到一定水平,套路动作同样已经大致成型。

2. 传统武术教学的基本规律

传统武术教学具备基本规律,这些基本规律能够增加传统武术教学的效率与意义。传统武术教学基本规律,不仅能使各教学环节更加井然有序,而且还能使各教学环节得以循序渐进地开展。

（1）在传统教学实践中,必须构建正确的动作概念。换句话说,首先要在基本功练习上下功夫,对每个基础动作的动作规格都了然于心,这样才能为今后学习进阶技术奠定扎实基础。

（2）在传统武术实践中,必须将重点、主要、次要划分清楚。不仅要在总体内容中确定重点,还要在每项教学内容中确定重点,分析重点动作使用的重点部位,进而达到用重点带动一般,使学生的融会贯通能力和联想能力得到稳步提升。

（3）要从根本上探究传统武术的知识与技术,有效防止出现过度模仿问题,灵活处理探究教学规律过程中的各项问题,很多内容都有规律可循,要对相应技术的共同点了然于心,使自身真正做到灵活运用。

（4）密切联系传统武术运动的各项特征来开展教学活动。就传统武术技术教学而言,某些动作中的典型动作显示了具体特征,反映了本专项特征,熟练应用各项练习技巧,从多个角度表现出共性特征,把不同之处呈现出来。

3. 传统武术教学中的负荷控制规律

对于所有体育教学来说,运动负荷都是必须全面考虑的内容。就体育项目教学而言,在教学过程中实施负荷控制不但是保障学生身体健康和心理健康的必须途径,也是反映教师教学水平的标准。

探究现代科学训练理论可知,要想保证传统武术教学的良好效果,运动负荷既不能太大也不能太小。运动负荷太小不利于学生实现强身健体的目标,运动负荷太大则会增加产生身体伤害的可能性,或者使学生出现运动疲劳。

就内涵而言,运动量和运动强度是运动负荷研究的主要内容。其中,时间、次数、距离等是运动量的主要内容,动作速度、间隔时间、重量等是运动强度的主要内容。运动量的内涵和运动强度的内涵适用于所有体育教学,体育教师在备课过程中必须将其考虑在里面。

需要说明的是,教师确定运动负荷时需要综合考虑多种因素,如学生身体素质和运动形式等,同时,学生也需要联系自身实际运动状态,对自身运动负荷量进行适度调整。运动强度、运动量均与规范性动作质量存在紧密联系,应当在保障规范性动作质量的情况下再做出适当调节。

(二)传统武术教学创新的策略

1. 完善选课制度和内容

现阶段,我国中学和小学大多是必修式体育课程,高等学校中也安排有学生自主选课制度。但参照部分相关调查数据能够发现,并没有完全体现学生在选课过程中的主体地位,在接受体育教学过程中很多学生依旧没有占据主动地位。虽然学生可以自由选择感兴趣的传统武术项目,但教师依旧在教学内容、教学模式等方面占有主要地位,没有反映出学生的自主性,由此,使得学校武术教学存在很多问题。

将学生兴趣作为立足点,形成拥有不同形式的传统武术课堂,让学生直观地看到不同形式的武术与教学进度,这不但能让学校实施真正的选课制度,而且是有效改进传统武术教学进度的前提。同理,针对这种情况,学生可将自身的兴趣和身体素质作为重要依据,自由选择各项教学内容,进而充分调动学生参与传统武术教学实践的主动性,使学生传统武术学习氛围更加活跃,使得传统武术教学效果得到大幅度提升。除此之外,要想让此类绝对化自主选课变成现实,还需要体育部门与教育部门展开全方位研究。

2. 对武术教学内容进行改革

有关调查证实,我国绝大部分学校武术教学内容无法充分满足学生需求。教学内容依旧把传统初级拳、二十四式太极拳、初级器械当成主要内容,如此将很难激发学生对传统武术教学的兴趣与主动性。在这种情况下,学校武术教学应当适度增加传统武术运动教学内容改革力度,添加一些对抗性项目。在内分泌发育等因素的作用下,学生往往存在想要表现个性和自我的特征,男学生更加倾向于散打等对抗性和挑战性突出的运动项目,女学生更加倾向于木兰拳等将健和美当成价值取向的运动项目,这不但拥有时代元素,同时还吻合学生个性发展需求。除此之外,在全民健身推广范围不断增加的情况下,很多学生开始学习五禽戏等传统健身运动项目,这些均属于需进一步改革的关键方面。

需要重点说明的是,在传统武术教学过程中,当教材内容与教学方式和学生兴趣、学生需求相吻合时,方可使学生学习主动性得到有效调动,使学生独立思考的思维能力与大胆创新精神得到本质提升。有关调查发现,绝大部分学生对武术散打和短兵等对抗性运动的喜爱程度相对较大,然而绝大部分学校开设武术课时忽略了对抗性运动,将武术彻底理解成了套路运动,仅把武术套路教学放在了重要位置,让传统武术教学出现了割据问题与不完整问题。对学校武术教学内容加以革新时,必须对这些方面的内容予以高度关注:第一,安排时将学生的生理特征、心理特征、实际兴趣作为重要依据;第二,在学校武术教学中添设搏击和对抗技术的教学内容。在反映武术技击性的情况下,有效增加学生习武兴趣,从而有效提升学校传统武术教学质量。

3. 运用多媒体手段

要想使学校武术教学获得预期成效,必须将继承传统优良教学方式作为前提条件,并且主动引进多媒体教学方式。学校学生的绝大部分时间是在校学习,基本没有观摩不同级别、不同种类武术比赛的机会,因此学校应当尽全力实现优化武术教学、提升武术教学效果的目标,把多媒体当成一种辅助的武术教学手段,如多使用视频教学。

在学校传统武术教学过程中,运用多媒体手段能够取得两大方面的成效:一方面,能够客观展现教师示范动作时无法呈现出来的重点与难点,能够帮助教师解决上述问题;另一方面,现代声像教学手段具备直观特征、生动特征以及形象特征,学生接受难度与掌握难度相对较小。鉴于这两方面优势,多媒体教学手段能够在普及武术与提升学校传统武术教学质量两方面发挥重要作用。武术教师可以在众多网络资源中挑选合适的武术动作内容,并且进行多次学习与练习,进而充分弥补教师在专业技术方面的缺陷,如此能够提高传授学生的实际效果以及教学质量。需要说明的是,这对武术教师的要求相对较高,武术教师应当先掌握使用多媒体工具的技术,然后再全方位掌握各类工具。

4. 促使课内外武术活动一体化

课外活动属于课堂教学的进一步延伸,可以对课堂武术教学发挥辅助作用,并促使课堂武术教学获得理想成效。因此,学校应当对课余武术的重要性进行全方位了解,进一步强化课余武术活动的开展力度。

首先,要制定并实施激励教师主动参与传统武术课外活动的相关政策,把课余武术指导工作添加到教师职称考评与教师日常工作考核中;其次,要构建出科学的激励机制,遵循特定制度,将课余训练时数添加到教师工作量中,向教师支付和课堂教学一样的工资;最后,利用相关政策,有效鼓励校内武术协会和武术代表队的建立,多渠道开展传统武术活动。

二、传统武术训练与竞赛

(一)加强传统武术训练体系的发展

1.遵循传统武术训练的原则

1)全面性原则

就青少年而言,全面锻炼具有重要意义,全面性原则是传统武术训练中的一项关键原则。人体有很多个器官、组织、系统组成,所有构成要素的关系是相互作用、相互关联的。在传统武术中,需要高度重视对各器官和各系统的锻炼,有效避免身体发展不平衡的现象。例如,不但需要把肌肉与形体的外在发展放在重要位置,而且需要对内功修炼效果高度重视,只有这样才能避免机体形态和功能的不平衡问题。

在整个训练过程中,贯彻全面性原则反映在以下几点:首先,要有机结合力量素质练习、速度素质练习、耐力素质练习、协调素质练习、柔韧素质练习,从而进一步推进身体素质的全方位发展;其次,要有机结合动力性与静力性、大肌肉群与小肌肉群,有效推动全身肌肉群的均衡发展;再次,要采用不同形式的练习形式,使得身体各个部位与器官都得到刺激和发展;又次,要有机结合主动性运动和被动性运动;最后,要有机结合无氧运动和有氧运动。

因此,要想使传统武术训练水平得到质的飞跃,必须深入贯彻全面性原则,在科学指导下展开全面性锻炼,最终使训练水平高效提升。

2)经常性原则

在传统武术训练时,学生应将近期训练目标和远期训练目标当成重要依据,由此进行有计划的训练。在实际训练中,不但要战胜身心惰性和各种干扰,而且要养成主动参与训练的好习惯。

3)渐进性原则

有计划、有步骤地安排运动内容、运动难度、运动时间、运动负荷,进而有序提升训练水平,即渐进性原则。循序渐进地发展身体素质,尤其是要有序增加负荷量,这属于一个慢慢适应的过程,同时该过程还是提升有机体能力的过程。倘若没有经历相应的适应期,在一刹那增加负荷量或负荷量有时大有时小,都会对训练效果产生很大的消极影响。

在参与传统武术习练的过程中要注意以下几点:首先,在逐步增加负荷强度时,应当和人体参与运动时的机能活动变化规律相吻合;其次,应当慢慢增加锻炼时间与锻炼次数;再次,锻炼内容应当从简单向复杂过渡,从分向合过渡;最后,锻炼要求应当从低向高过渡,从易到难过渡。

4)区别对待原则

结合个体的各项特征与实际情况,来对训练内容、训练负荷、训练手段进行安排,即区别对待原则。因为习练者在年龄和传统习惯等方面有很大不同,所以应当将习练者的实际情况当成重要依据,选择合理的训练手段,制订切实有效的训练计划,进而努力让习练者的训练水平快速提升。

2. 科学安排传统武术训练的内容

1)传统武术习练的时间安排

在制定传统武术习练具体时间的过程中,需要密切联系习练者的身体特点,对每次习练时间进行科学规划,通常最佳时间是 1.5～2 小时。一般来说,传统武术习练部分主要由准备活动、基本部分、结束部分构成,三个部分在时间上存在着很多不同点,具体如下。

(1)准备活动的时间安排。就传统武术习练的整个过程来说,准备活动通常占 1/4 的时间,即 25～30 分钟;游戏时间通常是 10～15 分钟,游戏环节可以有效增加习练者的兴趣和积极性;柔韧练习通常是 15～20 分钟,这样能让习练者的身体做好准备。

(2)基本部分的时间安排。在武术习练全过程中,基本部分应当占 2/3 时间,是 60～90 分钟。基本部分的主要内容是练习基本技术、剑术、基本功以及拳术等,主要目的是向快速提升技术水平奠定扎实基础。

(3)结束部分的时间安排。结束部分的主要内容包括放松与总结两个方面,是 5～10 分钟,主要目的是为下次锻炼做好充足准备。

2)传统武术训练的内容安排

对于常见传统武术训练来说,安排习练内容主要包括三个方面。

(1)准备部分的内容安排。利用跑、热身活动等形式,来有效活动身体各个部位的肌肉与关节,进而为正式武术习练做好准备。由此可知,准备部分的主要内容包括不同形式的跑以及准备热身活动。

①不同形式的跑。游戏、短距离冲刺以及长距离慢跑是主要内容,这些内容不仅能有效调动各个器官以及运动系统,同时还能让身体慢慢进入运动状态。

②准备热身活动。准备热身活动是指活动人体不同部位的关节,防止习练者在锻炼中受伤。从具体角度进行分析,准备热身活动主要包括头部热身练习、肩部热身练习、腰部热身练习、髋部热身练习、膝踝热身练习、腿部热身练习等。除此之外,练习过程中应当尽可能运用多样化的练习内容与练习形式。

(2)基本部分的内容安排。在基本部分能够安排各种各样的内容,其中基本功练习与套路练习是主要内容。基本功练习有肩、臂、腰、腿、平衡、桩功、跳跃等练习;套路练习能够有效提升传统武术习练者的套路演练水平,有效提高套路演练需要的专项素质与机能能力。

3)传统武术训练负荷的安排

不但长时间超负荷强度的大运动量难以获得预期锻炼成效,而且低负荷强度的小运动量训练同样无法获得预期锻炼成效。因此,传统武术习练时必须科学分配运动负荷。

运动负荷是指在运动训练中添加人体生理负担与心理负担。运动负荷通常由运动量以及运动负荷强度构成,这两大构成要素会受很多因素的制约。在传统武术的习练过程中,测量心率可以显现出运动负荷的具体反应。正常情况下,当无氧阈和心率分别是 100% 强度、150 次/分钟时,大约等同于常规传统武术竞技比赛的 80% 强度;当最大摄氧量和心率分别是 105% 强度、160~170 次/分钟时,大约等同于常规传统武术竞技比赛的 85% 强度;当乳酸能力训练、心率为 170~180 次/分钟时,大约等同于常规传统武术竞技比赛的 90% 强度。由此可知,要想获得理想的习练成效,安排运动负荷时一定要将习练者实际情况考虑在内。

(二)加强传统武术竞赛体系的发展

1. 传统武术竞赛的组织体系

要想有效发展传统武术赛事,需要构建出完善的发展体系,一定要组织好传统武术竞赛的各项工作,当武术的不同部分密切配合时,才能形成切实可行的分工结构与协作关系结构,同时只有在不同岗位上配备合适人员参与工作,方可使武术竞赛顺利开展。

1)组织结构形态

正常情况下,单一型组织结构与职能型组织结构是传统武术竞赛结构形态的常见类型。

最高管理者掌握全部体育赛事决策权,是单一组织结构的特征。单一组织结构相对灵活,可以在短时间内适应突发状况,能够对决策发挥积极影响,同时可以梳理清楚权利和责任,一般赛事最高管理者直接负责和赛事相关的全部工作。组织管理规模以及参赛运动员规模比较小时,使用单一型组织结构更加合适。

职能型组织结构是以职能为划分依据,把组织划分成无数部分。职能型组织结构对工作人员专业水平要求高,可以把个人或团体安排到合适的工作组中,能够使人们的工作效率得到大幅度提升。除此之外,职能型组织结构产生新型职能参与的可能性大,有可能增加各部门的协调难度,往往会因为部门与部门之间缺少沟通而出现很多问题,因此要求部分之间主动沟通,建立成和谐统一的整体,如此方可推动整个赛事部门各项工作的顺利开展。

2)组织结构体系

体育赛事组织结构为服务赛事组织目标而生,目的是让各赛事参与体实现协调配合,充分增加体育赛事运营的整体效益。体育赛事参与主体间的彼此作用共同构建成组织结构,特定作用对象能够反映具体关系。换句话说,体育赛事参与体是在赛事活动中发生关联的。由此可知,赛事参与体、赛事活动形式、运动项目是传统武术赛事完整组织结构应当具备的三个方面。

首先,就赛事参与体来说,所有赛事均必须存在参与体,传统武术赛事同样也不例外。

其次,运动项目属于体育赛事基础。就企业而言,通常会挑选出受众范围广、竞技性特征显著、规模较大、级别较高的体育比赛;就市场而言,必须具备大范围的普及性,优秀运动员和高级体育比赛较多,更容易得到观众、媒介以及赞助商的青睐,能够对扩大体育赛事推广范围产生积极影响。

最后,赛事活动形式就是比赛具体化的操作形式,深入探究当前传统武术赛事的发展条件能够得出,其赛事形式相对单一,今后还需要充分借鉴发展相对成熟的运动项目的各种活动组织形式,进而让传统武术赛事发展得更快。

2. 传统武术竞赛的组织工作

1)竞赛前期工作

(1)探讨并确定组织方案。在探讨并确定组织方案的过程中,应当将赛事性质作为重要考虑因素。

　　通常情况下,传统武术竞赛组织方案的内容包括竞赛名称、竞赛目标、竞赛任务、组织机构、竞赛组织形式、必须添设的职能部门、实际所需人数。通常确立组织委员会的各个职能部门之后各职能部门需要选出适宜人才来完成组织管理工作;对运动竞赛规模进行规划和制定时,必须把主办单位、承办单位、参赛人数、场馆实际面积等作为考虑因素;只有竞赛经费预算获得保障后才可以有序开展竞赛,具体预算有保障竞赛活动与竞赛管理顺利进行的体育器材设备、场馆维护经费、食宿经费、医疗经费、工作人员补贴金等。

　　(2)成立组织机构。组建组织机构形式和组织机构规模时,应当将运动竞赛工作需求作为依据。通常情况下,小规模运动竞赛的常见组织形式有总务处、组织委员会、宣传处、竞赛处以及办公室。

　　总务处主要工作内容有:参与编撰竞赛经费预算;向运动竞赛提供放心的后勤保障;发挥生活管理工作。换句话说,就是及时召开所有单位管理人员的会议,对大会中生活上的相关问题进行有效解决。

　　组织委员会需要承担的工作有:把握好竞赛组织方向;对竞赛规程和竞赛工作计划进行研究与批准;比赛开始前认真听取筹备工作汇报;赛事结束后对相关问题进行总结或处理。

　　宣传处重要责任是扩大赛事对外宣传范围,使更多人认识和参与传统武术赛事,宣传处实际工作效果对传统武术赛事的社会影响或集体影响有直接性作用。正常情况下,宣传处工作内容有:组织大会宣传报道工作;组织通讯报道和编辑会刊;组织来访记者接待工作和媒体接待工作;对新闻媒体的信息发布设备进行管理与调试;对先进团队与先进个人的评选条件和评选详细规则进行研究与制定;准备好学习材料,组织好学习与讨论工作。

　　在传统武术竞赛中,竞赛处是具有重要作用的组织机构,具体工作包括:组织赛事报名工作,参与竞赛秩序册的编撰工作;在传统武术竞赛前、竞赛中、竞赛后做好相关器材的调试工作和准备工作;每天召开竞赛组会议,对赛事的各项问题进行深入探讨,然后提出相应的对策;承担和比赛裁判有关的工作,具体有制定裁判守则、安排裁判员执法场次,保障裁判工作有序开展;在合适的时间组织参赛队伍代表互相交流经验以及相关座谈,从而了解参赛队伍在赛事管理方面的看法,竞赛结束后排列各队名次,对赛程和赛果进行及时更新。

　　在传统武术竞赛中,办公室属于不可或缺的职能部门,其能够把组委会指示与精神传给不同职能部门,发挥指挥作用与协调作用。通常情况下,办公室工作职责主要有:根据组委会决议,对不同部门工作人员进行组织与配备;拟订工作日程计划,即开幕式与闭幕式、组织学习报告、组织经验交流活动、动员工作等;制定竞赛章程和提示;承担对外协调工作和对外联络工作;定期组织安排不同职能部门召开小组会议或者集体会议;参与竞赛经费预算工作和竞赛经费评估工作。

(3)制定竞赛规程。竞赛组织单位对不同运动竞赛进行组织和开展的关键根据,即传统武术运动竞赛规程。在传统武术竞赛中,竞赛规程有竞赛名称、竞赛目的、竞赛任务;主办单位;比赛时间、比赛地点;参加单位、各单位人数、各单位资格;报名时间、报到时间;竞赛办法;裁判员事宜;使用规则、使用器械;录取名次、奖励事宜等。要想使比赛顺利进行,赛事组织者必须保障制定出的竞赛规程具有合理性。

(4)制订工作计划。

①做好制订竞赛计划的调查工作与准备工作,保障制订出的竞赛计划和赛事需求相吻合。

②以竞赛方案和竞赛日期为依据,不同部门结合自身职责范围拟订详细的工作日期计划。

③定期检查不同部门准备工作的落实情况,密切关注、积极督促比时间表落后很多的工作。

(5)纪律委员会的工作。纪律委员会等同于传统武术赛事的"法庭",维护比赛秩序和保障比赛有序进行是纪律委员会的主要职责。纪律委员会具体工作有:研究与处理竞赛过程中所有违背竞赛规程与竞赛规则的代表队、运动员、教练员、领队、裁判员、随队工作人员;进行警告、暂停比赛资格或者工作资格、取消比赛资格或工作资格等。

2)竞赛中期工作

竞赛中期组织工作顺利开展是保障传统武术竞赛有序举行的关键。在传统武术赛事中,在很多客观要素的作用下,赛事运行常常无法完全根据计划走,突发事件总是时有发生,当遇到偶然发生的事件后,倘若没有在相应时间内解决好,将对武术竞赛产生直接性的负面影响。因此,赛事组织管理者务必强化竞赛中期的组织工作。正常情况下,竞赛中期的具体工作如下。

(1)在传统武术竞赛中,应当持续开展思想教育,始终端正比赛态度,正确对待输赢、裁判员、观众以及受表扬的先进队与运动员。

(2)赛事组织人员要扎根到参赛队伍中,认真征集参赛队伍的建议,并且对相关工作进行及时完善。

(3)定期检查与管理传统武术竞赛的比赛场地和器械设备,保障传统武术竞赛的有序开展。

（4）竞赛组织人员和所有参赛队保持密切联系,强化各个参赛队之间的沟通,用最短时间处理各种发生在比赛中的问题。

（5）治安保卫组维护好场地安全与场地秩序。

（6）倘若遇到特殊情况,需要对比赛日期、比赛时间、比赛场地进行变更时,竞赛组应当及时通知相关部门和所有参赛队伍。

（7）遇到突发情况时,要用最短时间处理好各类问题,将风险降低到最小。

3）竞赛末期工作

传统武术竞赛结束后的组织工作,同样是传统武术竞赛组织工作中无法取代的一个环节。竞赛末期工作有:所有部门总结大会期间的工作;组织并举行闭幕式,完成大会总结报告并颁发奖品;安排和处理所有队伍的离会事宜;组织委员会向上级汇报工作内容。

3. 传统武术竞赛的管理工作

1）制定赛事计划

在传统武术竞赛的管理过程中,制订赛事计划是极为关键的环节,包括以下几个步骤。

（1）深入调查。深入调查和分析对传统武术竞赛有影响的内外环境,全面认识和掌握竞赛计划,有机结合人力、财力、物力的实际情况,精确预测未来。

（2）制订具体方案。赛事方案的内容有:确定比赛形式、比赛时间、比赛地点、承办单位、赛事规模、赛事持续时间、节假日安排以及竞赛举办地的经济状况、体育文化、天气状况等。

（3）编制计划。认真翻阅不同种类的方案,将多个方面的关系平衡好,展开综合性评价,挑选出最合适的方案,制订详细计划,从而保障计划有序执行。

2）控制赛事过程

要想使传统武术赛事顺利开展,还需要对比赛全过程加强控制,妥善处理比赛中出现的所有问题,即赛事控制。将传统武术赛事的整个过程控制好,能够有效提升赛事管理的整体效率,保障传统武术赛事顺利开展。通常情况下,传统武术赛事管理的常见赛事控制手段包括以下几种。

（1）计划控制。计划控制通常有三个基本程序:确定总目标、反映相应指标或标准;预测实现经营管理目标过程中出现的影响要素;结合实际情况,制订出有效的解决方案。

（2）目标控制。目标控制就是目标管理,目标控制的常见操作流程是在制定目标体系的基础上,对不同层次的管理目标进行规定,同时遵循特定方式来实现控制目标。

(3)预算控制。预算控制是指传统武术赛事运营过程中对资金运转的控制。换句话说,预算控制是通过货币形式来制定出所有经营管理系统内的预算,将超出范围的活动均计划到预算范围内,以此对活动运转实行有效控制的控制手段之一。

(4)定额控制。在传统武术赛事管理过程中,应当有效发挥人力资源、财力资源、物力资源的作用,采用定额管理控制手段,即定额控制。定额控制是在制定人员定编、劳动定额或工作量、物资消耗定额、经费定额等管理措施,进而从根本上提升赛事管理能力。

对于以上四种赛事管理控制方式,可以在认真分析传统武术赛事的实际情况的基础上展开自如选择和运用,本质目标是保障传统武术赛事顺利开展。

需要特别说明的是,政策和规章制度控制方法也是我国采用的控制方法中的一种。具体是指通过制定有关政策和规章制度,来有效管理控制传统武术赛事。

3)赛事收尾与评价

(1)赛事的收尾。当传统武术赛事结束后,赛事有关部门应当做好清理工作,保障传统武术赛事有良好收尾。赛事收尾工作有:传统武术竞赛财务决算,平衡账目;场馆拆卸工作、场馆清理工作;借调人员重返原单位;归还、出售、转让、处理器材与设备;赛事运营管理部门的财务结算;利用多种形式衷心感谢在赛事运营管理方面发挥积极作用的部门和人员;办理各队离赛的手续,保证有序离赛;在响应时间段内归还、处理、出售、转让传统武术赛事所用的比赛场地、比赛器材、比赛服装、比赛用具等物资设备;对比赛成绩册与其他技术资料进行汇编和寄发。编织比赛成绩册时,应当密切联系所有竞赛规程中的相关录取名次以及计分方法规定;对等级运动员以及破纪录成绩进行准确填报;做好相关文档资料的整理工作和移交工作;对所有传统武术竞赛成绩进行编制与印发;往新闻单位发布传统武术竞赛的详细状况;做好竞赛工作总结,并且向当地党政机关与上级体育部门进行上报;评比表彰工作,表彰和致谢参与大会工作、支持和协助大会的单位与个人,表彰和致谢传统武术竞赛的各个级别的组织者、指挥者以及相关工作人员。

(2)赛事的评价。对体育赛事开展认真观察、测量、监视,就是赛事评价。进行赛事评价,能够对评估过程的准确性发挥积极影响。在传统武术赛事管理过程中,赛事评价不仅能提供传统武术赛事的大体形势以及关键性的统计结果,还能向赛事参与者提供科学准确的反馈,最终对改善赛事管理服务和赛事有序开展发挥积极影响。

三、传统武术竞技化发展

(一)传统武术向竞技武术发展中的问题

传统武术朝着竞技武术方向发展属于一种显著走向,但其中的部分理念在传统武术中还未发生过,由此导致此类改变必然会遭遇很多问题,这些问题具体包括以下几个方面。

1. 发展道路的选择

传统武术向竞技武术的方向发展,是革新以往思维方式和结合西方思维方式的结果。在思维方式不断革新的情况下,传统武术逐渐发展成套路和散打两大运动体系,同时许多种类的套路比赛项目以及散打比赛级别应运而生。对于竞技武术而言,几乎完全脱离了套路和散打,套路和散打处于互不影响的发展状态,没有统一前提。对于传统武术的现代发展来说,各种套路与散打和西方公平竞争等观点十分吻合,并没有错误之处。但是,传统武术具备多样化的发展模式,在发展过程中需要积极探索出与自身实际情况相适应的发展之路,不可以只采取西化模式。选择出的具体发展道路,对传统武术的最终发展成效具有不可忽视的作用。

2. 技术风格的变异

在竞赛导向作用以及奥运会赛事的影响下,传统武术开始向着竞技武术的方向发展,这对整个社会的传统武术活动形成了强烈冲击。另外,代代相传的传统武术未能把握好沟通机会与认同机会,出现了不断丢弃传统、大规模模仿竞技的问题,直接加快了传统武术向竞技武术发展的实际速度。

在传统武术表演过程中,传统武术套路中的新编长拳类高难度动作越来越多,以此来增加套路的可观赏性,最终产生了风格差别较大的效果,造成传统武术丢失了许多原有内容以及魅力。在向竞技武术发展的过程中,传统武术独有的特征不断丢失,这不利于传统武术的健康发展。

因此,在向竞技武术发展的过程中,一定要继承和维持传统武术别具一格的风格,并且在这一基础上加以创新。

3. 多种健身形式的冲击

在百姓生活方式持续变化,西方易操作的健身方式不断传入的情况下,因为传统武术缺乏趣味性且内容复杂,所以开始逐步被西方健身形式代替。在逐步过渡到竞技化方向的过程中,传统武术获得的部分成果达到预期目标,但在现代体育运动渗透作用不断深入的过程中,传统武术在众多健身项目中的主导作用正逐渐消失。

(二)传统武术竞技化发展策略

纵观竞技武术实现国际推广和参入奥运的整个过程,其本质就是企业经营管理与企业营销的整个过程。然而,企业经营管理和企业营销两方面的观念,对产品能否在市场上生存具有关键性作用,什么样观念会随之产生什么样的运作哲学以及运作导向行为。竞技武术属于众多软性产品中的一种,要想获得广大国际市场的彻底认可,一定要认真考虑与调整相应管理以及营销方式。

1. 转变观念,改造自身

转变管理观念、转变生产观念是转变观念的主要内容,即全面革新竞技武术软性产品,让其产品获得全球人的肯定。因此,竞技武术应当密切联系消费者实际需求并加以革新,在设计、生产、包装等方面,均全面贯彻以消费者为重心的理念,并且将该理念贯穿到营销的全过程。要想占有更多国际市场份额,同时加快竞技体育发展速度,竞技武术必须在既是民族的,又是世界的这个问题上进行深入探讨。

在维持竞技武术主要特征的基础上,还需大力革新武术套路的内容与结构,推动竞技武术在符合民族项目基础性要求的情况下,充分结合世界各民族的相近素材和内容。如此,一方面能使以往竞技武术套路模式化问题得到有效缓解;另一方面能使竞技武术的内容和形式更加多样化,进而更加贴合人类需求,使竞技武术的娱乐性特征和观赏性特征更加显著,进而吸引更多人参与到该项运动中,达到增加社会效益和经济效益的目标。

2. 借鉴成功的竞技体育发展经验

汲取 NBA 的各项经验教训,严格遵循全球化市场战略以及本土化运作管理模式来加以推销。分析国际上 NBA 和 NFL 的推广经验和营销经验可知,制订战略计划时先要将国内大型赛事活动设定成全球化产品,大力践行全球化市场发展战略,在实施中要制定十分明确的方针,并以国内作为依托、推行合理的扩张政策、立足国内市场、开拓国际市场,并且通过合理设计和运作实现该目标。认真总结可取经验,通常有以下几方面内容。

(1)必须采用竞技武术协会企业制的管理模式,不断完善和改进竞技武术的所有专业队以及俱乐部的准奥运会赛制,同时不断朝市场上推广,由此产生国家和社会协同举办的市场化格局。

(2)要构建出专门承担竞技武术国际化推广的机构和世界所有国家的分支结构,从总体角度对竞技武术加以规划与运作。将负责不同领域的专业人员派遣到不同大洲成立的办事处,同时构建出切实可行的控制系统与信息网络,从而实现掌握全局的目标。

(3)主动运用最新的科技手段,以此达到竞技武术竞赛的现代化目标、科学化目标以及规范化目标;构建出竞技武术产品研发机构,发展成世界范围内的竞技武术硬性产品连锁市场,尽全力增加竞技武术硬性产品产业化的收益与规模。

(4)对包括国外基地在内的高水平综合基地进行大力建设,加快人才科学流动的速度,合理配置竞技武术的全球性资源。

(5)组织专业性强的文化传媒,开展行之有效的包装宣传,组织和建设各种有利于宣传传统武术的团体,组织世界范围内的巡回赛。

(6)对竞技武术的发展基金进行全面积累;减少战线距离,理清重点,将经费投入到国际或国内的展销会、武术旅游节等上面,召开形式各异的竞技武术发展咨询会和商讨会,大范围组织群众。

第二节　传统武术文化发展现状与困境

一、传统武术文化发展现状

传统武术文化是我国传统文化系统中的子系统,不仅包含传统哲学和传统医学这两种文化形态,同时还包括伦理和美学等文化形态。因此,在保证传统武术原本特色不发生改变的情况下,在发展传统武术文化时应从多个角度分析,考虑和传统武术文化相关的各项因素。

(一)传统武术理论方面的发展现状

传统武术已经有数千年的发展历史,经过传统文化的长期滋养演变而成,在传统武术中渗透着民族知识、民族道德、民族风情、民族信仰等多种文化形态,蕴含着深厚的文化内涵。在武术形成、武术内容和武术方法三方面,都充分彰显出我国古典哲学、美学、伦理道德、兵法思想独有的魅力。由此可知,中国传统人文思想是传统武术理论得以发展的重要因素,尤其是宗教思想与中国古典哲学这些因素的共同影响下,传统武术理论通常会利用"气""意"等抽象理论来阐析传统武术现象,但此类理论的理论经验性与直观感悟性特征强烈,理性色彩太过欠缺,存在一定的模糊性,使得很多学生无法真正理解。但是,如今人们在掌握传统武术理论时,通常将现代科学知识作为衡量标准,由此判断有无科学性,进而决定应不应该接受这种理论。因此,对于创新传统武术理论而言,其本质就是用现代科学知识重新定义传统武术,具体过程就是从"传统武术理论"转向"现代武术理论",转变过程中经常会遇到以下两个问题。

(1)传统武术理论体系中有许多的成分理解难度很大。例如,在理解传统武术的"气"时,倘若从中国古代哲学层面加以掌握的难度有限,但如果将"气"和中国传统医学理论融合在一起,则复杂程度会直线上升。此外,对于"以意导气,以气催力"理论来说,将判定标准定位成"是否科学"是不恰当的,但也没有对其进行彻底否定,同时用现代科学知识加以解释的难度极大。因此,对于此类无法使用现代科学知识加以解释的现象,实现创新的难度很大。

(2)对于"模糊"的传统武术概念,怎样用"精确"的现代科学术语表述出来。传统武术是组成中国传统文化的一个部分,思维方面的整体性特征十分突出,整体性思维在对具体事物加以理解时,往往通过宏观角度进行把握,在利用西方近代科学中的现代科学时则站在事物细微立场加以观察。例如,在表述"劲"和"力"的定义时,这两者在传统武术中既有差异也有联系,尤其是"劲"的概念十分"模糊"。利用现代科学来表述"劲"和"力"时,往往把用力的"三要素"和力的单位(牛顿)当成出发点,因此转化"劲"和"力"时需要深入掌握。不可否认的是,应当肯定部分人利用自然科学与社会科学来研究传统武术得出的成果,但对于传统武术整体理论来说仅有很小的作用。因此,将传统武术推向科学化方向还需要很长时间。

(二)传统武术技能方面的发展现状

深入剖析传统武术的发展历程能够得出,传统武术作为搏杀技能之一,一般是在人体肢体运动基础上得以完成的,但武术器械对搏杀技能产生的积极影响同样不能忽略。当战争爆发时,双方必然会发生激烈搏斗,徒手搏斗难以达到预期效果,于是利用长枪、矛戟、棍棒等展开械斗或车马斗,针对距离较远的情况则需要使用弹丸和弓箭,进而达到手持器械难以达到的射击效果。由此可知,传统武术技能绝大多数内容中有使用冷兵器的成分,其目的是进一步延伸人体肢体。与人体肢体肉搏相比,冷兵器拥有更加强大的杀伤力。但是,当西方热兵器扮演人体肢体延伸工具时,冷兵器杀伤力被完全比下来,冷兵器开始慢慢退出历史舞台。截至当前,在社会实践"舞台"上已经很难找到使用传统武术兵器技能的身影,尽管还存在器械表演,但技击成分已经出现了严重下滑。因此,要想创新传统武术兵器技能,同时使其搏杀技击属性得以呈现,寻找可供实践的平台的难度很大。

除此之外,分析当前的竞技武术可知,要想创新舍弃"真刀实枪"的传统武术技能同样有很大难度,万一出现差错则会出现面目全非的后果。可以将现在新编的竞技武术视作继马良尝试"新武术"后再次创新的传统武术,但具体创新结果受到了许多人的否定。一些人指出竞技武术套路是"凭空击刺""中国式体操";另一些人批评在实践过程中散手只是"拳击加腿""摔跤和推"。前者已经化身成现代武术创新中式体操、舞蹈、戏剧动作的"仆人";后者则已经化身成拳击和摔跤等剩余搏击技术范式的客体,散打已经丢失了武术技击的主人公地位,演变成了其他搏击范式的"仆人"。

站在理论的角度进行分析,竞技武术是在传统武术基础上的再次创新,然而竞技武术在发展过程中已经丢弃了传统武术的本质特色,最后产生竞技武术和传统武术并行发展、彼此独立的怪象,由此出现了广大群众将竞技武术当成是传统武术再次延续的错觉。当前,急需解决的难题是怎样通过传统武术创新来凸显其本质属性,并且在突出传统武术本质属性、兼容传统武术"术道并重,内外兼修"特征的情况下,让广大群众更容易接受。由此可知,竞技武术未来发展依旧需要进一步摸索,但是要努力用最短时间消除这种现象,进而为创新传统武术文化提供更加有利的条件。

(三)传统武术思维方式与现代人思维方式存在差异

中国传统哲学不仅对中华民族思维方式有重要影响,同时还是构建中华民族思维方式的重要因素,中国传统哲学在思维方式方面的体现是追求天人合一、关注"体悟"环节与"直觉"环节。中国传统武术和中国传统哲学之间有明显的一致性特征,这属于中国传统文化的一个典型案例。在现代科学长期作用下,人们在研究体育运动时往往会运用现代体育科学知识,具体包括生理、心理、生化、生物力学、体育原理等。新型知识结构对人们的思维方式具有主导作用。最初,人们使用科学的思维方式来审视传统武术,同时还运用现代科学知识来做进一步剖析。伴随着历史条件与文化背景的转变,人们所持的思维方式也发生了翻天覆地的变化。促使现代人舍弃现有思维方式来迎合传统思维方式是不现实的,但是同样不能为适应现代人思维方式而大幅度更改传统思维方式下产生的武术。因此,传统武术的思维方式和现代人思维方式之间的不同,也是传统武术文化创新急需解决的问题。

(四)传统武术人力后备资源不足

前三项是传统武术和传统武术文化在"软件"方面存在的发展问题,然而传统武术和传统武术文化在"硬件"方面同样存在很大问题。从传统武术迈入竞技化道路后,经历了数十年的发展,竞技武术已经占据现阶段武术发展的主流地位。在竞技武术迅猛发展的时代背景下,传统武术后备人才稀少,给传统武术文化发展带来了极大的负面影响。伴随着竞技武术的发展,在竞技武术人才培养方面已经形成系统性培养模式,具体划分成了上层、中层和基层。与此相反,在竞技武术主导作用越来越突出的情况下,传统武术被迫朝民间活动转入,通过这种方式来生存与发展,但在规范化和科学化两方面却没有任何进展。

在传统武术丢掉人才培养模式的规范化空间之后,传统武术发展基础与发展动力也逐渐消失,传统武术科学研究体系难以构建与依附,传统武术文化发展雪上加霜。在传统武术科研体系人才资源匮乏且不健全的情况下,实现传统武术科学化也无从谈起。当前,很多经过陆续挖掘整理得来的传统武术研究资料被搁置。众所周知,中国传统武术发展历史久远,但深入掌握传统武术和传统武术文化的人极为罕见。在如今没有大批量资金扶持传统武术和传统武术文化的情况下,也没有数量可观的专门从事传统武术和传统武术文化研究的科研队伍,这种情况使得传统武术发展和传统武术文化发展都无从谈起。

二、传统武术文化发展困境

(一)基于主流社会价值观下的文化回归

传统武术文化在中华大地上已经存在数千年,发展时间长且植根于民间。中华儿女的各种实践活动是其发展源头。伴随着中华文化的长期作用,传统武术具备的民族文化特色越来越突出,并且迸发出强大的生命力。传统武术文化不但是中国传统文化中的珍宝,而且深受世人的喜爱。

传统武术是由原始社会生存自卫活动发展而来的。分析传统武术表现形式可知,其是长期社会实践中和谐价值取向与德行实践目标制约下,表现出来的集"攻防技能""实战演练""强身健体",以及一定定量化与评价标准特征于一体的体系。尽管传统武术是将身体活动作为基础手段的肢体语言,但同时也具备深厚的文化内涵。传统武术不仅汲取了各派宗教文化的精华,还包含很多大自然元素,有模仿动作身体活动的"象形拳",有参照五行变化的"形意拳",还有八卦和太极图理论衍生出来的"太极拳"和器械套路等,最终别具一格的身体文化诞生。但是,即使传统武术和传统武术文化是民族特色鲜明"身体文化",仍然无法抵御社会现代化的影响。在"土洋体育"之争中,传统武术是抵制外来文化侵蚀的工具;在辛亥革命时期,传统武术是中华儿女脱离"东亚病夫"称号的工具;新中国成立以后,武术是实现中外交流的平台,同时还做出了大范围"改良"。换句话说,无论是传统武术改良或理论研究,从本质来看主要是怎样推动经济建设或政治建设的经验总结,都属于现阶段主流社会价值观取向的文化回归。例如,以印度为起源地的瑜伽运动,其自身蕴藏的文化底蕴与精神内核同样会在社会发展的作用下慢慢衰减,最终具备了很多现代价值;妇孺皆知的气功和禅修在目前被广泛应用在养生益智活动与放松身心,并与传统武术习练过程充分融合,但是这些价值仅仅是气功与禅修的多元价值体系中的一些作用较小的组成部分,现在却被赋予多项功能。相似的是,当前我们看到的一枝独秀的竞技武术,与传统武术相比,在动作内容、动作结构、动作布局上都有很大不同,不同之处有攻防技击日益弱化、动作明显优美、动作难度增加,这些不同都反映了竞技武术的"高、难、新、美",表明竞技武术通过这些方式来引发人们的关注和好感。这些例子都证实着如今传统武术和传统武术文化在西方体育价值作用下出现的异变。

(二)中西体育语境下的制约

当今社会,我国民族传统体育发展的同时考虑了传统发展需要和现代发展需要,即不仅遗留了传统文化品质与传统文化形态特征,还加入了很多现代体育内涵,所以解读传统武术时经常陷入尴尬境地。对于传统武术来说,传统武术倡导者在传统文化价值观限制下,主要对传统武术规范和传统武术体系进行深入研究;现代武术倡导者在现代文化价值观作用下,主要通过西方竞技体育模式来分析和表述现代武术发展的重要性。在这两类截然不同的文化理念作用下,武术发展很难不会遇到民族文化自我捍卫和外界文化冲击。深入分析我国传统武术可知,大大小小的项目都受到了不同程度影响。与此同时,在市场经济迅猛发展和中外文化存在巨大差异的时代背景下,传统文化在横向上受中外价值观的限制作用,在纵向上担负着传统和现代造成的张力影响,传统文化思想作用的传统体育体系与西方竞技体育作用的现代体育体系应运而生。

(三)"精深复杂"与"速效简单"的对垒

尽管传统武术已经有数千年发展历史,但在社会转型时期却没有把握好社会发展主旋律,特别是当传统文化遭遇西方文化侵蚀后,慢慢丢掉了始终肩负镇守责任的阵地,最终使得传统武术慢慢沦丧了原本拥有的优秀文化。在我国武术陆续实行简化的运动发展模式后,本来拥有深厚文化内涵的武术慢慢变成了机械性肢体运动,文化特征鲜明的武术在体育化趋势下逐渐演变成了运动项目。文化内涵沦丧问题正在慢慢成为传统武术和传统武术文化众多发展问题的诱因,并且越来越严重。

对于日趋严重的文化争夺问题和文化流失问题,我们应当进行深入思考。我们需要从非物质文化遗产的角度出发,向陷入尴尬境地的传统武术和传统武术文化找回曾经拥有的尊严和厚重,在当前多维时空语境下为传统武术构建出平等对话西方文化的平台。同时,改革开放后外来文化持续传入,同时还通过特殊形式吸引着广大国人。面对跆拳道、空手道等项目放言进军中国市场的顾虑,以上过去只是中国武术一部分的韩国武技和日本武技在全世界快速发展,传统武术项目进军奥运会阻力较大,传统武术发展速度缓慢的处境,要求每个国人对其进行深度思考,思考在传统和现代之间以及中西文化激烈竞争的环境中传统武术和传统武术文化的发展前景。

近百年来,传统武术和传统武术文化先后经历了前所未有的革新与冲击,伴随着时间推移产生了传统武术和竞技武术彼此对立、并行发展的发展局面。近些年来,传统武术始终遭受着国内外竞技武术的两面挤压,一直陷在进退两难的旋涡。

在当今社会,传统武术在人们心中的闪光点还停留在武侠小说和武侠剧上。然而,当广大群众开始学习传统武术时,无法深刻感受传统武术和其他搏击项目存在的突出不同点,不存在人们印象中的神奇,和神话传说以及自我想象存在巨大不同,包括蜻蜓点水在内的传统武术都属于武侠剧对传统武术的艺术夸张。过去,有人远赴名山大川和传统武术圣地,想要向武超人讨教,但他们往往只能看待相关历史遗迹,却难以寻找出武侠小说中的精通传统武术的侠士,武侠剧和武侠小说中的奇人怪功根本无法找到。由此,人们在传统武术方面产生了巨大心理落差,对传统武术的失望也逐渐产生。与此同时,完全掌握传统武术功法体系的难度较大,仅拳种下的功力练习就多达数百种,习练传统武术不但要求投入时间长,而且传统武术技击效果正在为了更好地适应环境而不断消除。此外,在当今经济发展迅猛的时空语境下,人们的生活节奏不断加快,为了有效缓解心灵困顿和精神困顿,人们对速效简单健身的需求不断增加,于是人们日常生活中速效简单的体育运动越来越多。

(四)难以自圆其说的尴尬

经历了一百多年的发展与异化,不仅形成了传统武术在我国传统文化思想作用下的传统武术体系,同时还形成了西方竞技体育作用下的现代武术体系。在长期社会实践中逐渐形成的传统武术,主要偏重实用技击,套路往往具备简单、花样少、实用性强的特点,所用器械比竞技武术更加笨重。从严格意义上讲,现代武术就是现代竞技武术,就是套路和对抗分离且独立,一方削弱了攻防技击的比例,突出艺术表现效果;一方只练习规则限定以内的搏斗,其属于东方文化和西方文化相互结合形成的武术。当今,武术同时存在新发展需求和旧发展需求,即不仅要使传统武术具备的品质与形态特征得以保留,同时还要适当加入一部分现代体育内涵。由此可知,发展传统武术和传统武术文化时陷入尴尬处境是在所难免的。

发展到今天,中国武术运动已经和传统武术存在很多不同点,其内在的传统思想内涵现代文化对其蕴含的传统思想内涵的削弱作用越来越大。将继承传统武术当成出发点,我们确确实实已经远离传统武术对广大群众的角色希望。相关研究指出,尽管传统武术是经过几千年发展且拥有生命力的文化形态,但在外来文化的强烈冲击下已经产生了崭新文化形态。传统武术精粹代表已经不是体育化和竞技化鲜明的武术,由于传统武术西方化趋势越来越明显,导致竞技武术彻底遵循体操的模式不断发展。以文化传承作为出发点,定量化竞技武术完全没有传承问题,经过历史延续且固有的武术传统才要传承,需要寻找适合生存的环境。因此,两类文化理念下的武术发展让传统武术和传统武术文化在经受西方文化作用与民族文化捍卫过程中,逐渐发展成文化发展双重性格,教育过程和发展过程中难免遇到难以自圆其说的尴尬。

第三节　传统武术教育中的文化传承

一、进行武术文化传承的迫切性

（一）完善武术教育的需求

学者余秋雨曾经指出，只有大空间才能承载大文明，如果相应空间缩小，则之前的大文明也会随之变小，倘若没有在大小上发生变化，则可能被撞碎或被放逐。在武术形成与发展历程中，其文化内涵本身应当是集不同文化于一体的集合体，武术技术存在仅仅是其外在体现，而技术之外的文化才是中国武术核心内容。但是，发展时间超过百年的中国武术教育，不但是侧重技术的中国武术教育，而且是侧重体育形态的中国武术价值。在中国武术教育发展过程中，不仅忽视了武术的文化内涵，也忽视了武术教育的文化价值，还忽视了在中国本土文化长期作用下武术扮演身体文化教育出现的各类问题。将武术教育投放在西方体育教育内加以实施，不仅会让武术教育的本土特征丢失掉，同时寄靠在西方体育教育中武术教育还会出现作茧自缚的问题，最终在武术教育实施过程中套用越来越多的西方体育教育机制。武术教育最终仅仅充当多个体育项目中的一种，将武术教育外在的身体锻炼属性发挥得淋漓尽致，但彻底舍弃了武术内在的文化属性和教育属性。

在现阶段，武术教育仅仅是由外在技术教学发挥支撑作用的空架子，其核心内容不断减少。在持不同观点的教育思想和文化意识不断涌现、彼此竞争、彼此融合、彼此排挤的持续变化的环境中，优势、特色、核心思想、核心内容均十分匮乏的中国武术教育必然会逐渐演变成其他文化和思想教育的附属品，或者伴随着时间推移慢慢消失。

学者邱丕相曾经指出，不仅要对武术内涵的民族精神进行深层次剖析，还要充分发挥武术教育在弘扬民族精神与培育民族精神的过程中的有利影响，即武术本来就应承担的历史责任。将自身眼光置于文化战略高度之上，全面理解现阶段发展武术的价值定位，将武术当成发扬民族精神的一种文化资源，实现思想道德建设的教育资源与各种途径，同样是武术教育重点发展的地方。

当前时代背景是有效传承民族文化、大力弘扬民族精神，在教育中将传承武术文化置于重要位置,能够从根本上弥补当前武术教育中存在的各种文化教育问题。武术技能教学并非涵盖武术教育的全部内容,武术教育的绝大部分内容是武术技能背后所包含的文化因素。武术文化教育不仅在武术教育内容中发挥着不可替代作用,同时还拥有核心位置。

(二)传承传播民族文化的需要

在纪录片《大国崛起》中,曾经指出物质的与精神的是一个大国一定要拥有的两方面内容。对于一个国家与全民族存在和崛起的因素来说,文化是关键性因素。科学家许嘉璐曾经指出,评判我国是否强大的标准并非是核弹、GDP、楼高、广场大小,而是我国是否拥有最无缺、最引人注目的文化。

我国作为四大文明古国之一,拥有长达五千年的历史文明,在五千年中不但产生了丰富多彩、影响力深远的文化,同时在经历数千年历史积淀后产生了数不胜数的文化遗产。这些文化遗产不仅是我国经久不衰的重要原因,还是我国长期战胜各国入侵的强大后盾。从 20 世纪开始,伴随着经济全球化时代的到来,世界各民族文化的碰撞越来越频繁,在中西文化中的主导地位越来越明显,侵蚀世界其他民族传统文化的现象时有发生。发展到21 世纪,文化出现了多元和趋同为一体、独立和共识为一体、冲突对立与和谐并存为一体的文化发展图景。这种文化相互交汇、相互融合的发展走向,必然会对世界各民族的文化继承与文化发展产生巨大作用。

在世界经济全球化和文化多元竞争的情况下,每个人都应当意识到:文化流失属于现阶段世界各国普遍需要解决的难题。尽管我国文化遗产丰富,但是并未在文化竞争过程中抢占主动位置。在外来文化侵蚀作用有增无减的情况下,遗弃本民族文化的行为导致很多文化遗产处在消亡的边缘。乔晓光先生指出,通常拥有一种文化的总人口,是决定这种文化发展状况的因素。我国国民处在很多民族文化逐渐消亡的情况下而不自知,外来文化对我国青少年群体的侵蚀作用越来越大,青少年对外来节日和我国传统节日一冷一热,端午节和重阳节等中国传统节日被戴上乏味无趣的帽子;城市中不同规模的跆拳道馆越来越多,技击性特征明显且文化底蕴深厚的武术备受冷落。伴随着我国国民淡化民族文化时间的不断延长,必将出现民族文化濒危、民族精神沦丧、民族危机和国家危机出现的情况。余秋雨先生指出,绝大多数国家都意识到我国社会经济的快速发展,但同时也察觉到我国文化存在巨大危机,在社会经济与精神文化的发展过程中出现了巨大失衡。即便拥有巨大经济体,如果民族文化和民族精神内涵严重匮乏,也依然会发展成其他经济体的附庸。由此可知,我国国民必须将更多注意力和更多行为投入到传承传播民族文化方面以及弘扬民族精神方面。

　　武术不仅是我国传统文化宝库中的珍贵产物,还是东方文化中的耀眼明珠,也是内容充实、形式多变、内涵深厚、集不同社会功能与独立体系的传统运动项目。受中华民族传统文化长期滋养的武术,在产生、发展、内容、形式、形成过程中等方面都带有难以磨灭的传统文化印记。对于在原始社会起源的武术来说,在萌芽阶段和文化有着千丝万缕的联系。为提高生活水平和有效抵御外界伤害,原始人积极练就强健体魄和坚定意志,不仅创造出了各式各样的器械,还逐渐形成了较高水平的格斗技艺和勇敢性格。在条件极差的环境中,创造出了不同类型的器械并且逐步形成了原始人勇敢无畏的性格与技艺,与武术萌芽产生了千丝万缕的联系。发展至先秦与汉唐,我国武术先后经历了安宁的秦汉时期、战争频发的两晋南北朝时期、欣欣向荣的隋唐五代时期的各种各样的社会发展环境。在这段历史时期,武术不仅形成了自成体系的武术形式,同时武术意识也由此产生。在该阶段,武术不仅实现了形式独立,同时还从单方面的军事功能逐渐分化出了"角力""手搏""击剑""刺枪"等集竞技功能和娱乐功能为一体的活动,另外武术健身功能应运而生。对于武术的健身功能,《吕氏春秋》《汉书·艺文志》、南宋华岳《翠微北征录》均进行了详细记载,这些资料充分证明了人们已经意识到武术具有健身价值,出现了采用"舞"的运动形式来活动筋骨关节、调整气息、抵御疾病的现象。两晋到隋唐时期,武术意识日趋成熟,人们开始用简单口诀来总结技击要点,最终推动了武术文化的形成进程。发展到隋唐时期,武术运动的生命力越来越旺盛,"十八般武艺"的说法在民间产生,各种武术套路和武术流派越来越多,广大百姓开始尝试理解与运用武术的功能与价值,并且越来越成熟。在武术发展和演变的过程中,习俗因素、环境因素、感情因素都发挥了重要作用,武术文化在中国传统文化的土壤中逐渐萌芽、发展、成熟,同时还和我国各民族文化存在着密切联系,是中华民族传统文化历史的一面镜子。

　　在全球文化相互竞争、相互融合的历史背景下,尽管我国拥有五千年未曾间断的文明史,但是民族文化在世界各民族文化竞争的过程中并未占据主动地位,相反持续遭受着外来文化的蚕食和融合,自身特色持续减少。当前,我国青少年乐于接受西方文化带来的刺激感,盲目崇拜西方文化,用不正确视角来对比中华民族文化和西方文化,最后有积极作用的民族传统文化被越来越多人所丢弃。中华民族文化在历经数千年的洗礼和沉淀后,在新时期世界不同文化不断碰撞的情况下依旧稳稳站立着,但每个中华儿女主动传承、发展、创新中华民族传统文化是不可不做的事情。传统武术不仅和民族各种文化存在着密切关系,同时还是民族传统文化的缩影,所以其有义务担负起传播民族文化、传承民族文化的重担。

(三)学生全面发展的需要

人的全面发展不但指体力与智力的充分发展,而且指德、智、体、美的协调发展,与畸形发展和片面发展是对立关系。19世纪,马克思与恩格斯在对先辈思想进行主动继承与发展的情况下,首先对人的全面发展进行了科学的历史分析,他们提出密切融合教育和生产劳动是培养全面发展人才的唯一途径。在现阶段,我国大力提倡"素质教育",多方位贯彻党的教育方针,将提升国民素质作为根本宗旨,将重点定位成发展学生创新意识与实践能力,使得培养出的人才是德、智、体、美全面发展的人才,能为社会主义建设做出应有的贡献。如今,高度关注学生全面发展的人不断增加,学生不仅是我国各领域建设的后备人才,同时还是中华民族的希望。学生全面发展的实际情况,对我国今后社会主义现代化建设将产生直接性影响,将对中国崛起、各种历史任务的完成、我国在国际社会中的竞争力产生巨大作用。由此可知,培育全面发展的学生,对当今社会有深远影响。

在现阶段,未能达到人格健全发展的学生数量有所增加,同时伴随着我国高等教育事业的长期发展,高等教育逐渐从"精英式"教育转变成"大众式"教育。伴随着高等教育普及范围的不断拓宽,国民整体素质出现了大幅度提升,但大学生教育质量却呈现出了下滑的走向。集体荣誉感不足、社会责任感欠缺、团队合作意识较弱、个人主义倾向显著、功利思想深重、无法践行实事求是原则等问题陆续出现在大学生身上。很多迹象都表明,在实现学生全面发展的过程中产生了很多种教育问题,并且达到了影响学生未来发展的程度。针对这些问题,我们绝对不能对此采用视而不见的态度,而应当主动探究解决各种问题的方法。

在中华民族传统文化土壤中滋养出的武术,不但属于中国传统文化的产物,同时还受古代哲学、传统美学、中医养生、伦理道德、宗教民俗、艺术表演等因素的作用,最终产生了内外兼修、术道并重的显著特征。武术家于海先生曾经指出,传统武术文化发展时间久远,在数千年的沉淀中,已经化身成中国传统文化的构成部分之一,具体包括技击理论、人生哲理等,参与武术运动能够达到修身养性的目标,能够让人慢慢体悟到"万物可学"的道理。发展到现在,武术作为中华民族传统文化的一个组成部分,已经同时兼备健身功能、竞技功能、娱乐功能、军事功能等,不但能使参与者提高身体素质、疏解内心压力,其拥有的深厚文化成分也能发挥修身养性、完善思想道德的教育功效。

第一,武术在学生思想品德方面的作用。当前,人才竞争的激烈程度有增无减,不但反映在专业技术和专业知识两方面,而且还反映在思想道德完善程度方面。学生属于数量最多的人才后备资源,在教育中德育工作自始至终都属于重点工作。分析我国教育方针可以发现,在教育改革中始终将学生道德教育置于首要位置。武德不仅充当着武术文化的核心内容,同时还时刻强调尚武崇德精神和坚定不移精神。绝大多数人都认为,武德就是参与武术活动的个人,在不同类型的社会活动中必须认真遵守已经形成的道德规范和应当具备的道德品质,也可以叫其为武术道德,通过外界要求来追求内在精神境界。春秋时期,《左传宣公十二年》中就对武德进行了详细表述。在时代快速变迁的现在,武德内容同样需要快速完善,只有这样才能更好地适应时代发展需求。在以往的很长一段时间内,武德信条主要是指孝悌正义、助人为乐、屈己待人等内容。发展到现在,在大力传播和传承传统武德精华的情况下,在有机结合现实社会需求的情况下,武德被赋予了多重含义。首先,具备深厚民族自豪感,能够自觉维护中华民族尊严,尽全力保障国家利益和人民利益不受到损害;其次,具备见义勇为意识,能够和社会不正之风做斗争;再次,具备宽广的心胸,具备善良的仁爱之心,没有做过欺压弱小以会武伤人的行为,主动帮助需要帮助的人;最后,懂得礼义廉耻、尊师重道、尊重和爱护老人与小孩,耐心探究先辈们遗留下来的著作和经验,并且坚持不懈地完成自我学习和自我完善,自始至终都保持住自身本来状态。对于不断发展的武德内涵来说,不但要和社会道德实施情况、传承爱国精神需求相吻合,而且要和营造和谐社会相吻合。将武术教育、武德教育、思想道德教育充分融合在一起,通过具备积极影响的文化内涵来促使学生在潜移默化中形成正确的人生观和价值观。例如,"先德后艺、厚德载物"和"刚健有为、自强不息",对学生的积极意义分别体现在提升学生个人品质、培育学生正确人生观两方面。这些传承武术道德精华且日益充实的武德内容,不仅有助于完善学生的思想道德水平,也有助于使学生和社会实现统一,还有助于增加弘扬民族精神与培育民族精神的最终效果。

第二,武术在学生身心素质方面作用。健康身体是学生学习和未来发展最坚实的后盾。在现阶段,学生学习任务越来越重,在学生身体素质方面的要求越来越高,但伴随着学生使用手机等科技产品越来越频繁,学生的惰性不断增加,身体素质出现了明显下滑。如果学生丧失健康身体这一基础,所有的发展将无法继续。武术和中医存在着密不可分的关系,传统练功理论生理学依据就主要包括中医领域的阴阳五行、经络学说等基础性理论。在中医理论中,"精、气、神"被称之为人的身体中的三宝,同时还指出这三者具有密切联系,清代医家林佩琴认为经过长年累月的科学武术练习有助于实现人体身心健康发展。不管是丰富多彩的武术运动形式,还是风格迥异的拳法和腿法,都要求学生拥有良好的身体力量和爆发力,同时在武术练习过程中关节活动范围比较大,有助于有效提升各个关节的柔韧性。与此同时,"手到眼到""手眼相随""步随身行,身到步到"等也是武术运动对运动者的具体要求,即学生必须具备良好的身体协调性。在武术训练过程中,人体所有部位几乎都需要运动,所以武术运动能够让学生身体和心理得到同步锻炼。在经过持续不断的武术习练后,能够使学生各方面身体素质得到有效强化,能够使学生的速度素质、力量素质、耐力素质、灵敏素质、协调素质等出现质的提升,最终达到强身健体、调整气息、祛除疾病的目的。与此同时,学生习练武术的过程也是接受意志考验的过程。在武术谚语中,"冬练三九、夏练三伏"的说法被很多人所熟知,其能够促使学生逐步形成坚不可摧的意志品质;在学生反复习练武术各种基本功、套路、散打组合的过程中,需要学生主动战胜枯燥乏味的机械动作,由此能使学生慢慢形成刻苦练习、不断提升自我的良好品质。总而言之,在习练武术的过程中,有助于学生形成刻苦、勤奋、无畏、积极进取的良好性格与道德品质。

二、武术教育中武术文化传承存在问题

对文化发展发挥作用是教育最为深远的功能,教育不但充当着传递文化的重要途径,同时还要使文化延续需求与文化更新需求得到满足。教育对传统武术文化的意义体现在两个方面:一方面,教育是延续武术文化与更新武术文化不可或缺的条件;另一方面,教育是发展武术文化过程中不可或缺的　个组成部分。由此可知,武术教育不但是传播传统武术文化、传承传统武术文化的过程,同时还能在该过程中紧密联系时代需求做出相应的创新和发展。

分析武术教育可知,学校自始至终都是传承武术文化、发展武术文化、普及武术文化的关键性阵地。在古代教育中,武术就以教学内容的形式出现,在不同历史时期武术教育积极顺应社会需求,主动对其教育目标、教育内容、教育形式做出合理改变。在夏、商、周时期,校、序、庠、原始学校制度已经出现。特别是在西周,出现了将礼设定成中心、将武设定成内容、集文和武于一体的国学和乡学的两种学校教育类型。从唐朝设立的武举制,一直存在到清朝,这不仅开创了以武取士的先河,同时还对习武内容和习武标准进行全面规范,促使国民习武的主动性得到了大幅度提升,对发展武术教育事业做出了巨大贡献。

发展到近代,学校武术吸引了越来越多人的注意力,这些人努力通过各种方式来扩大学校武术的普及范围,将武术作为一种民族传统体育,进而使

我国各民族人民的民族精神和爱国精神得到充分激发。从古至今,学校武术教育在促进武术发展、增加武术内容、传播传统武术文化、传承传统武术文化这四个方面做出了重要贡献,如此才产生了这么多丰富多样、具有深厚文化内涵的武术内容。当前,各界人士并未充分发挥武术教育的各项功能,同时武术在传承民族传统文化、培育民族精神方面也没有产生应有的作用。

尽管社会各界努力发展国学,但并未获得预期成效。武术作为发展时间长、民族文化底蕴深厚、中华民族别具一格的传统运动项目,其形成过程和发展过程都紧跟中华文化发展进程,并且还属于民族文化的典型内容。故而,武术必须主动发挥传承文化和传播文化的载体作用,然而武术并没有真正发挥好这些作用,相反学校武术教育中的武术文化传承板块问题频出。因此,针对学校武术教育出现的问题,在学校武术教育发展的关键期,有必要对武术教育中传统武术文化传承问题进行深入剖析。

(一)武术教育中竞技武术"一枝独秀"

从近代开始,在西方列强入侵我国以及西方学术思想大量传入我国的情况下,西方体育思想同样以较快速度传到我国,并且在我国获得了巨大发展,由此我国迈入了西方的身体教育道路。从现在来看,学校身体文化教育已经基本上被西方身体文化彻底垄断。传统民族文化不但在教育教学理念形成过程中的作用越来越小,而且在选择教育教学内容方面发挥的作用也越来越小。和教育充分融合的武术,同时还在外来因素的作用下慢慢出现了异化。在现代武术异化方面,已经有很多学者展开了深度剖析。

伴随着竞技武术的快速发展,现代武术对新、高、美、难提出了越来越高的要求,对所用套路反复修改,套路的技击有效性特征被不断削弱,某些情况不及京剧演员。分析武术的现代化发展可知,其往往带给人们一种病态感觉,人们对武术的概念和习练原因越来越模糊。长此以往,武术参与者数量不断递减,武术慢慢变成为达到特定利益和目的的一种途径,在不同利益与目的的长期作用下,竞技武术在现代武术发展过程中应运而生。无论立足于教育角度,还是立足于武术发展变化的教育,武术教育中竞技武术的产生都存在很大的必然性。但需要说明的是,倘若武术教育内容只包括竞技武术一种,最终一定会出现学校武术教育中武术文化传承断裂的结果。

(二)师资能力满足不了学校教育武术文化传承的需要

古往今来,学校一直是武术生存、传承、发展的重要场地,也是创新传统武术文化传承过程、充分贴近时代特征的重要基地,要想促进武术文化、相关技能传递,必须配备专业水平高的教师。

当前,因为学校武术教育过程中急缺可以完成各项任务的武术教师,最终对传承传统武术文化形成了巨大的阻碍。针对优秀武术教师短缺的问题,必须从多个视角来剖析培养武术教师的源头。就现阶段而言,武术教师常见来源是体育高校和高校体育学院内的体育教育专业武术专选学生和民族传统体育专业学生。对我国体育教育专业武术专选学生加以剖析后发现,他们通常是由体育加试以及高考普招被招进大学,他们的通病是文化基础牢固、武术基础比较差,另外通常他们在大学未能接受专业武术训练。在专项学习课相对有限的情况下,使得很多学生无法完成各项教学任务。另外,因为具体课时比较少,学校和教师开始无限压缩专项理论知识教学的时间,即使学生具备较强的文化接受能力,但依旧无法掌握系统性的理论知识。最终,众多因素导致体育教育专选学生不可以全方位、系统性地学习与武术有关的理论和技能。对民族传统体育专业学生进行调查后发现,他们被录取的途径是专业技能考试与文化课考试。民族传统体育专业学生往往从小就在不同类型的武校习练武术,接受的武术训练通常具备显著的系统性特征和专业性特征,所以这类学生往往在专业技术方面表现突出,但因为当前绝大部分武校将提高学生技能作为关键性教学任务,没有对文化课教育予以应有的重视,最终使得学生出现武术技能水平高、文化水平低的问题。在重技术、轻文化的招生模式的制约下,使得民族传统体育专业出现了恶性循环问题。另外,民族传统体育专业在课程设置以及教育策略两方面也有比较严重的问题,具体有竞技运动和技能教学为重要内容,课程设置涉及范围狭窄,人文氛围相对单薄,学生专业水平不高、灵活能力低、知识面较小、文化基础不扎实等。此外,武术专业教育的重要内容是"现代武术"和"竞技武术",最终使得学生各项水平差异较小,众多学校的各项情况差异较小。在长期作用下,该人才培养模式导致民族传统体育专业学生的整体水平不高。无论是体育教育专业武术专选学生,还是民族传统体育专业学生,在培养过程中都存在很多问题,"理论匮乏不能教"的学生、"能教而缺乏理论"的学生由此产生。深入分析这两类今后直接传承传统武术文化的学生,可以发现在武术教育中传承传统武术文化的难度很大。

(三)多元化文化选择的现实削减了武术文化传承主体——习武人数

乔晓光先生曾指出,拥有一种文化的总人数是决定该文化兴衰的重要因素。但是,在当前文化多元化发展与文化多元化选择的影响下,传统武术文化传承过程中习武人数锐减的问题越来越突出,这反映出传统武术文化的流失趋向和衰落趋向越来越明显。从传统武术文化自身发展来展开分析,当前竞技武术独大的问题越来越突出,中国武术拥有的多元文化魅力正在被不断侵蚀。从外来文化环境的角度进行分析,中国文化市场开放和西方文化传入都对我国不同类型的传统文化形成了强大的冲击力。伴随着广大国民世界观、价值观、人生观的巨大改变,越来越多的人开始把紧跟西方文化当成了一种时尚,跆拳道、空手道、瑜伽等受得越来越多人的喜爱,同时这些项目盛行于我国绝大部分学校且颇受学生欢迎,喜爱武术、习练武术的人却越来越少,最终表现出了边缘化发展走向,习练武术的人数出现了直线下滑。

(四)教育中武术文化核心层面的忽视导致认识的偏差

在学校武术教育过程中,套路已经发展成了核心内容,内容单一成为一项突出问题。套路教学和套路演练是教师指导学生学习的主要内容,使得学生无法对武术技击性形成深刻认识。与此同时,在简单易学的外来武术的冲击下,广大群众开始盲目对比中国武术和外来武术,最终对中国武术的兴趣逐年下降,传统武术文化也随之成为"空中楼阁"。然而,武术具备内涵最为深厚的地方是其在我国传统文化氛围中逐渐形成、逐渐发展而来的,同时武术中还渗透着我国传统哲学、伦理学、美学、兵法学等传统文化内容和传统文化思想,最终产生了集文和武于一体的独特文化形态,即传统武术文化。但值得注意的是,各个学校的武术教育中很少安排武术核心文化的教育。与此同时,随着武术文化教学教材不足、专业武术教师短缺、武术教育只传授技术不传授理论知识等问题的出现,人们难以深切体会到中国武术内在的文化内涵,很多人都将传统武术文化视作看不见摸不着的"幻影"。

三、武术教育中的武术文化传承策略

传统武术文化是在中华民族文化长达数千年的滋养后逐渐形成的,传统武术文化已经经过了数千年的传承,如今怎样在武术教育中继续被发展性和创新性地传承下去,是一个不得不思考的问题。面对世界不同文化竞争日益激烈的大环境,要想掌握主动权,传统武术文化必须主动承担起传播民族文化、传承民族文化的重任,而不是在竞争中被动地走向消逝。要想掌握主动权,必须激励所有武术人和武术爱好者长期付出,尽全力探索出与时代需求、时代发展相适应的途径。

(一)正确认知与定位武术

纵观武术从产生到当前的整个发展历程,其在数千年的发展历程中从来没有出现过断裂,原因在于中国武术主动以时代变化和环境变化为依据进行适应性发展,武术内涵、武术作用、武术功能均在不同历史阶段做出了合理调整。在武术的整个发展过程中,从最初的军事功能过渡到体育属性发展,当前已经形成了清晰可见的体育属性,不仅具备发展身心素质的作用,还具备健体防身的作用。不可否认的是,武术属于体育范畴内的中华民族传统体育项目,但我们还需时刻提醒自己的是传统哲学、中医学、伦理学、养生学、兵法学等传统文化思想与观念也渗透在武术中。简而言之,武术在体育范畴内,但又高于体育,中国武术和西方武术存在着很大区别。西方体育从人体解剖学的角度进行分解,严格按照人体运动原理,科学性特征鲜明;中国武术将整体运动观作为出发点,注重"形神兼备""内外合一",将实现心、神、意、气和动作的协调性作为重要目标,对习练者身体健康和心理健康能够发挥更多作用。

另外,武术的定义也在不断变化。1988 年,武术的定义是重要内容是技击动作,常见运动方式是套路和格斗,重点强调内外兼备的中国传统体育项目。2009 年,武术的定义是理论基础是中华文化,基础性内容是技击方法,常见运动形式是套路、格斗以及功法的传统体育。分析武术定义的变化,能够发现广大群众对传统武术内涵越来越重视。我国武术是一项包括很多项内涵的身体语言,可把习武过程看作是习武性格磨砺过程,"体悟"武术的过程就是追求和提升个人人格的过程,武术向人们表达的伦理道德以及相关谚语不仅能启示人们深度思考,还能对习武者灵魂发挥修饰作用。

中国武术不但拥有西方体育的功能,而且还拥有很多体育项目不具备的义化内涵和仅有东方文明才具备的哲理性、艺术性、科学性。在"弘扬中华文化,建设中华民族共有精神家园"这一走向越来越明显的情况下,在社会发展速度不断加快的情况下,严禁将衡量社会进步的指标设定为经济发展快慢,在衡量我国综合国力时,必须将民族传统文化考虑在内。为顺应这种社会需求,不可将武术简单地理解成纯粹的体育项目,在肯定武术体育属性的同时,还需将武术当成跨越体育框架的文化存在。在不断认识武术的过程中,我们应将武术理解成一种文化形态,理解成集多种文化于一体的集合体,武术技术存在仅仅是其外在表现形式,除技术以外的文化才是中国武术的核心内容。只有正确认识武术、正确定位武术,才能保障传统武术文化传承的准确性和有效性。

(二)政策支持,提升武术教育地位

要想更好地发展武术以及传承相关文化必须有国家政策的关注和扶持。在传统武术教育过程中,应当将武术放在合理位置加以传承。2004

年,教育部与中宣部印发的《中小学开展弘扬和培育民族精神教育实施纲要》指出,体育课程中需要将部分武术内容添加进来,要把武术教育视为传承民族精神和完成民族精神教育的具体方式。2016年,在全面贯彻党的十八大和十八届三中、四中、五中全会精神,深入贯彻习近平总书记系列重要讲话精神,全面贯彻执行《全民健身计划(2016—2020年)》《体育发展十三五发展规划》的背景下,国家体育总局武术运动管理中心制定了《中国武术发展五年规划(2016—2020年)》,通过贯彻执行该文件来有效发展传统武术、竞技武术、武术产业三个领域,进一步做好武术教育工作、武术科研工作、武术推广工作。

在世界各国文化竞争和经济竞争并行的环境中,体育课应当适度增添武术方面的内容,将武术教育当成弘扬民族精神教育、培育民族精神教育的实施途径。在全球文化竞争和经济竞争共存的时代背景下,国家应当深入挖掘传统武术在文化传承和教育两方面的作用,而不应遵循西方体育理论进行武术身体练习。武术和民族传统文化相互融合已经有数千年的历史,在很早之前就已经是文化的一个组成部分,而武术教育作为武术文化乃至全民族最行之有效、准确度最高、范围最广的传承平台,国家在制定和传统武术教育相关的政策时,不应将武术教育归纳到体育教育范畴中,正如某些学者所言,应将武术打造成国学教育品牌中的王牌。相关人员应当立足于文化的视角,对武术政策进行全方位审视,进而保障制定出的武术政策具备显著的效果,最终使武术在学校教育中拥有独立于体育的文化地位。

(三)明确武术文化传承内容

保障武术文化在教育中的不断传承,具体要点如下。

第一,一定要有清晰可见且确定不移的传统武术文化内容加以传承。传统武术文化是中华儿女在数千年社会实践中积淀出的一项珍惜文化遗产,是中华民族传统文化的构成部分之一以及别具一格的表现形式。传统武术文化自始至终都在积极传承与发展民族传统文化,在和传统哲学、伦理道德、军事理论、医学理论、民风民情相互渗透、相互联系的情况下,共同构建了五彩缤纷的中国文化整体,这从侧面凸显了中华民族文化的基本特征。在孕育和滋养万物的中国文化土壤上,经历了无数次的分裂和融合,经历数千年的历史沉淀后,已经达到了博大精深、包罗万象的程度。针对传统武术文化,应当在传统武术教育过程中主动向学生传承文化,传承内容既要发挥传承民族文化的功能,也要与学校武术教育要求相吻合,至于传承哪些内容则需要传统武术教师深入研究。由此可知,要想使传统武术文化在传统武术教育中得到有效传承,并且充分发挥传承民族文化的功能,一定要在继承过程中对传统武术文化进行深度挖掘和全方位整理,进而提炼出满足社会发展需求的精华,剔除或革新不适应社会发展需求的陈旧文化内容,充分利用文化课教学方式。在弘扬民族文化和传承民族文化的过程中,在推动学生身心全面发展的思想指导下,积极编著专门针对传统武术文化的教材,防止凌乱无序、没有实际效果的情况发生。一定要让学生感受传统武术的文化精华,严禁出现割裂武术文化、片面理解武术文化的情况发生,通过各种方式激发学生对传统武术文化的兴趣,从而对传承传统武术文化发挥积极作用。

第二,要对不同教育阶段对应的传统武术文化传承内容有清晰认识。教育是层次分明、循序渐进的过程。在开展传统武术文化教育过程中,要密切联系学生在各个年龄阶段的身心发展特点,防止盲目性教学造成学生探索和学习传统武术文化的兴趣出现下滑。例如,针对小学生在情感方面对事物充满期待,但容易受到外界因素干扰,对感兴趣的事情主动性高,对不感兴趣的事情漠不关心;在思维和想象方面对今后满怀期待;在记忆和感知方面,小学生主要以无意识记、具体形象识记、机械识记为主;注意力稳定和持续时间,往往和兴趣存在着密切关系。针对小学生存在的身心发展特点,武术教师在传统武术文化教育过程中,不应当苛求传统武术文化内容的数量与深度,应当选择传统武术常用礼仪和武德作为教授内容,主动利用影像资料和武术名人轶事,进而指导小学生在课上和课下都能运用和重视传统武术礼仪以及武德规范。

(四)注重专业武术教师培养

武术教师在武术教育中具有重要的连接作用,主要体现在三方面:首先,武术教师充当着传统武术知识和学生间的桥梁;其次,武术教师是学生掌握传统武术理论与技能的引导者;最后,武术教师是传播和传承传统武术文化的直接执行者。传统武术广博丰富且深奥精微,不只是简单的身体运动,而是在运动形态这一外在形式包含的促使人们深度思考、净化内心的哲理和精神。武术教师有很多职业要求,只有接受全方位培养的专业武术教师方可高效完成教学任务。要想更好地传承传统武术文化,必须配备专业的武术教师。

要想成为一名专业的武术教师,不但要具备高水平的武术技能,而且要全面掌握武术技能后面的文化内涵,还需密切融合武术技能和武术文化。针对这些要求,在培养武术教师的全过程中,应当将武术技能和武术文化结合在一起,不能将两者分离。倘若武术教师文化教学能力极差,即使武技教学能力再高,也存在内涵不足、浮于表面的问题;倘若武术教师在武技教学能力上比较欠缺,即使文化教学能力再高,也存在掌握过度虚幻的问题。综合分析当前情况可知,武术教师培养在武术技能和武术文化分离方面的问题比较突出。要想有效解决武术教师培养问题,应当做好以下两方面的工作。

一方面,培养准武术教师。准武术教师是指我国众多师范院校和体育院校的体育教育专业武术专项群体;民族传统体育专业武术专项群体;武术馆校整体水平比较高的武术运动员等。经过分析这一群体后得出,通常包括两种情况:第一,师范院校和体育院校的体育教育专业武术专项群体,武术的整体水平相对较低,未能真正掌握各项武术知识,虽然属于师范专业但教学课的实际效果不尽人意;第二,通过对民族传统体育专业武术专项和武术馆综合素质较高的武术运动员群体进行分析得出,他们通常具备很高的武术技能水平,但武术理论基础相对薄弱,掌握了有效的训练方式,但教学课的整体效果无法保障。

针对培养武术教师过程中出现的两个问题,需要遵循区别对待原则。对于师范院校与体育院校的体育教育专业武术专项群体来说,需要在武术技能培养上多下功夫,对武术技能学习时间以及武术技能课时进行适当增加,大力运用插班搭配策略,将武术专项学习与民族传统武术专项学习安排在同一个班级上课,在对武术技能进行传授的过程中保证传授方式的有效性,使得武术技能加好的学习点对点带动;民族传统体育专业武术专项群体与武术综合素质高的武术运动员群体,应当增加武术文化学习时间以及武术理论学习时间,合理调整武术文化考核比重以及武术理论考核比重,使得学生更加主动地学习武术文化与武术理论。除此之外,要适当增加教学方法与训练方法的专门学习时间,进一步增强学生的创新能力;科学有效地组织学生参与学期教学实习,使学生的实践能力得到提升,在实践过程中发现问题并有效解决。

另一方面,培训武术教师。武术教师是指在职的武术教师,长期开展一线武术教学工作,积累了丰富的教学经验,但没有及时更新武术知识,造成武术教学缺乏活力和趣味性,长此以往对传承和发展传统武术文化产生了很多消极影响。针对这种情况,需要强制组织在职武术教师参与定期、定点的培训,促使他们及时掌握武术教学的新内容。

(五)加强宣传,扩大习武人数

要想更好地传承和发展传统武术文化,广泛的群众基础是不可或缺的。对于学校武术教育而言,学生是最为基础的武术学习群体,同时还是今后人数最多的武术群众基础。在传统武术教育过程中,应当尽全力吸引学生成为习武群体的一分子，如此能够使传承和传播武术文化的效果得到大幅度提升。

在传统武术教育过程中，传统武术应当全面展现自身魅力，进而增加关注武术和习练武术的学生数量。在学习过程中，可指导学生参与公开武术教学表演，有效激发学生对传统武术的兴趣；适量增加武术社团数量，从而将传统武术爱好者组织起来，努力为传统武术贡献力量；定期举办武术竞赛，有效强化学生习练传统武术的动力。

总而言之，通过不同形式的武术活动和行为，进一步增强传统武术的宣传力度，将更多学生的注意力转移到传统武术上，努力使传统武术项目成为学生终身习练的项目，为传承和发展传统武术文化提供更有利的氛围。

第四节　传统武术文化的创新发展策略

伴随着我国各民族的不断发展与演变，中国传统武术文化在几千年的发展历程中自始至终都与我国政治、经济、文化紧紧融合在一起，在发展和演变过程中逐渐形成了自身独特属性与本质功能。对于传统武术文化的创新发展策略，本节主要从以下三个方面展开阐析。

一、从实现武术现代化着眼认识传统武术文化的创新

中国武术起源时间比较久远，不仅拥有别具一格的魅力，还拥有强大的生命力。但是，仅在自己文化废墟内的边边角角刨挖是不可取的，要想达到继承与发展中国传统武术文化的目的，还需将研究焦点转移到世界其他国家，在积极借鉴和汲取世界成功经验的基础上，充分认识和发展自身。要认识到现阶段的武术已经被纳入国内体育运动领域与国外体育运动领域，在很久之前就已经跨出了娱乐的范畴，已经发展成了国际竞技体育项目之一，故而继续使用旧观念看待武术是不可取的。

不但要认识到传统武术具备自娱、娱他两方面性质，而且还要认识到传统武术具备现代竞技体育价值。不难发现，全国武术锦标赛的武术比赛、全运会的武术比赛、亚运会的武术比赛、东南亚运动会的武术比赛、世界锦标赛的武术比赛均采用现代体育规范。在现阶段，武术已经从古代不同类型的"花会"形式，彻底转变成了国际体育运动的一个崭新项目。由此可知，从实现武术现代化角度来认识传统武术文化创新具有很大的必要性。

由这点展开深入分析，对于世界各国不同搏击技术的发展理论以及不

断更新的训练管理经验,中国武术应当主动汲取成功经验和可实施性措施。如此才能从根本上革新我国武术管理方法中没有与时俱进的内容,最终在武术方面采用具备科学性和严谨性的态度。除此之外,在对外国先进经验进行学习的过程中,对于海外中国武术要保持取其精华去其糟粕的态度,对已经借鉴外域文化特征的中国武术应当投入足够的注意力,自发达到取长补短的要求。

二、从发扬民族特点着眼认识传统武术文化的创新

在我国众多优秀民族传统文化中,传统武术文化是一个不可或缺的组成部分。对于武术的练习与传授来说,主动继承与发扬传统武术中华民族遗产的精华与核心内容都是必须做的工作。因为数千年来武术在我国不断发展、不断演变,所以武术本身渗透着鲜明的民族特色,因此人类性价值是武术文化众多价值中的一种,不仅具备鲜明的稳定性,同时还包含了传统文化的精华内容与核心内容。在武术的众多思想中,内外兼修思想与术道并重思想给西方文化生活带来了巨大震动。

现阶段西方现代物质文化生活发展速度不断加快,现代科学理论研究出现了很多困难,在人情日益冷漠的情况下,迫使西方国家开始将注意力转移到我国传统武术文化上。西方国家相关人员想要在中国传统武术文化中找到一些行之有效的答案,最少也要找出部分有积极影响的启示,从而使由于征服导致的自然报复得到有效解决,由此使陈旧逻辑思维无法处理的自然冲突得到根本性缓解,同时充分融化西方国家人情冷漠的问题。

当前,我们必须清晰认识到,中国武术属于传统文化表现形式之一,在数千年的发展与演变过程中,民族风格、民族习惯、民族心理、民族情感、民族思维、欣赏方法已经全部渗透在其中。立足于某种角度,武术属于我国文化的缩影之一。武术比赛属于通过特定民族文化形式开展的国际比赛与国际交流,其是国际体育竞技形式中的一种,依旧带有显而易见的民族风格,表现出了和西方体育文化存在巨大不同的文化特征,拥有稳固的历史延续性。

三、从弘扬传统文化着眼认识传统武术文化的创新

中国武术运动在技术方面自成体系、个性鲜明,武术技术不但丰富多样,而且学之不尽,原因在于武术受到了中国传统文化的常年滋养与渗透。武术不仅拥有博大精深、精彩有趣的技术,还拥有极为深厚的内涵。对于绝

大多数外国习武者来说,他们学习中国武术不仅为了达到强身健体、防止外界对自身造成伤害的目的,同时也是为了全面深入地了解中国文化。

因此,在继承与发展传统武术文化的问题上,必须将弘扬传统文化摆在重要位置。例如,古代习武者往往会将修炼自身文化摆在首要位置,将修身作为关键任务,修身主要包括健身、道性感悟、品德修炼三方面的内容。在训练过程中,密切联系具体时辰和季节变化,要求"内练精气神""外练手眼身法步",演练方法上要求自己做到"内外兼修",从而实现内外合一、形神兼备的目标。在《少林拳术秘诀》中,同样深入剖析了佛道思想和最高竞技之间的内在联系,直接指出只有在"调其心"的情况下方可达到最高境界,这充分说明了"内"在武术中的关键性地拉。

第五章 传统武术基本技法训练指导

传统武术包含多种套路,而这些套路都是在武术基本技法的基础上进一步发展而来的。因此,要对其他武术套路的技法进行了解和训练,首先要进行传统武术基本技法的训练。本章主要对传统武术的基本功、基本动作以及组合动作的训练进行分析,从而为人们更好地了解并参与到传统武术锻炼中提供科学的依据和指导。

第一节 传统武术基本功

一、肩功训练

通过肩部基本功的训练,能够使关节韧带的柔韧性得到有效增强,肩关节活动的范围也会进一步加大,臂部力量增大,上肢运动的各项能力也会得到有效的提升。

(一)压肩

1. 训练方法

压肩可以单人进行训练(图 5-1),也可以两人配合进行训练(图 5-2)。

图 5-1

图 5-2

2. 训练要求

第一,训练过程中要保证两臂、两腿伸直,逐渐加大振幅,将压点集中于肩部。

第二,要由小到大逐渐增加助力。

(二)绕环

1. 训练方法

1)单臂绕环

成左弓步站立,左手按于左膝上(也可两脚开立,左手叉腰),右臂垂于体侧。右臂由上向后、向下、向前绕环,为向后绕环(图5-3)。

图 5-3

2)双臂绕环

双臂绕环主要有前后绕环(图5-4)、左右绕环、交叉绕环(图5-5)。

图 5-4

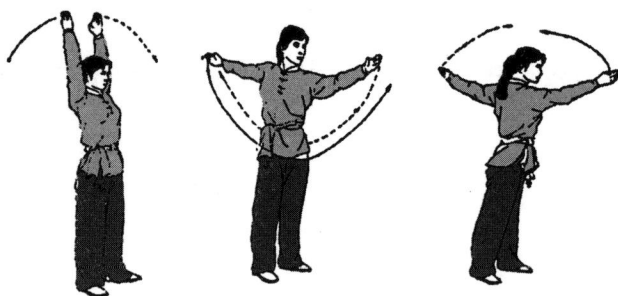

图 5-5

2. 训练要求

训练过程中,要求训练者臂要伸直,肩要放松,划立圆,逐渐加速。

(三)仆步抡拍

1. 训练方法

两脚开立,略宽于肩,两臂垂于体侧。左脚向左迈出一步成左弓步,上体随之左转。同时右臂向左前下方伸出;左掌手心向里,掌指向下,插于右臂肘关节处。上动不停,上体右转成右弓步。同时右臂直臂由左、向上、向右抡臂划弧至右上方,左掌下落至左下方。上动不停,上体右后转。同时右臂直臂向下、向后抡臂划弧至后下方;左臂直臂向上、向前抡臂划弧至右前上方。上动不停,上体左转成右仆步。同时右臂直臂向上、向右、向下抡臂划弧至右腿内侧拍地;左臂向下、向左抡臂划弧停于左上方(图 5-6)。

图 5-6

2. 训练要求

在训练过程中,要贴近耳向上抡臂,贴近腿向下抡臂。在进行右仆步抡拍的训练时,要做到眼随右手;在进行左仆步抡拍训练时,要做到眼随左手。

二、腰功训练

腰位于整个身体的中间位置,是连接下肢与躯干的重要枢纽。身法技巧往往会从腰上得到体现。

(一)前俯腰

1. 训练方法

并步站立,两手手指交叉,直臂上举,手心向上,上体前俯,两手尽量贴地。然后两手松开,抱住两脚跟腱逐渐使胸部贴近腿部,持续一定的时间再起立(图 5-7)。

图 5-7

2. 训练要求

训练过程中要求两腿挺膝伸直,挺胸、塌腰、收髋,并向前折体。

(二)甩腰

1. 训练方法

开步站立,两臂上举。然后以腰、髋关节为轴,上体做前后屈和甩腰动作,两臂也跟着甩动,两腿伸直(图 5-8)。

图 5-8

2. 训练要求

在训练过程中,要求前后甩腰的速度要快,要保证动作紧凑且有弹性。

(三)涮腰

1. 训练方法

两脚开立,略宽于肩,两臂自然下垂。以髋关节为轴,上体前俯,两臂随之向左前下方伸出,然后向前、向右、向后、向左翻转绕环(图5-9)。

图 5-9

2. 训练要求

尽量增大绕环幅度。

3. 训练步骤

(1)上体首先要做好向前、向后、向左、向右侧屈的基本动作,然后在此基础上做涮腰动作。

(2)要保证速度的加快是逐渐进行的,次数的增加也是逐渐进行的。需要注意的是,在涮腰后可下蹲、躬腰休息片刻。

(四)下腰

1.训练方法

两脚开立,与肩同宽,两臂伸直上举。腰向后弯,抬头、挺腰,两手撑地成桥形(图 5-10)。

图 5-10

2.训练要求

训练过程中,要做好挺膝、挺髋、腰向上顶,桥弓要大,脚跟不得离地。

3.训练步骤

(1)先将腰绕环及上体前、后、侧屈等动作做好,然后再进行下腰动作的训练。

(2)下腰时,为了避免不必要损伤的发生,可由同伴托腰保护;下腰后,为了使下腰效果更加显著,同伴可缓缓后推其膝部。

三、腿功训练

腿部基本功的训练,能够使腿部和髋关节的柔韧性、灵活性以及协调性等素质都得到有效的提升。

(一)压腿

1.正压腿

1)训练方法

面对肋木或一定高度的物体,并步站立。左腿提起,脚跟放在肋木上,脚尖勾起,踝关节屈紧,两手扶按膝上。两腿伸直,立腰,收髋,上体前屈,并向前、向下做压振动作(图5-11)。可左右腿交替进行训练。

2)训练要求

(1)要做到直体向前,向下压振。

(2)腿部柔韧性的增加要求逐渐加大训练的幅度。

(3)先以前额、鼻尖触及脚尖,然后过渡到下颏触及脚尖(图5-12)。

图 5-11   图 5-12

3)训练步骤

(1)可以在统一的口令下,有节奏地来进行集体压腿训练,压至有疼痛感觉时可停住不动,进行耗腿练习。

(2)先做好充分的下肢屈伸、摆动等动作,为压腿训练做好准备,把肌肉和关节活动开;压腿后可把被压的腿屈膝抱在胸前,然后松开做"控腿"练习,从而有效提高腿部控制能力。

(3)压腿后可适当做一些踢腿、摆腿方面的动作。

4)训练过程中的错误与纠正

错误一:两腿不直。

纠正方法:首先要强调压腿的意义和重要性,然后要求压腿前的身体姿势要正确,同时,还要强调收胯、正髋两个环节的重要性,也可用手下压膝部。

错误二:上体不正(即收不住髋)。

纠正方法:先做低压腿,被压腿异侧的肩、胸部前俯,双手抱住脚掌。

2. 侧压腿

1)训练方法

侧对肋木或一定高度的物体,右腿支撑,脚尖稍外撇;左腿举起,脚跟搁在肋木上,脚尖勾起,踝关节紧屈。右臂屈肘上举,左掌附于右胸前。两腿伸直,立腰、开髋,上体向左侧压振(图5-13)。可左右腿交替进行训练。

2）训练要求

训练过程中要注意需要逐步过渡到上体侧卧在被压腿上。

3）训练过程中的错误与纠正

错误：上体前侧屈（即处于正、侧压腿之间）。

纠正方法：支撑脚脚尖外展，被压腿尽量向前送髋，向里掖肩，右臂上举并向头后伸展。

3．后压腿

1）训练方法

背对肋木或一定高度的物体，并步站立，两手叉腰或扶一定高度的物体。右腿支撑，左腿举起，脚背搁在肋木上，脚面绷直，上体后屈并做压振动作（图 5-14）。可左右腿交替进行训练。

图 5-13　　　　　　　　图 5-14

2）训练要求

训练过程中要做到两腿挺膝，支撑腿全脚着地，脚趾抓地，同时，还要求挺胸、展髋、腰后屈。

3）训练过程中的错误与纠正

错误：两腿不直。

纠正方法：同伴用手顶其被压腿膝部，另一手下压腰、髋，帮助其把腿伸直。

4．仆步压腿

1）训练方法

两脚左右开立，右腿屈膝全蹲，全脚着地；左腿挺膝伸直，脚尖里扣。然后两手分别抓握两脚外侧，成左仆步；接着右脚蹬地，右腿伸膝，重心左移，左腿屈膝全蹲，转成右仆步（图 5-15）。可左右腿交替进行训练。

图 5-15

2）训练要求

训练过程中要做到挺胸、塌腰，左右移动的速度要缓慢，沉髋，使臀部尽量贴近地面移动。

（二）扳腿

1. 训练方法

扳腿的训练方法主要有三种，即正扳腿（图 5-16）、侧扳腿（图 5-17）、后扳腿（图 5-18）。

图 5-16

图 5-17　　　　　　　　图 5-18

2. 训练要求

在训练过程中要求做到挺胸、塌腰、收髋。

(三)劈腿

1. 训练方法

劈腿的训练方法主要有两种,一种是竖叉(图 5-19),一种是横叉(图 5-20)。

图 5-19

图 5-20

2. 训练要求

训练过程中要做到挺胸、立腰、沉髋、挺膝。

3. 训练步骤

(1)先进行压腿、摆腿和踢腿等的训练再进行劈叉训练。

(2)如果柔韧性较好,可做手不扶地的向下劈腿动作;也可在劈叉时,上体做前俯或后仰的动作。

第二节　传统武术基本动作

一、手型与步型训练

(一)手型

(1)拳:四指并拢卷握,拇指紧扣食指和中指的第二指节(图 5-21)。

(2)掌:四指并拢伸直,拇指弯曲紧扣于虎口处(图 5-22)。

(3)勾:五指第一指节捏拢在一起,屈腕(图 5-23)。

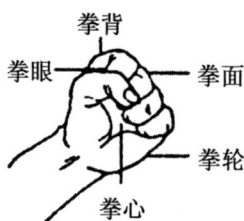

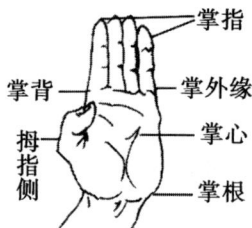

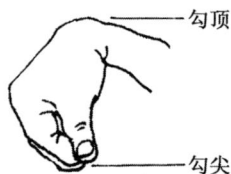

图 5-21   图 5-22   图 5-23

（二）步型

1. 弓步

1）训练方法

左脚向前一大步,脚尖微内扣,左腿屈膝半蹲（大腿接近水平）,膝与脚尖垂直;右腿挺膝伸直,脚尖内扣（斜向前方）,两脚全脚着地。上体正对前方,眼向前平视,两手抱拳于腰间（图 5-24）。

2）训练要求

训练过程中要求做到:前腿弓,后腿绷,挺胸、塌腰、沉髋,前脚同后脚成一直线。

3）训练步骤

第一,逐步延长练习时间,左右弓步可交替练习。

第二,原地保持弓步姿势不动,加做左右冲拳或推掌练习,左右弓步可交替练习。

第三,行进间练习。左弓步冲右拳再上步接做右弓步冲左拳,这样连续进行。

4）训练过程中的错误与纠正

错误一:冲拳时肘外展,使拳从肩前冲出。

纠正方法:对肘贴肋运行,使拳内旋冲出较为注重。

错误二:冲拳无力。

纠正方法:要求做到紧握拳和肩下沉。冲拳时,要求前臂内旋,动作速度快速。

错误三:冲拳过高或太低。

纠正方法:可在练习人前面设一与肩同高的目标（如手掌）,让他向目标冲击。

2. 马步

1）训练方法

两脚平行开立,脚尖正对前方,屈膝半蹲,膝部不超过脚尖,大腿接近水平,全脚着地。身体重心落于两腿之间,两手抱拳于腰间(图 5-25)。

图 5-24　　　　　　　　图 5-25

2）训练要求

训练过程中要保持挺胸、塌腰、脚跟外蹬。

3）训练步骤

(1)训练时间可以逐渐延长。

(2)蹲马步和站立交替进行。

(3)行进间练习,连续上步做马步架打练习。

4）训练过程中的错误与纠正

错误一:脚尖外撇。

纠正方法:可以通过经常站立做里扣脚尖的练习或者两脚跟外蹬加以纠正。

错误二:两脚距离过大或太小。

纠正方法:可以通过量出三脚距离后再下蹲做马步的方法加以纠正。

错误三:弯腰跪膝。

纠正方法:要求下蹲之前要做到挺胸、塌腰,并且膝不得超过脚尖的垂直线;如果做不到,也可以通过手扶一定高度的物体来加以纠正。

3. 虚步

1）训练方法

两脚前后开立,右脚外展 45°,屈膝半蹲;左脚脚跟离地,脚面绷平,脚尖稍内扣,虚点地面,膝微屈,重心落于后腿上。两手叉腰。眼向前平视(图 5-26)。

2）训练要求

训练过程中要求保持挺胸、塌腰、虚实分明。

3)训练步骤

(1)可先放低要求,通过手扶一定高度的物体或先把姿势放高一些进行练习,然后逐渐按规格要求做正确的动作。

(2)练习时间要逐渐延长。

(3)可结合手型、手法练习。

4)训练过程中的错误与纠正

错误一:虚实不清。

纠正方法:前脚先不着地,等支撑腿下蹲后再以脚尖虚点地面成虚步。

错误二:后腿蹲不下去。

纠正方法:可做单腿屈蹲或双腿负重屈蹲等练习,从而使下肢力量得到有效的提高。

4. 仆步

1)训练方法

两脚左右开立,右腿屈膝全蹲,大腿和小腿靠紧,臀部接近小腿,右脚全脚着地,脚尖和膝关节外展;左腿挺直平仆,脚尖里扣,全脚着地。两手抱拳于腰间。眼向左方平视(图 5-27)。

图 5-26　　　　　　　图 5-27

2)训练要求

训练过程中要做到挺胸、塌腰、沉髋。

3)训练步骤

(1)在训练过程中逐渐加入手型、手法。

(2)进行行进间训练。

5. 歇步

1)训练方法

两腿交叉靠拢全蹲,左脚全脚着地,脚尖外展;右脚前脚掌着地,膝部贴近左腿外侧,臀部坐于右腿接近脚跟处。两手抱拳于腰间。眼向左前方平视(图 5-28)。

2)训练要求

在训练过程中要求做到挺胸、塌腰、两腿靠拢并贴紧。

3)训练步骤

可以交替做左右歇步,并逐渐增加手法的部分。

(4)训练过程中的错误与纠正

错误一:动作不稳健。

纠正方法:前脚脚尖充分外展,两腿贴紧。

错误二:两腿贴不紧。

纠正方法:要求做到后腿贴紧前腿外侧,同时,还要进一步加强膝与踝关节柔韧性的练习。

6. 丁步

1)训练方法

并步站立,两腿屈膝半蹲,右脚全脚着地;左脚脚跟掀起,脚尖里扣并虚点地面,脚面绷直,贴于右脚脚弓处,重心落于右腿上。两手叉腰。眼向前平视(图 5-29)。

图 5-28　　　　　　图 5-29

2)训练要求与训练步骤

与虚步基本相同,可参考。

二、手法与步法训练

(一)手法

1. 冲拳

1)训练方法

两脚左右开立,与肩同宽,两拳抱于腰间,肘尖向后,拳心向上。挺胸、收腹、直腰,右拳从腰间向前猛力冲出,转腰、顺肩,在肘关节过腰后,右前臂内旋,力达拳面,臂要伸直,高与肩平;同时左肘向后牵拉(图5-30)。可左右手交替进行训练。

图 5-30

2)训练要求

要求要快速有力地出拳,要有寸劲(即爆发力),做好拧腰、顺肩、急旋前臂的动作。

3)训练步骤

第一,开始做的时候不要太快,不要用全力,要保证动作的准确性,然后再逐步过渡到快速有力。

第二,与各种步型、步法和腿法结合起来做冲拳练习。

4)训练过程中的错误与纠正

错误一:冲拳时肘外展,使拳从肩前冲出。

纠正方法:可以通过肘贴肋运行,使拳内旋冲出的方法加以纠正。

错误二:冲拳无力。

纠正方法:要求紧握拳和肩下沉。冲拳时,前臂要内旋,动作要快速。

错误三:冲拳过高或太低。

纠正方法:可在练习人前面设一与肩同高的目标(如手掌),让他向目标冲击。

2. 架拳

1)训练方法

右拳向下、向左、向上经头前向右上方划弧架起,拳眼向下。眼看左方(图5-31)。可左右手交替进行训练。

图 5-31

2)训练要求

训练过程重要做到松肩,肘微屈,前臂内旋。

3)训练步骤

(1)开始做的时候不要太快,不要用全力,对动作路线有所掌握后,再逐步加力。

(2)与步型、步法和手法结合起来加以训练。

4)训练过程中的错误与纠正

错误:经体侧亮拳,动作路线不对。

纠正方法:同伴对其头部冲拳(给以目标),从而使其对上架动作要领有所体会。

3. 推掌

1)训练方法

右拳变掌,前臂内旋,并以掌根为力点向前猛力推击。推击时要转腰,顺肩,臂要伸直,高与肩平;同时左肘向后牵拉(图 5-32)。可左右手交替进行训练。

图 5-32

2)训练要求

(1)训练过程中要求做到挺胸、收腹、直腰,快速有力地出掌,要有寸劲。

(2)拧腰、顺肩、沉腕、翘掌等动作要保证正确性。

4.亮掌

1)训练方法

右拳变掌,经体侧向右、向上划弧至头部右前上方时,抖腕亮掌,臂成弧形,掌心向上,虎口向左。眼随右手动作转动,亮掌时,注视左方(图5-33)。可左右手交替进行训练。

图 5-33

2)训练要求

训练过程中要做到抖腕、亮掌与转头同时完成。

3)训练步骤

(1)开始练习时,可用信号或语言提示,使抖腕、亮掌与转头配合一致。

(2)结合手法与步型进行练习(如"仆步亮掌"等)。

(二)步法

1.击步

1)训练方法

两脚前后开立,同肩宽。两手叉腰。上体前倾,后脚离地提起,前脚随即蹬地前纵。在空中时,后脚向前碰击前脚。落地时,后脚先落,前脚后落。眼向前平视(图5-34)。

图 5-34

2）训练要求

在训练过程中，要求在跳起空中时，保持上体正直并侧对前方。

3）训练步骤

可与挑掌等手法结合起来进行练习。

2. 垫步

1）训练方法

后脚离地提起，脚掌向前脚处落步；前脚立即以脚掌蹬地向前上跳起，将位置让于后脚，然后再屈膝提腿向前落步。眼向前平视（图 5-35）。

图 5-35

2）训练要求与训练步骤

与击步基本相同，可参考。

3. 弧形步

1）训练方法

两腿略屈，两脚迅速连续向侧前方行步，每步大小略比肩宽，走弧形路线。眼向前平视（图 5-36）。

图 5-36

2）训练要求

挺胸、塌腰，保持半蹲姿势，身体重心要平稳，不要有起伏现象。落地时，由脚跟迅速过渡到全脚掌，并注意转腰。

3）训练步骤

可与"勾手推掌"结合起来进行训练，路线也可进行适当改变，比如改为"S"形。

三、腿法训练

（一）踢腿

1. 正踢腿

1）训练方法

两脚并立，两手立掌或握拳，两臂侧平举。左脚向前上半步，左腿支撑，右脚脚尖勾起向前额处猛踢。两眼向前平视（图 5-37）。可左右交替进行训练。

图 5-37

2）训练要求

训练过程中要做到挺胸、直腰,踢腿时脚尖勾起绷落或勾起勾落。收髋猛收腹,踢腿过腰后加速,要有寸劲。

3）训练步骤

(1)首先要将压腿和摆腿动作练习好,然后进行踢腿练习。

(2)可先进行踢低腿的练习,速度可以适当减慢,然后逐渐再按照规格要求完成练习。

(3)可手扶器械,原地踢一条腿,然后再踢另一条腿。

(4)左右交替的行进间踢腿。

4）训练过程中的错误与纠正

错误一:俯身弯腿。

纠正方法:收下腭、头上顶,要做到直腰,两臂外撑来将胸廓固定好。

错误二:拔跟或送髋。

纠正方法:上步可小一些,上踢时支撑腿挺膝,脚趾抓地。

错误三:踢腿速度缓慢无力。

纠正方法:可用手扶器械,一腿连续按口令要求的速度踢,然后左右交替进行练习。

2. 侧踢腿

1）训练方法

右脚向左上半步,脚尖外展,左脚脚跟稍提起。身体略右转,左臂前伸,右臂后举。随即,左脚脚尖勾紧向左耳侧踢起。同时右臂屈肘上举亮掌,左臂屈肘立掌于右肩前或垂于裆前。眼向前平视(图 5-38)。

图 5-38

2）训练要求

训练过程中要求做到:挺胸、直腰、开髋、侧身、猛收腹。

3. 外摆腿

1）训练方法

右脚向右前方上半步；左脚尖勾紧，向右侧上方踢起，经面前向左侧上方摆动，直腿落在右腿旁。眼向前平视。左掌可在左侧上方击响，也可不做击响（图 5-39）。可左右交替进行训练。

图 5-39

2）训练要求

在训练过程中要求做到挺胸、塌腰、松髋、展髋，外摆幅度要大并成扇形。

3）训练步骤

（1）先将压腿、踢腿等动作练习好，然后再进行外摆腿练习。

（2）原地连续摆一条腿，可按口令要求的速度摆，然后换腿练习。

（3）行进间摆腿，左右交替。

4）训练过程中的错误与纠正

错误：外摆幅度不够。

纠正方法：为了提高髋关节的灵活性，可做抱膝外展髋等练习；或者为了加大外摆的幅度先踢低腿。

4. 里合腿

1）训练方法

右脚向右前方上半步；左脚脚尖勾起里扣并向左上方踢起，经面前向右侧上方直腿摆动，落于右脚外侧。右手掌可在右侧上方迎击左脚掌（击响），也可不做击响动作。眼向前平视（图 5-40）。可左右腿交替进行训练。

图 5-40

2)训练要求

训练过程中要做到挺胸,直腰,松髋、合髋,同时,还要求里合幅度要大并成扇形。

3)训练步骤

与外摆腿基本相同,可参考。

5. 弹腿

1)训练方法

两腿并立,两手叉腰。右腿屈膝提起,大腿与腰平,右脚绷直。提膝接近水平时,要迅速猛力挺膝,向前平踢(弹击),力达脚尖。大腿与小腿成一直线,高与腰平;左腿伸直或微屈支撑。两眼平视(图 5-41)。

图 5-41

2)训练要求

训练过程中要做到挺胸,直腰,脚面绷直,收髋,弹击要有寸劲(即爆发力)。

3)训练步骤

(1)先进行弹低腿的训练,具体来说,就是弹击对方小腿胫骨部位,然后逐渐使高度增加。

（2）与手法结合起来加以练习。

（3）做行进间的弹腿冲拳或弹腿推掌动作。

4）训练过程中的错误与纠正

错误一：屈伸不明显，类似踢摆动作。

纠正方法：要注意通过收髋，屈膝后再弹出来进行纠正。

错误二：力点不明显。

纠正方法：要通过猛挺膝，绷脚面来加以纠正。

6. 侧踹腿

1）训练方法

两腿并立，两手叉腰。两腿左右交叉，右腿在前，稍屈膝。随即，右腿伸直支撑；左腿屈膝提起，左脚里扣，脚跟用力向左侧上方踹出，高与肩平，上体向右侧倾。眼视左侧方（图 5-42）。可左右腿交替进行训练。

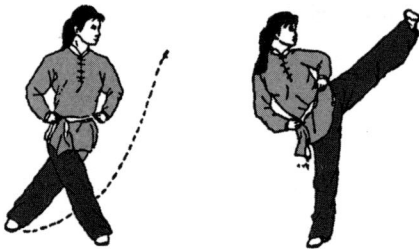

图 5-42

2）训练要求

训练过程中要做到挺膝、开髋、猛踹、脚外侧朝上，力达脚跟。

3）训练步骤

（1）首先要做好侧压腿、侧摆腿等练习，在此基础上做侧踹腿，也可先踹低腿。

（2）为了对上体侧倾动作的要领进行更好的体会，可以手扶一定高度的物体（如树），做侧踹练习。

（3）行进间左右交替做侧踹腿。

4）训练过程中的错误与纠正

错误一：脚尖向上，成侧蹬腿。

纠正方法：可以通过侧踹腿髋关节内旋后再踹出来进行纠正。

错误二：高度不够或收髋。

纠正方法：可以通过多做仆步压腿、侧压腿和横叉等练习；或者用手扶一定高度的物体来练习上体侧倾来加以纠正。

(二)扫腿

1. 前扫腿

1)训练方法

两腿并立,两臂垂于体侧。左脚向右腿后插步。同时两手由下向左、向上、向右弧行摆掌,右臂伸直,高与肩平,成侧立掌;左掌附于右上臂内侧,掌指向上。头部右转,目视右方。上体左后转180°。左臂随体转向左后方平搂至体左侧,稍高于肩;右臂随体转自然平移至体右侧,掌心向前,掌指向右下方。上体继续左转,左脚尖外撇。右掌从后向上、向前屈肘降落;同时左臂屈肘,掌指向上从右臂内侧向上穿出,变横掌架于头部左上方,拇指一侧向下;随即右掌下降并摆向身后变勾手,勾尖向上。在左脚尖外撇的同时,左腿屈膝,左脚跟抬起,以左脚前掌碾地;右腿平仆,脚尖内扣,脚掌着地,直腿向前扫转一周。

2)训练要求

在训练过程中,要做到头部上顶,眼睛随体转平视前方,上体正直。在扫转时,还要注意始终保持右仆步姿势,保持身体重心平衡,右膝不要弯曲。

3)训练步骤

(1)可先做站立扫转动作的训练,左膝稍屈,右脚掌贴地旋转一周,这样就能对旋转时保持身体平衡的动作要领有较好的体会。

(2)在对旋转要领有所掌握之后,再做仆腿前扫的动作。

4)训练过程中的错误与纠正

错误一:左腿屈膝角度不够,扫腿时重心太高。

纠止方法:在扫转起动的同时,要求一定做到左腿迅速全蹲。

错误二:身体重心不稳,左右倾倒。

纠正方法:为了使旋转时身体的稳定性得到有效提高,要求做到头部上顶,眼睛向前平视,上体正直,左掌尽量上撑。

错误三:扫转时,拧腰与扫腿配合得不协调或用力不当,造成上体前后倾倒和扫转动作中断。

纠正方法:要求上体保持正直,旋转起动时以拧腰带动扫腿;左大腿后侧要贴近左脚跟,两腿间形成的右仆步姿势的角度始终不变。

错误四:扫转腿的脚型不正确,使动作不能充分发挥惯性作用,速度慢,扫转不够一周。

纠正方法:仆步后强调右脚尖内扣,向左拧腰,要保证转头与扫腿动作的连贯性与协调性。

2. 后扫腿

1）训练方法

两腿并立，两臂垂于体侧。左脚向前开步，左腿屈膝半蹲；右腿挺膝伸直，成左弓步。同时两掌从两腰侧向前平直推出，掌指向上，小指一侧朝前。眼看两掌尖。左脚尖内扣，左腿屈膝全蹲，成右仆步姿势，同时上体右转并前俯。两掌随体后转在右腿内侧扶地，右手在前，随着两手撑地，上体向右后拧转的惯性力量，以左脚前掌为轴，右脚贴地向后扫转一周（图5-43）。

图 5-43

2）训练要求

训练过程中要做到转体、俯身、撑地用力要连贯紧凑、一气呵成，同时还要注意上下肢动作不要脱节。

3）训练步骤

首先要对拧腰带动扫腿的旋转要领加以体会，将转体、拧腰所造成的惯强力量充分发挥出来，然后，再使后扫腿的速度和力量逐渐增加。

4）训练过程中的错误与纠正

错误一：向右转体拧腰速度慢导致旋转无力和腰腿动作脱节。

纠正方法：要求做到身体直立，左腿支撑，高姿势的快速甩头、拧腰、扫腿动作的练习要多做一些，这对于拧腰、扫腿动作的用力方法和动作快速、连贯的要领的体会是有所帮助的。

错误二：手扶地的位置不对，右手没有插于右膝下方。

纠正方法：要做到上体右转，两掌掌指向右同时扶地。

四、跳跃动作训练

(一)腾空飞脚

1. 训练方法

并步站立。右脚上步，左腿向前、向上摆踢，右脚蹬地跃起，身体腾空。

两臂由下向前、向头上摆起,右手背迎击左掌心。在空中,右腿向前上方弹踢,脚面绷直,右手迎击右脚面;同时左腿屈膝,左脚收控于右腿侧,脚面绷直,脚尖向下。左手在击响的同时摆至左侧方变勾手,勾尖向下,略高于肩。上体微前倾。两眼平视前方(图5-44)。

图 5-44

2. 训练要求

(1)在进行右腿空中踢摆的训练时,要求脚高必须过腰,左腿在击响的一瞬间,屈膝收控于右腿侧。

(2)在腾空的最高点完成击响动作,同时,还要保证拍击动作的连续、准确、响亮。

(3)在空中,要保证上体正直,微向前倾,不要坐臀。

3. 训练步骤

(1)进行拍脚练习。原地和行进间击拍练习都可以。

(2)原地的或行进间的右脚蹬——左腿摆——踢摆右腿的二起脚练习。

(3)右腿蹬地起跳,左腿屈膝摆起,同时两臂上摆并在头上击响的踏跳练习。

(4)上一步或上三步助跑的完整动作练习。

4. 训练过程中的错误与纠正

错误:起跳后,上体过于前倾,坐臀,致使重心下坠。

纠正方法:可以通过行进间的单拍脚练习来加以纠正。

(二)旋风脚

1. 训练方法

高虚步亮掌。左脚向左上步。同时左手向前、向上摆起,右臂伸直向后、向下摆动。右脚随即上步,脚尖内扣,准备蹬地踏跳。左臂向下摆动并屈肘收至右胸前,同时左臂向上、向前抡摆。上体向左旋转前俯。重心右移,右腿屈膝蹬地跳起;左腿提起向左上方摆动,上体向左上方翻转。同时两臂向下、向左上方抡摆。身体旋转一周,右腿做里合腿,左手在面前迎击右脚掌,左腿自然下垂(图 5-45)。

图 5-45

2. 训练要求

(1)要贴近身体来做右腿里合腿;同时,还要注意在摆动时,要做到膝挺直,由外向里成扇形。

(2)击响点要靠近面前。左腿外摆要做得够舒展,同时,还要做到在击响的一刹间离地腾空。

(3)抡臂、踏跳、转体、右腿里合等环节要协调一致,身体的旋转不少于270°。

3. 训练步骤

(1)可以先进行原地的或行进间的"里合腿加转体 90°"的练习。

(2)在上述练习的基础上,进行原地的或行进间"左腿外摆——右腿里合"的转体击响练习。

(3)进行不加腿法的抡臂转体跳 360°的"翻身跳"练习。

(4)跳起转体 90°的击响练习,逐步增加转体 180°、270°的练习。

4. 训练过程中的错误与纠正

错误一:上下脱节,转体角度不够,动作不协调。

纠正方法:多做转体 360°的"翻身跳"练习。在不加腿法的"翻身跳"练习中,要求上下肢协调,提高身体的旋转能力。

错误二:跳起后,两腿摆动时屈膝、坐髋。

纠正方法:可多做"转身左外摆右里合"的腿法练习,在练习中一定要注意伸膝的正确姿态。

错误三:跳起后上体后仰。

纠正方法:通过"提左膝、右腿单脚跳转 360°"的练习来使上体直立、头部上顶的能力得到有效提高。

(三)腾空摆莲

1. 训练方法

并步站立,高虚步挑掌。弧形步上跳。右脚蹬地跳起,同时左腿向右上方里合踢摆。两手于头上击响,上体向右旋转,身体腾空。右腿外摆,两手先左后右地拍击右脚面,左腿屈膝收控于右腿侧。上体微前倾,两眼随视两手。在空中击响时,左腿可伸直分开摆动,控于体侧(图 5-46)。

图 5-46

2. 训练步骤

(1)进行原地的和行进间的外摆腿练习。

(2)进行进右步——左腿里合——向右转身——右腿外摆的组合练习。

(3)进行上右步起跳,踢摆左腿,两手头上击响向右转体 360°的"转体跳"练习。

（4）进行起跳后转体 90°,逐渐做到转体 180°、转体 270°的练习。

3. 训练过程中的错误与纠正

错误一:上下脱节,转体角度不够,动作不协调。

纠正方法:可以通过转体 360°的"翻身跳"练习来加以纠正。

错误二:跳起后,两腿摆动时屈膝、坐髋。

纠正方法:可通过"转身左外摆右里合"的腿法练习加以纠正,但需要强调练习中伸膝的正确姿态。

错误三:跳起后上体后仰。

纠正方法:可以通过"提左膝、右腿单脚跳转 360°"的练习来加以纠正。

五、平衡动作训练

(一)提膝平衡

1. 训练方法

右腿伸直支撑;左腿屈膝提起（过腰）,脚面绷直,并垂扣于右腿前侧。两眼向左平视（图 5-47）。

图 5-47

2. 训练要求

训练过程中要求做到平衡站稳,提膝过腰,脚内扣。

3. 训练过程中的错误与纠正

错误一:站不稳。

纠正方法:摇摆时,要求支撑腿稍屈膝调节,脚趾抓地。

错误二:勾脚。

纠正方法:要求训练过程中做到屈膝、绷脚面。

(二)燕式平衡

1. 训练方法

右腿屈膝提起,两掌在身前交叉,掌心向内。然后,两掌向两侧直臂分开平举,上体前俯,右脚向后蹬伸,成燕式平衡(图 5-48)。

图 5-48

2. 训练要求

两腿伸直,后举腿要高于头顶水平部位,脚面绷直;上体前俯,略高于水平部位,挺胸、抬头。

3. 训练过程中的错误与纠正

错误:站立不稳。

纠正方法:可以通过支撑腿微屈膝,脚趾抓地来加以纠正,但是,需要注意的是,向后举腿、上体前俯和两臂分开平举的动作要协调一致。

六、跌扑滚翻动作训练

(一)抢背

1. 训练方法

右脚在前、左脚在后,两脚交错站立。左脚从后向上摆起,右脚蹬地跳起,团身向前滚翻,两腿屈膝。

2. 训练要求

在训练过程中要注意肩、背、腰、臀要依次着地,滚翻要圆、快,跳起要迅速。

3. 训练步骤

(1)做前滚翻练习,从而对收下颏、含胸、收腹把身体团紧的要领加以体会。

(2)在做以右手扶地的抢背练习之后,再做腾空跃起的抢背动作的练习。

4. 训练过程中的错误与纠正

错误一:团身不够,滚翻不圆。

纠正方法:首先要做到收下颏,使下颏挨近胸锁部位,同时,还要求做到含胸、收腹、团身。

错误二:着地顺序不对,形成侧身滚动的错误。

纠正方法:要求做到右臂插向左腋下,头向右转,使下颏靠近左肩,滚翻时先以右肩着地,接着再以背、腰、臀依次着地。

(二)鲤鱼打挺

1. 训练方法

仰卧、屈体使两腿上摆,两手扶按两膝,两腿下打,挺腹,振摆而起。

2. 训练要求

训练过程中要求身体必须成半圆环形,两脚分开不得超过两肩宽,打腿振摆的速度要快。

3. 训练步骤

(1)可以在教师或同学的保护和帮助下,来对动作要领加以体会。

(2)先进行两手在两耳侧推地的振摆打挺的动作练习,然后在此基础上逐步做到脱手的振摆打挺。

4. 训练过程中的错误与纠正

错误一:打腿、挺腹不及时而完不成动作。

纠正方法:用击掌或语言等信号来对练习者打腿、挺腹进行提示。

错误二:打腿速度慢和挺腹不够而完不成动作。

纠正方法:要求快速打腿,与此同时,教师可用一只手贴在练习者后腰部,从而为练习者挺腹动作的练习起到一定的帮助作用。

(三)侧空翻

1. 训练方法

左脚蹬地,右腿从后向上摆起,身体前屈,在空中做向左侧翻动作,右脚先落地,左脚随之落地。

2. 训练要求

训练过程中,要求翻转的速度要快,两腿要直。

3. 训练步骤

(1)为了提高摆腿的速度,可以先做侧手翻练习。

(2)在教师或同学的保护和帮助下要对动作要领有所体会,然后逐步脱离保护。

4. 训练过程中的错误与纠正

错误一:摆腿不直,速度不快。

纠正方法:可以通过挺膝、侧手翻来加以纠正。

错误二:左脚蹬地无力,腾空不高。

纠正方法:首先在训练过程中要求做到蹬地时踝、膝、髋迅速伸直,通过蹬地的反作用力的发挥来使腾空高度得到有效提高。

(四)旋子

1. 训练方法

开步站立,身体右转,左脚离地,左臂前平举,右臂后下举;其次,左脚踏地,身体平俯向左甩腰摆动,同时两臂伸直随身向左摆动;紧接着左脚蹬地,身体悬空,两腿随身向左平旋;然后右脚先落地,左脚随之落地。

2. 训练要求

在训练过程中要做到挺胸、抬头,同时,还要求身体成水平旋转,两腿要高过水平。

3. 训练步骤

(1)以左腿为支撑,保持燕式平衡的姿势,原地向左旋转一周的练习。

(2)在教师或同伴的保护和帮助下对动作要领加以体会。

(3)逐步减少帮助,并且最终达到脱离保护的目的。

4. 训练过程中的错误与纠正

错误一:平旋时,空中造型做不出来。

纠正方法:首先要做到抬头、挺胸、背肌收缩等,与此同时,俯卧做背躬(即两头翘)也是较好的纠正方法。

错误二:旋转速度慢,转度不够一周。

纠正方法:原地向左后方平甩两臂的练习和增强燕式平衡旋转能力的练习都是较好的纠正方法。

错误三:腾空不高。

纠正方法:要求上体前俯时不要压得过低,当蹬地时要积极抬头,腿向上打。

第三节　传统武术组合动作

一、步型与步法的组合动作训练

(一)弓步与马步的组合动作训练

1. 训练方法

预备姿势:并步抱拳。弓步推掌——拗弓步冲拳——马步冲拳——并步抱拳。

2. 训练要求

(1)在移动重心时,要求弓马步姿势要稳定,不要有起伏。

(2)推掌时要注意顺肩,冲拳时则要注意拧腰、顺肩、沉胯。

3. 训练步骤

(1)进行推掌、冲拳的练习。

(2)在此基础上与步型做弓步推掌、拗弓步冲拳、马步冲拳动作结合起来加以练习。

4. 训练过程中的错误与纠正

错误:弓步拔跟,马步脚尖外撇,躬腰。

纠正方法:做弓步时,要求后脚脚尖要内扣,挺膝;做马步时,要求做到脚尖向前,扣膝,挺胸,塌腰。

(二)仆步与虚步的组合动作训练

1. 训练方法

预备姿势:并步抱拳。提膝穿掌——仆步穿掌——虚步挑掌。收势:两脚并拢,并步抱拳。

2. 训练要求

(1)训练过程中要求左提膝与右穿掌要同时完成。

(2)在进行仆步训练时,要做到拧腰、转头,同时,还要求穿掌动作要协调一致。

(3)在进行上步变虚步的训练时,要将重心放在后腿上,前脚尖虚点地面。

3. 训练步骤

(1)可以将提膝、仆步、虚步的动作分解开来进行练习,并可左右交换。

(2)将仆步与穿掌结合起来进行练习,左右交换。

(3)将提膝与穿掌结合起来进行练习。需要注意的是,在练习时,手扶撑物体,一腿屈膝提起,接着随下蹲动作,脚尖微点地面,将重心放在支撑腿上,反复做蹲起练习,从而使腿部力量有所增强。

4. 训练过程中的错误与纠正

错误:提膝不过腰,掌穿得慢,仆步翻臀,穿掌仆步不协调,虚步实步不明确,身体前倾。

纠正方法:以原提膝为依据,一手抱膝,一手握脚向上提抱,然后与穿掌配合起来进行练习。仆步一腿全蹲,一腿仆直,两手抓握两脚外侧左右移动重心,然后两手松开,将仆腿和穿掌结合起来进行练习。

(三)歇步与马步的组合动作训练

1. 训练方法

预备姿势:并步抱拳。歇步亮掌——马步盘肘——歇步下冲拳。收势:右脚上步向左脚靠拢,并步抱拳。

2. 训练要求

(1)做歇步的训练时,要求做到两腿靠拢,后膝紧贴前小腿外侧。

(2)在进行抡臂转身的训练时,要以脚掌为轴,腰为主,动作要快。

(3)进行踢腿训练时,要求支撑要稳,做到挺胸、收腹。

(4)在进行正踢下落变马步的训练时,要求以脚掌为轴,膝盖微内扣,同时还要做到挺胸、立腰。

(5)在进行转歇步下蹲的训练时,要求后膝盖必须紧贴前小腿后侧。

(6)训练过程中要做到起伏转折,还要协调一致。

3. 训练步骤

(1)将这些组合动作分解进行练习。做歇步亮掌的插步下蹲时,要求同时完成拧腰、亮掌、转头的动作。在进行抡臂的练习时,则要求多做单、双臂绕环动作。在进行正踢腿的练习时,要求支撑腿微屈站稳,摆动腿猛向上踢起,同时,还要注意做到勾脚尖、挺胸、收腹。

(2)与组合结合起来进行练习,并且要求做到上下肢动作协调。

4. 训练过程中的错误与纠正

错误:在这一组合的训练中,多个分解动作都会出现错误。比如,在歇步练习中,往往会出现后膝盖顶住前膝窝,动作不稳的错误;在正踢的训练中,往往会出现支撑腿摇摆不定,弓背弯腿的错误;在抡臂训练中,会出现耸肩弯臂的错误;在马步的训练中,会出现弓腰驼背,脚尖外撇的错误等。

纠正方法:对于歇步训练中出现的错误,可以通过两腿靠拢,后膝贴紧前小腿外侧,拧腰坐稳的方法加以纠正;对于正踢训练中的错误,可以通过脚尖上勾,挺膝上摆时挺胸、收腹的方法加以纠正;对于抡臂训练中的错误,可以通过臂伸直,松肩,抡臂时要紧贴身体的方法加以纠正。

(四)插步、坐盘与弓步的组合动作训练

1. 训练方法

预备姿势:并步抱拳。插步双摆掌——翻身抡臂坐盘崩拳——弓步靠身掌。收势:两脚靠拢,并步抱拳。

2. 训练要求

与第 3 个组合的动作要求相同,唯双摆掌时,臂要直并走立圆。做靠身掌时,肩要前靠,臂向上挑。

3. 训练步骤

先进行单个动作和多做左右翻身性的拧腰坐盘的训练。并且要做到起立自如,并能连贯协调地衔接其他动作的要求。

4. 训练过程中的错误与纠正

错误:抡臂翻身不协调;接靠身掌时,步子迈不出去;驼背、弯腰,肩靠和推挑动作不分明。

纠正方法:在进行抡臂的训练时,要做到松肩,进行翻身抡臂的训练时,要求两臂伸直并贴近身体,要以脚掌为轴;在进行转体下坐成坐盘的训练时,要求左腿压在右腿上坐稳;在进行接靠身掌的训练时,要求起立要快,迈步要大;在进行形成弓步的训练时,要求后腿要挺膝蹬直,前腿要弓出去,同时,还要做到挺胸、直腰,肩向前靠,手向上挑。

(五)五种步型的组合动作训练

1. 训练方法

预备姿势:并步抱拳。拗弓步冲拳——弹踢冲拳——马步架打——歇步盖打——提膝仆步穿掌——虚步挑掌。收势:两脚靠拢,并步抱拳。

2. 训练要求

要将五步拳与五种步型、步法和三种手型编成的组合结合起来加以训练。

3. 训练步骤

(1)将动作分解开来反复进行训练。

(2)进行组合练习。练习时,要求做到眼随手、身随步、步随势换,逐渐做到手、眼、身、步法协调一致。

二、跳跃组合动作训练

(一)高虚步上冲拳——击步挑掌——腾空飞脚——仆步亮掌

1. 训练要求

(1)在进行向上冲拳的训练时,要做到上臂贴耳。同时,还要注意同时完成冲拳、转头、拧腰这三个动作。上体要挺拔,精神要贯注。

(2)在进行击步的训练时,要注意两脚在空中相碰,向前要有冲力,同时要注意屈膝,从而对重心下降有利。除此之外,还要做到上体要顺肩、直腰。

(3)在进行仆步亮掌的训练时,要注意抖腕亮掌、转体、下势变换仆步三者要协调一致。同时,还要求做到上体挺胸直腰,微前倾。

(4)在进行由击步挑掌衔接腾空飞脚、仆步亮掌的训练时,要求步法要清晰,中间勿附加动作和停滞。

2. 训练步骤

(1)进行击步接腾空飞脚的衔接练习。

(2)进行腾空飞脚下落时收控右腿落地的练习。

(3)进行完整组合的练习。

3. 训练过程中的错误与纠正

错误一:击步时不能顺肩挑掌。

纠正方法:可以通过挑掌时两肩顺直,左肩正对左方的方法来加以纠正。

错误二:接腾空飞脚时,进步过大或过小,对起跳产生影响,从而致使踏跳急迫或滞缓。

纠正方法:多进行带击步的腾空飞脚动作的训练,从而使自由助跑接腾空飞脚的习惯得到有效的克服。

错误三:飞脚落地时,右腿过于放松,形成不自主的落地动作,造成步法紊乱或附带多余动作。

纠正方法:要求在腾空飞脚下落时要收腹,同时,还要对右脚的落地加以控制。

(二)高虚步亮掌——旋风脚——提膝亮掌

1. 训练要求

(1)在进行上步接旋风脚的训练时,要求做到上步踏跳与抡臂协调一致。

(2)在进行旋风脚落地接提膝亮掌的训练时,要求将重心降低。在进行提膝亮掌的训练时,要求穿手、提膝、转身和亮掌等协调一致。

2. 训练步骤

(1)先练习动作之间的衔接,待动作间的衔接要领掌握后,再进行完整的组合练习。

(2)在正确掌握单势动作的基础上,要对衔接动作的轻重缓急加以理解。

(3)要对旋风脚的起落进行重点训练,因为其是衔接前后动作的关键。

3. 训练过程中的错误与纠正

错误一:接旋风脚时,两臂抡摆僵滞,转动角度不够。

纠正方法:可以多进行附有抡臂的旋风脚的训练,上步时要做到脚尖内扣。

错误二:接提膝亮掌时,由于旋风脚落地不稳造成步法上的附加动作。

纠正方法:可以通过增加旋风脚落地时的稳健性的方法来加以纠正。

(三)高虚步挑掌——弧形步亮掌——腾空摆莲——弓步架栽拳

1. 训练要求

(1)要成弧形来进行弧形步训练。要求在踏跳时,脚尖要外展。摆莲要腾空,击响要准确。

(2)在动作的衔接中不要有附加动作,要稳健落地。

2. 训练步骤

(1)对弧形步进行训练,在熟练掌握这一动作的基础上与腾空摆莲衔接起来。

（2）对于前后动作的衔接来说，腾空摆莲的起跳与落地是非常关键的部分，这就要求做专门性的起跳与落地训练。

（3）先进行弧形步亮掌接腾空摆莲的训练，待以上两个动作的衔接基本熟练之后，再加上弓步栽拳的动作，从而逐步完成整个组合动作。

3. 训练过程中的错误与纠正

错误一：弧形步时手法与步法紊乱，成跑步状。

纠正方法：可以通过多做一些慢速度的分动、分解的手法与步法的配合训练来加以纠正。

错误二：腾空摆莲起跳时，右脚没有外展，致使旋转角度不够或使转身不协调。

纠正方法：可以通过不加击响的向外跳转一周的训练来加以纠正，但是要对矫正旋转的角度进行强调。

第六章 传统武术拳术技法训练指导

在传统武术中,拳术是一个进行徒手练习的套路运动,包含有很多分类,有长拳、南拳、太极拳、八卦拳、形意拳等。本章主要就长拳、南拳和太极拳技法训练进行研究。

第一节 长拳

一、长拳概述

在武术中,长拳是根据一定的标准所划分出来的一大类别,有着非常悠久的发展历史。根据相关史料记载,"长拳"一词在明朝的很多有关拳术的论著中出现,在当时有温家长拳、太祖长拳等分类。长是与短相对应的,长拳也是与短打相对而得来的。在现代武术中,长拳依然是沿用了明朝时期长拳的这 称谓,将那些具有广泛群众基础的炮、华、查、红、少林等具有鲜明节奏、快速有力、拳势舒展等特点的拳术,都称之为"长拳"。现代长拳也是在以上这些拳种基本技法和动作素材的基础上所创编出来的,同时也发展出了长拳类器械,如剑、刀、枪、棍等套路,成为我国当前武术教学训练和比赛的主要内容之一。

长拳有着非常丰富的内容和方法,它对相关的手法、手型、身法、身型、步法、步型、跳跃、腿法、平衡等动作都做出了非常严格的规定和规范。其拳法以崩、劈、冲、砸、掼等为主;掌法以撩、挑、推、砍、劈等为主;肘法主要以格、盘、顶为主;腿法以扫、拍、踹、蹬、弹、铲、点、外摆、里合等为主。

长拳主要具有节奏鲜明,快速有力,动作大方、舒展,多起伏转折等特点。在技法方面主要强调长击快打,以快制慢,主动出击,以刚为主。长拳结构比较复杂,并且运动量也比较大,这对于促进人体机能的提高和促进人的身体素质的全面发展有着非常良好的作用。长期参与长拳运动训练能够有效帮助人们改善骨骼、肌肉、神经、呼吸系统和循环系统的机能,提高人的心理稳定性,增强人的身体素质,获得更好的锻炼健身效果。长期参与长拳训练不仅能够使人的身心愉悦,同时还能到达到教育人的目的,对学生良好的意志品质进行培养,促使其养成用于挑战和战胜自我的性格,形成和完善独立的个性。

二、长拳基本套路训练指导

(一)预备势

如图 6-1 所示,双脚并拢而立,分别将两手臂垂放在身体两侧,将两手手指并拢贴靠在大腿的外侧,两眼向前方平视。

要点:在预备势中,要注意头的位置要正,颌微收,注意挺胸,收腹,塌腰。

图 6-1

1. 虚步亮掌

如图 6-2 所示,该动作可分为三个环节,首先将右脚向着右后方撤步,形成一个左弓步,右手掌通过向右、向上、向前进行划弧,将掌心朝向上方;同时左手手臂屈肘,将左手掌向上提到腰侧,并使掌心朝向上方,两眼注视右掌。其次,将身体重心向后移动,使右腿微屈,左手掌经过胸前在右手手臂上方向前伸直穿出;通过右手臂屈肘将右手掌到腰侧,并且保持掌心向上,两眼注视左手掌。然后,继续向后移动身体重心,将左脚向右稍移,成左虚步;将左手臂通过内旋向左、向后划弧形成勾手,并保持勾尖朝上;继续使右手经过向后、向右、向前上等环节划弧,屈肘并抖腕,于头部的前上方位置成亮掌,保持手指朝左,掌心向前,两眼注视左方。

要点:保持动作连贯性,虚步时,右大腿要平行于地面,将重心放在右腿上。微屈左腿,保持脚尖点地。

图 6-2

2. 并步对拳

如图 6-3 所示,该动作包含四个环节,首先蹬直右腿作为支撑,上体左膝,保持左脚尖内扣,上体姿势保持不变。然后,使左脚向前落下,前移身体重心,左手臂屈肘,由勾手转变为掌经过左肋向前伸出;右手臂通过向外旋落于前下左手掌右侧,保持两手掌掌心向上,高度一致。接着,右脚向前上步,两手臂下垂并向后摆。最后,将左脚并回右脚处,两手臂通过向外、向上经过胸前进行屈肘下按,由掌转变为拳,止于小腹前,拳心朝下,两眼注视左方。

要点:注意并步后挺胸、塌腰,同时完成并步、对拳、转头动作。

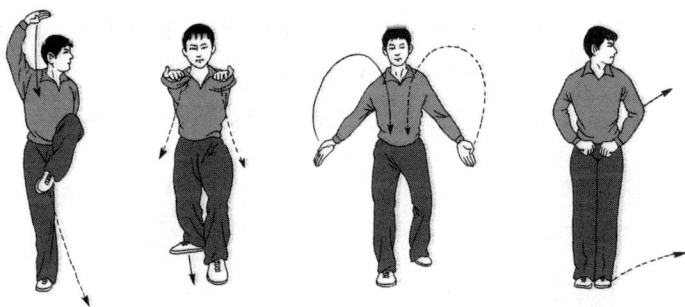

图 6-3

(二)第一段

1. 弓步冲拳

如图 6-4 所示,左脚向左前上一步,脚尖朝向斜前方;两腿微屈,成半马步;左手臂向上向左做格打动作,保持拳与肩部同高,拳眼朝向后方;收右拳到腰侧,保持拳心朝上,两眼注视左拳。蹬直右腿成左弓步,收左拳到腰侧,拳心朝上;向前冲出右拳,与肩部同高,保持拳眼朝上,两眼注视右拳。

要点:左弓步要充分蹬直右腿,保持脚跟着地。注意转腰瞬肩向前冲拳。

图 6-4

2. 弹腿冲拳

如图 6-5 所示,前移重心到左腿,提右膝,绷直右脚面,并向前猛力伸直弹出,与腰部保持同高。收右拳到右侧,向前冲左拳,两眼注视前方。

要点:左腿作为支撑腿可以微屈,向前弹腿要力达脚尖,充满爆发力。

3. 马步冲拳

如图 6-6 所示,向前落右脚,脚尖向里内扣,左转上体110°。收左拳到腰侧,两腿成马步,向前冲右拳,两眼注视右拳。

要点:马步时,保持两大腿平行于地面,挺胸、塌腰,外蹬脚跟。

图 6-5

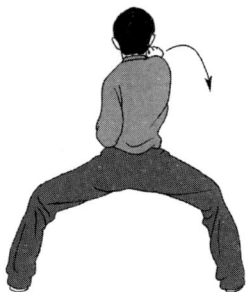

图 6-6

4. 弓步冲拳

如图 6-7 所示,右转上体 110°,右脚尖朝向斜前方,成半马步。屈右肘向右进行格打,拳眼朝向后方,两眼注视右拳。蹬直左腿成右弓步,收右拳到腰侧;向前冲左拳,两眼注视左拳。

要点:同弓步冲拳,只是动作相反。

图 6-7

5. 弹腿冲拳

如图 6-8 所示,重心转移到右脚,提左膝,绷直左脚面,向前猛力伸直弹出,与腰部同高,向前冲右拳,两眼注视前方。

要点:同弹腿冲拳。

图 6-8

6. 大跃步前穿

如图 6-9 所示,屈左膝,右手由拳变掌向内旋到左膝外侧,手背朝上,保持上体前倾,两眼注视右手。向前落左脚,微屈两腿,继续向后挂右掌,左手由拳变掌,朝后下方伸直,两眼注视左掌。向前提右膝,同时左脚用力蹬地向前跃出,两手掌经向前、向上划弧摆起,两眼注视左手掌。先落右腿成全蹲,左腿后落并向前方铲出,成仆步。右手成拳抱于腰侧,左手掌经向上、向右、向下划弧至右胸前成为立掌,两眼注视左脚。

要点:跃步要远,轻轻落地,落地紧接着下一动作。

图 6-9

7. 弓步击掌

如图 6-10 所示,蹬直右腿成左弓步,左手掌向后经左脚面划弧到达身后成勾手,勾尖朝上,伸直左手臂;右拳成掌,手指朝上,从腰侧向前推出,使掌外侧朝前,两眼注视右手掌。

要点:保持勾手和推掌两个动作相一致。

图 6-10

8. 马步架掌

如图 6-11 所示,移重心到两腿中间,内扣左脚尖,成马步,右转上体。朝左侧平摆右手臂,肘部稍屈;左手成掌从后经过做腰侧在右手臂内侧向前上方穿出,两手掌心向上,两眼注视左手。在左胸立右掌,左手臂向左上方屈肘抖腕,在头部左上方亮掌,掌心朝前,头部右转,两眼目视右侧。

要点:马步同前。

图 6-11

(三)第二段

1. 虚步栽拳

如图 6-12 所示,蹬右脚,伸直左腿,提右膝,以左前脚掌作为轴心向右后转体 180°。在左胸之前右手掌向下经过右腿外侧向后划弧成为勾;转动上体并向外旋转左手臂,掌心向右,两眼注视右手。向右落右脚,并移重心到右腿,成左虚步。左手由掌变拳于左膝上,拳心向后;右手由勾成拳,屈右肘并向上架于头部右上方,拳心朝前,两眼注视左方。

要点:在左虚步时,要立腰、挺胸,并注意左右脚虚实分明。

图 6-12

2. 提膝穿掌

如图 6-13 所示,稍稍伸直右腿,右拳成掌收到腰侧,掌心向上;左拳成掌从下向左向上进行划弧,盖压到头部上方,掌心向前。蹬直右腿,提左膝,内扣左脚尖,右手掌自腰侧经左手臂内侧向右上方穿出,右掌心朝上;左手掌回收到右胸处成立掌,两眼注视右掌。

要点:要充分伸直右手臂,蹬直支撑腿。

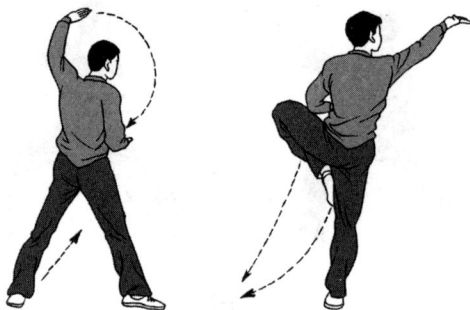

图 6-13

3. 仆步穿掌

如图 6-14 所示,全蹲右腿,向左后铲出左腿,形成左仆步。固定右手臂,自右胸前左手掌向下经过左腿内侧,在左脚面穿出,两者随着左手掌而转视。

要点:伸直两手臂,向左侧前倾上体,保持前手低、后手高。

图 6-14

4. 虚步挑掌

如图 6-15 所示,蹬直右腿,移重心到左腿,成左弓步。稍降右掌,跟随重心左手掌向前挑起。向左前方上右脚,半蹲左腿,成右虚步,同时身体左转180°,左手掌自前向上向后划弧成立掌,右手掌则从后向下向前进行上挑成为立掌,手指指尖与眼齐平,两眼注视右手掌。

要点:上步时要快速,虚步时要稳定。

图 6-15

5. 马步击掌

如图 6-16 所示,踏实右脚,并外撇脚尖,稍提重心向右移,左手掌成拳回收到腰侧;右手俯掌捋手向外。向前上左脚,并以右脚作为轴心上体向右后转 180°,成马步;左手变掌在右肩上成立掌并向左侧用力击出;右手成拳回收到腰侧,两眼注视左手掌。

要点:捋手时,首先内旋手臂,伸直手腕,向下向外转动手掌,接着外旋手臂,掌心向上翻转,由掌成拳,要保持击掌和收拳同步。

图 6-16

6. 叉步双摆掌

如图 6-17 所示,右移重心,两手掌向下向右摆动,手指朝上,注视右手掌。将右脚插于左腿后,前脚掌着地;继续从右向上向左摆动两手臂,止于左体侧,成立掌,将右手掌放于左腋窝处,随双掌移动两眼转视。

要点:两臂移动幅度要大,划立圆,摆掌与后插步同步。

· 171 ·

图 6-17

7. 弓步击掌

如图 6-18 所示,固定两腿,收左掌回腰侧,掌心朝上;右掌向上向右划弧,掌心朝下。后撤左腿成右弓步,右掌伸直向下向后摆动成勾手,勾尖朝上;左手成立掌并向前推出,两眼注视左手掌。

要点:撤步成弓步与勾手、推掌要同时完成。

图 6-18

8. 转身踢腿马步盘肘

如图 6-19 所示,以前脚掌为轴心上体向左后转 180°,同时左手臂向上向前划半立圆,右手向下向后划半立圆。两脚不动,右手臂从后向上向前划半立圆,左手臂从前向下向后划半立圆。右手臂向下成反臂勾手,勾尖朝上;左手臂向上亮掌,掌心向上,伸直右腿,勾脚尖,并向额头方向前踢。向前落右脚,里扣脚尖,固定右手,屈左肘落于胸前,掌心朝下,注视左手掌。左转上体 110°,成马步。左手掌平搂向前向左成拳回到腰侧,右手变拳。伸直右手臂,向右向前平摆,屈肘于体前,与肩平,肘尖朝前,掌心朝下,注视肘尖。

要点：两臂抡动动作要连贯，划立圆。

图 6-19

(四)第三段

1. 歇步抡砸拳

如图 6-20 所示，稍提重心，外撇右脚尖，右手臂向上向右抡直；左拳向下向左，并抡直手臂，注视右拳。以前脚掌作为轴心，上体向右后转180°。向下向后抡摆右手臂，跟随身体转动左手臂向上向前。两腿全蹲成歇步，随身体下蹲左手臂向下平砸，拳心朝上，微屈左手臂；向上举起右手臂，并伸直，注视左拳。

要点：抡臂要连贯，划立圆。歇步时，交叉全蹲双腿，左脚跟稍提起，外撇右脚尖，全脚掌着地。

图 6-20

2. 仆步亮掌

如图 6-21 所示，抽出左脚并向前上步，蹬直左腿，半蹲右腿，成右弓步。向右微转上体。收左拳回到腰侧，右手成掌经胸前向右横击掌，注视右手掌。蹬右脚，提右膝，右转上体；左手成掌经右手掌向前穿出，掌心朝上；平收右掌回到左肘下。向右落右脚,屈膝下蹲,伸直左腿,成仆步;左手掌向下向后划弧成勾手;勾尖朝上;右手掌向右向上划弧微屈,抖腕成亮掌,掌心朝前。随右手转动头部,注视左方。

要点:仆步要充分伸直左腿,里扣脚尖,全蹲右腿,双脚全脚掌着地,挺胸、塌腰,向左稍转上体。

图 6-21

3. 弓步劈拳

如图 6-22 所示,蹬右腿,收左腿并向左前上步。右手成拳回收到腰侧,左手成掌向下向前通过胸前向左进行搂手。右腿向左前上步,蹬直左腿,成右弓步;向左平搂左手之后挥摆向前,保持虎口向前。向后平摆右手掌,向前、向上做抢劈拳,与耳同高,拳心朝上,外旋左手掌,扶住右前臂,注视右拳。

要点:上步过程中要稍带一些弧度。

图 6-22

4. 换跳步弓步冲拳

如图 6-23 所示,后移重心,向后稍移右脚,右手成掌,内旋右臂,掌背向下划弧挂在右膝内侧;左手掌在右肘外侧背贴靠,掌五指朝前,注视右掌。自然抬起右腿,向左稍扭转上体。右手掌挂在左体侧,左手掌向右腋下伸出。两眼跟随右掌转视。右全脚掌向下用力震踩,并快速抬起右脚;右手向上向前进行抢盖,成拳回收到腰侧;伸直左手掌向下、向上、向前,并屈左肘向下按,掌心朝下,右转上体,注视左掌。向前落左脚,蹬直右腿成左弓步;向前冲右拳,与肩同高;将左手掌藏于右腋下,在腋窝处用掌背贴靠,注视右拳。

要点:换跳步要协调、连贯。震脚要全脚掌着地,腿部要弯曲,左脚提起不要太高。

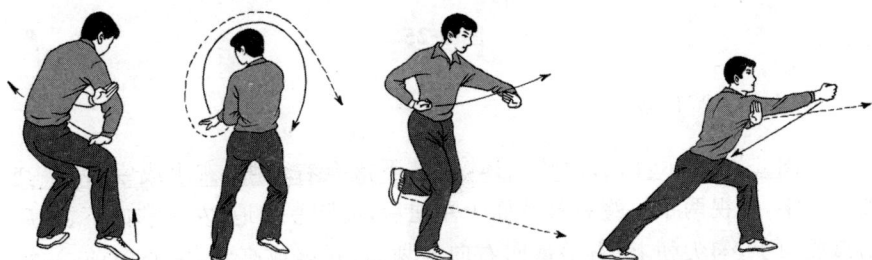

图 6-23

5. 马步冲拳

如图 6-24 所示,向右转上体 90°,重心放于两腿中间,成马步。收右拳回到腰侧,左手向左冲拳,拳眼朝上,注视左拳。

要点:稳定重心,马步要尽量低平,左冲拳要具有寸劲。

图 6-24

6. 弓步下冲拳

如图 6-25 所示,蹬直右腿,弯曲左腿,向左稍转上体,成左弓步。左手成掌向下经体前向上架在头部左上方,掌心向上,向左前下方冲右拳,注视右拳。

要点:要注意腰间发力,力达拳面。

图 6-25

7. 叉步亮掌侧踹腿

如图 6-26 所示,向右稍转上体,左掌下落至右手腕,右手成掌,两手交叉成十字,注视两手。蹬右脚并插于左腿后,前脚掌着地;左手掌向下、向后划弧成勾手,勾尖朝上;右手掌向右向上划弧,抖腕成亮掌,掌心向前,注视左侧。移重心到右腿,提左膝并向左上方猛力蹬左腿,两眼注视左侧。

要点:插步要保持手臂和腿的动作一致,向右稍倾斜上体。侧踹时内旋左大腿,左后跟着力,高度要比腰高。

图 6-26

8. 虚步挑拳

如图 6-27 所示,向左落左脚,右手成拳向后稍移,左手成拳向左上挑,拳背朝上。向左转上体 180°,胸微含前俯;左拳向前向上继续划弧上挑,右拳向下、向前划弧之后挂在右膝外侧,提右膝,注视右拳。向左前上右脚,脚尖点地,左脚支撑,下蹲左腿成右虚步。左拳向后划弧之后回收到腰侧,拳心朝上；右手屈臂，向前挑右拳，同肩高，拳眼朝斜上，注视右拳。

要点：下肢虚步动作与上肢动作要保持一致。

图 6-27

(五)第四段

1. 弓步顶肘

如图 6-28 所示，提重心，踏实右脚，内旋外臂并直臂向下划弧，在右膝内侧以拳背贴靠，注视前下方。蹬直左腿，上提右膝；左手成掌，两手臂划弧向前向上摆起，两眼随右拳转动；蹬左脚跳起，两手臂继续划弧到达头部上方。先落右脚，屈右膝，向前落左脚，以左前脚掌着地；两手臂屈肘向右向下停在右胸前，右手成掌，左手成拳，将右掌心在左拳面贴靠。向左上左脚屈膝，蹬直右腿成左弓步，右手掌推左拳，向左顶左肘尖，同肩平，注视前方。

要点：交换步要快速，不要太高。两臂成圆弧抢摆。

图 6-28

2. 转身左拍脚

如图 6-29 所示，以双脚前脚掌为轴心，上体向右转 180°；右手臂向上、向右、向下做划弧抢摆，左手成掌向下、向后、向前上抢摆。伸直左腿向前上踢,绷直脚面,左手成拳回收到腰侧,右手掌向上、向前去拍击左脚面。

要点:拍击时要稍横手掌,拍击要准且响亮。

图 6-29

3. 右拍脚

如图 6-30 所示,向前落左脚,左手成掌向下、向后进行摆动,右手成拳回收到腰侧。伸直右腿,绷直脚面并向上踢;左手成掌向上、向前去拍击右脚面。

要点:拍击时要稍横手掌,拍击要准且响亮。

图 6-30

4. 腾空飞脚

如图 6-31 所示,落右脚,向前摆起左脚,同时右脚用力蹬地跳起,屈左膝,左腿继续向前上摆动;右手成掌向前向上摆起,左手掌先进行上摆,然后下落去拍击右掌背。继续将右腿上摆,绷直脚面;用右手去拍击右脚面,左手掌向后上举起。

要点:右脚蹬地的力要朝上,而不是朝前,尽可能地上提左膝。拍击动作要在腾空的过程中完成,同时将右臂水平伸直。

图 6-31

5. 歇步下冲拳

如图 6-32 所示,左右脚先后落地,左手成拳回收到腰侧;向右转动身体 90°;两腿向下全蹲成歇步;右手掌在抓握的过程中,外旋成拳回收到腰侧;左拳则向前下方冲出,拳心朝下,两眼注视左拳。

要点:右手要快速抓握,歇步的同时向前下方左冲拳。

图 6-32

6. 仆步抢劈拳

如图 6-33 所示,提高重心,右手臂向体后伸直,左手臂向上摆起。以右前脚掌作为轴心,提左膝,向左转上体 270°;左拳向后划一周立圆;右拳向上、向前划一周立圆。向后落左脚,全蹲,伸直右腿,里扣右脚尖成右仆步;右拳向下进行抢劈,保持拳眼朝上;向后上举左拳,拳眼朝上,两眼注视右拳。

要点:抢臂时要注意划立圆。

图 6-33

7. 提膝挑掌

如图 6-34 所示,前移重心成右弓步,右手成掌向上进行抡摆,左手成掌向下落,右掌心朝左,左掌心朝右。在垂直面上左右臂向后各划一周立圆。伸直右手臂停在头部上方,手指朝上,掌心朝左;右手臂停在身后成勾手;同时上提右膝,左腿挺膝伸直,两眼注视前方。

要点:抡臂画圆为立圆。

图 6-34

8. 提膝劈掌弓步冲拳

如图 6-35 所示,固定下肢,右手掌向下伸直猛劈,于右小腿内侧停靠,在小指一侧用力点;左手成掌,屈左臂向前停在右上臂内侧,掌心朝左,注视右掌。向右后落右脚,向右转体 90°;左手成拳回收到腰侧,内旋右手臂向右划弧做劈掌。蹬直左腿成右弓步;右手抓握成拳回收到腰侧,左拳向左前方冲出,注视左拳。

要点:左冲拳同右弓步要保持动作同步进行。

图 6-35

(六)结束动作

1. 虚步亮掌

如图 6-36 所示,在左膝后扣右脚,两手成掌,两手臂屈肘向左下,并在左体前交叉,注视右掌。向右后落右脚,后移重心,半蹲右腿,向右稍转上体;右掌向上、向右、向下划弧并在左腋下停靠;左掌向左、向上划弧,在右臂上方停靠于左胸前;左手掌掌心朝下,右手掌掌心朝上,注视左掌。向右稍移左脚尖,下蹲右腿成左虚步;伸直左手臂,并向左、向后进行划弧成勾手;伸直右手臂向下、向右、向上进行划弧,抖腕成亮掌,掌心朝前,两眼注视左方。

要点:虚步要低稳,动作要协调。

图 6-36

2. 并步对拳

如图 6-37 所示,向后撤左腿,两手掌向前伸直穿出,掌心朝上。向后撤右腿,两手臂朝身体后下摆。后撤左脚同右脚并拢;两手臂向上经身体前屈臂向下按,由掌成拳,于腹部前停止,拳心朝下,两拳面相对,注视左方。

要点:同预备动作。

图 6-37

3. 还原

如图 6-38 所示,自然下垂两手臂还原成预备姿势,两眼注视正前方。

图 6-38

第二节　南拳

一、南拳概述

南拳主要是指在我国长江流域和南方地区流传的诸多拳种,其盛行地主要是在我国南方。南拳有着非常悠久的历史,"南拳"这一词的使用,最早是在明朝武将郑若曾所著的《江南经略》中,在谈到有关拳法的论述时,其这样写道"曰赵家拳,曰南拳,曰北拳"。

到了明末清初时期,南拳得到了不断广泛化、系统化。根据《江南经略》中相关加载可知,在明朝中后期,南拳就已经初步成形了。根据一些主要的南拳门派的拳谱记载和相关口头传说,在清朝初期,南拳得到了空前的传播和发展,同时也形成了不同的风格和流派,使得南拳更加系统化。

到了新中国成立之后,南拳成为中华武术非常重要的内容,得到了长足的发展,被列为武术比赛的正式比赛项目之一,即使在一些全国性的武术表演赛中都占据着非常重要的地位,同时也被纳入到了学校体育之中,成为校园武术教学的重要内容。

这些年来,随着武术的不断推广和发展,南拳在我国北方地区也深受广大武术爱好者的喜爱和欢迎。同时,在国外一些国家和地区(如马来西亚、菲律宾、印度尼西亚、新加坡等东南亚国家)相继诞生了各种南拳组织。南拳现已成国内外武术比赛中的重要项目之一。

二、南拳的基本动作训练指导

(一)手型

1. 拳

五指卷屈握紧,拳面要平,拇指压于食指和中指的第二指节上,任何指骨都不得凸出拳面。

2. 柳叶掌

拇指弯曲,其余四指伸直并拢。

3. 鹰爪

拇指弯曲外展,其余四指并紧,使第二、三节指骨弯曲,但注意保持分开,不得并拢。

4. 虎爪

五指用力张开,第二、三节指骨弯曲,第一节指骨尽量向手背的一面伸张,用力使掌心凸出。

5. 鹤嘴手

五指捏拢,指尖要平,直腕。

6. 单指

食指伸直,其余四指的第二、三节向内紧屈。

(二)手法

1. 拳法

1)左右前冲拳

(1)步型为马步,抱拳开始,右拳向前冲出,拳心朝下成平拳(拳眼朝上为立拳),高与肩平。目视右拳。

(2)右拳收回腰间。同时左拳向前冲出,拳心朝下,高与肩平。目视左拳。反复练习。

2)左右侧冲拳

(1)由并步抱拳开始。右拳从腰间向右侧冲出,拳眼朝上,高与肩平。目视右拳。

(2)右拳收回腰间,左拳向左侧冲出,拳眼朝上,高与肩平。目视左拳。反复练习。

3)左右撞拳

(1)由并步抱拳开始,左脚向左侧横跨一步,左腿屈膝成左弓步。同时右拳屈肘由下向前、向上勾撞,拳面朝上,拳心朝里,高与肩平。目视右拳。

(2)以两脚掌为轴,身体右转 180°,右腿屈膝成右弓步。同时左拳屈肘由下向前、向上勾撞,拳面朝上,拳心朝里,高与肩平;右拳收抱于腰间,拳心朝上。目视左拳。反复练习。

4)左右盖拳

(1)由并步抱拳开始。左脚向左侧迈步,脚尖朝前,屈膝半蹲成左弓步。同时身体左转,左拳向左侧伸出后直臂向下、向体后抡摆至与肩同高,拳心朝下;右拳向右侧伸出后直臂向上、向左弧形抡盖至体前,拳心斜朝里,力达拳心。目视右拳。

(2)身体右转 180°,左腿挺膝伸直,右腿屈膝半蹲成右弓步。同时右拳由前向上、向下、向体后抡摆至与肩同高,拳心朝下;左拳由后经下向上、向前弧形抡摆至体前,拳心斜朝里,力达拳心。目视左拳,左右反复练习。

5）左右抛拳

（1）由并步抱拳开始。身体左转，左脚向左侧迈出一步，屈膝半蹲成左弓步。同时左拳直臂向左后侧摆至与肩同高，拳心朝下；右拳直臂向右斜上方抛起，拳举于头上方，拳眼朝后。目视右前方。

（2）身体右转，右腿屈膝半蹲成右弓步。同时右拳直臂由上向下、向右弧形摆至右后方，与肩同高，拳心朝下；左拳向下经体侧向左斜上方抛起，拳举于头上方，拳眼朝后。目视左前方。左右反复练习。

6）左右挂拳

（1）由马步抱拳开始。左拳向内经上向左侧抄挂，臂微屈，拳心朝上，力达拳背。目视左拳。

（2）右拳向内经上向右侧抄挂，臂微屈，拳心朝上，力达拳背。同时左拳收抱于腰间，拳心朝上。目视右拳。左右反复练习。

7）左右扫拳

（1）由并步抱拳开始。左脚向左侧横跨一步，左腿屈膝，右腿伸直成左弓步。同时身体左转，右拳内旋侧伸，直臂向前、向左抢扫，屈臂置于胸前，拳心朝里，力达拳面。目视前方。

（2）身体右转，左腿伸直，右腿屈膝成右弓步。同时左拳内旋侧伸，直臂向前、向右抢扫，屈臂置于胸前，拳心朝里，力达拳面；右拳随转体收回腰间。目视前方。反复练习。

8）左右鞭拳

（1）由并步抱拳开始。左脚向左侧跨一步，微屈膝，脚尖朝前。同时右拳变掌向右侧伸直，拇指侧朝上；左拳平屈于胸前。动作不停，右脚经左腿后向左侧插一步，腿伸直，脚跟离地。同时左拳由体前向左侧鞭甩，拳眼朝上，力达拳背（鞭击的部位有上、中、下之分）；右掌附于左肩前。目视左拳。

（2）右脚向右侧跨一步，脚尖朝前，微屈膝。同时左拳变掌，右掌变拳。动作不停，左脚经右腿后向右侧插一步，腿伸直，脚跟离地。同时右拳由体前向右侧鞭甩，拳眼朝上，力达拳背；左掌附于右肩前。目视右拳。左右反复练习。

9）左右劈拳

（1）由并步抱拳开始。左脚向左侧跨一步，左腿屈膝半蹲，右腿屈膝下跪成左骑龙步。同时右拳由腰间经上向斜下直劈，拳心朝里，力达拳轮；左拳随之上架于头上方。目视右拳。

（2）身体右转，右腿屈膝半蹲，左腿屈膝下跪成右骑龙步。同时左拳由上向斜下直劈，拳心朝里，力达拳轮；右拳经脸前向头上架起。目视左拳。反复练习。

2. 掌法

1)左右推掌

(1)由马步抱拳开始。左拳变掌用力向前推击,掌指与肩平。目视左掌。

(2)右拳变掌用力向前推击,掌与肩平。同时左掌变拳,收抱于腰间,拳心朝上。目视右掌。反复练习。

2)挑掌

由马步抱拳开始。两拳变掌经内向上、向外弧形挑起,两掌心朝后,掌指略高于肩。目视前方。

3)标掌

由马步抱拳开始。两拳变掌直线向前标出,臂高与肩平,掌心相对,力达指尖。目视两掌。

4)左右盘手双推掌

(1)由开步抱拳开始。

(2)两拳变掌,左掌从左向上经脸前向右盘手置于右胸前,掌心朝右,掌指朝上;右掌从右向左、向上经脸前向右盘手置于右腰侧,掌心朝前,掌指朝下。目视左侧。此势为右侧蝴蝶掌。

(3)两掌同时向左侧平推,两肘微屈。右掌心朝上,掌指朝右;左掌心朝下,掌指朝右。两小指侧成平行,高与胸平。目视两掌。

(4)两掌由前向下、向右经脸前向左盘手,右掌置于左胸前,掌心朝左,掌指朝上;左掌置于左腰侧,掌心朝前,掌指朝下。目视右侧。此势为左侧蝴蝶掌。

(5)两掌同时向右侧平推,两肘微屈。左掌心朝上,掌指朝左;右掌心朝下,掌指朝左,两小指侧成平行,高与胸平。目视两掌。左右反复练习。

3. 爪法

1)左右抓面爪

(1)由并步抱拳开始。左脚向左侧开步,脚尖朝左,两膝弯曲成半马步。同时左拳变虎爪,由腰间经外向里、向下按,手心朝前。目视左爪。

(2)身体微左转,左腿屈膝,右腿蹬地挺膝成左弓步。同时右拳变虎爪,由腰间向前抓击,手心朝前,高与面平;左虎爪置于腹前,手心斜朝下。目视右爪。

(3)右脚上步,身体左转,两膝弯曲成半马步。同时左虎爪变拳,收回腰间,拳心朝上;右虎爪略经外向里、向下按,手心朝前。目视右爪。

（4）身体微右转，右腿屈膝，左腿蹬地挺膝成右弓步。同时左拳变虎爪，由腰间向前抓击，手心朝前，高与面平；右虎爪置于腹前，手心朝下。目视左爪。此动作在行进间反复练习。

2）左右鹤嘴手

（1）由并步抱拳开始。左脚向前上步，身体微向左转，右拳变掌，向右前上方穿出，掌心朝上；左拳变掌，自然后摆，掌心朝下。目视右掌。

（2）上动不停，躯干微右转，右掌以腕为轴沿逆时针方向缠绕一周，变鹤嘴手向右上方啄击，指尖朝外。目视右手。

（3）上动不停，右脚向前上步成右虚步。躯干微右转，左掌变鹤嘴手，绕经左肩外侧向右前上方啄击，指尖朝右，与太阳穴同高。左臂微屈，肘关节下垂；右鹤嘴手随屈肘拉至右肩侧，指尖朝外。目视左手。

4. 桥法

（1）缠桥。由右弓步抱拳开始。以左手缠桥为例，左拳变掌，左臂侧伸，以手腕活动为主，向内或向外画立圆后随即成擒拿手状。

（2）圈桥。由半马步抱拳开始。以左手圈桥为例，左拳变掌，左臂侧伸，以肘关节为轴，前臂向内或向外沿立圆圈绕。

（3）盘桥。由前后开步抱拳开始。以左手盘桥为例，左拳变掌，左臂侧伸，以肩关节为轴，臂向内立圆圈绕。掌指朝上，掌心朝外。

（4）沉桥。由两脚开立步（二字马步）两臂屈肘于胸前（掌心朝后）开始。两臂屈肘内旋，同时下沉，使前臂用力向下压，掌心朝下。

（5）劈桥。由马步抱拳开始。以左劈桥为例，两拳变掌，以左掌前臂尺骨（小指侧）为力点，经上向斜下劈至体前，掌心朝上。同时右掌附于左肘内侧，掌心朝下。

（6）攻桥。由马步抱拳开始。两拳变掌，两臂内旋向前撞击，肘微屈，掌心朝下，力达前臂尺骨侧。此势为双攻桥，如单臂向前撞击则为单攻桥。

（7）膀桥。由左弓步抱拳开始。以右膀桥为例，两拳变掌，右臂内旋，由外向内滚动挫击，臂微屈，掌心朝外，力达前臂内侧（拇指侧）。同时左掌附于右上臂内侧，掌心朝外。

（8）截桥。由左弓步抱拳开始。以左截桥为例，两拳变掌，左臂外旋屈肘，以前臂尺骨侧（小指侧）为力点，由外向内截击，掌心朝内，掌指朝上。同时右掌松握于左上臂内侧，掌心朝内。

（9）架桥。由弓步抱拳开始。以左手架桥为例，左拳变掌，左臂内旋，以前臂尺骨侧（小指侧）为力点，向头上架起，肘微屈，掌心斜朝上。

（10）穿桥。由左弓步冲拳开始。以左穿桥为例，左拳变掌，沿右臂下面向前、向外弧形穿出,腕外展,指尖朝外。同时上体微右转成半马步,右拳收抱于腰间。目视左手。

(三)步型

(1)马步。两脚左右分开。脚尖正对前方,屈膝半蹲,膝部与脚尖垂直,上体正直,收腹敛臀,双手握拳置于腰两侧。

(2)弓步。两脚前后分开。前脚脚尖里扣,斜向前方,屈膝半蹲,膝部与脚尖垂直;后腿挺膝伸直,脚尖里扣;两脚全脚掌着地。

(3)虚步。虚步又叫吊马步。以左虚步为例,左腿屈膝前伸,前脚掌虚点地面;右腿屈膝半蹲,脚尖斜向前方;收腹敛臀。

(4)拐步。两腿前后交叉。前腿屈膝下蹲,脚尖外展约 90°;后腿屈膝下跪,膝部接近地面,脚跟离地;收腹敛臀。

(5)骑龙步。前腿屈膝半蹲,全脚掌着地;后腿屈膝下跪(注意不得触地),前脚掌着地。两脚间相距约三脚长。

(6)跪步。两腿前后分开,距离约两脚长。前腿屈膝下蹲;后腿屈膝下跪,膝部接近地面(注意不得触地),脚后跟离地,臀部后坐。

(7)半马步。两脚左右分开,距离约三脚长,屈膝半蹲。左脚脚尖朝左,右脚脚尖朝前,重心偏于右腿(如右脚脚尖朝右,则重心偏于左腿),收腹敛臀。

(8)独立步。一腿伸直站立,另一腿屈膝提起,脚尖朝下,脚面绷直;收腹立腰,稳定站立。

(9)单蝶步。一腿屈膝下蹲,另一腿跪地(小腿内侧贴地),收腹立腰。

(四)步法

(1)上步。后脚经前脚向前上步。

(2)退步。前脚经后脚向后退步。

(3)拖步。前脚向前迈一大步,后脚拖地跟一小步。

(4)盖步。一脚经另一脚前横迈一步,全脚掌着地,脚尖外摆,两腿交叉。

(5)插步。一脚经另一脚后横迈一步,前脚掌着地,两腿交叉。

(6)走三角步。

①由并步开始。左脚向右前方上步,脚尖外摆,膝微屈;右腿屈膝下跪,脚跟离地。

②右脚由后经左脚前绕上一步,脚尖里扣,膝微屈;左脚脚跟离地,微屈膝。

③身体左转,左脚弧形后退一步,转身成弓步或马步。

(7)麒麟步。

①由并步开始。左脚向右前方上步,脚尖外摆,膝微屈;右脚屈膝下跪,脚跟离地,两腿交叉。

②右脚由后经左脚前向左前方上步,脚尖外摆,膝微屈;左脚屈膝下跪,脚跟离地,两腿交叉。

③左脚由后向左前方上步,脚尖朝左,双腿屈膝成半马步。

(五)腿法

(1)前蹬腿。腿由屈到伸,脚尖翘起,以脚跟为力点向前猛力蹬出,上体保持正直。目视蹬腿方向。

(2)前钉腿。一腿屈膝提起,由屈到伸,迅速向前下钉踢,脚尖绷直,高不过膝。目视脚尖。

(3)踩腿。一腿屈膝提起,膝关节外展,由屈到伸,迅速向前下方踩出,脚尖勾紧并翻转朝外,高不过膝。目视脚跟。

(4)侧踹腿。由叉步抱拳开始。右脚支撑;左脚屈膝侧抬;由屈到伸,脚掌用力向左上方踹出,脚高于胯,挺膝,脚尖勾紧,脚外缘朝上。目视左脚。

(5)横钉腿。两腿右前左后站立。右腿支撑,脚尖略外转;左腿屈膝侧抬,脚由左侧弧形向斜

上方猛力横钉,脚尖勾起,高于腰,力达脚前掌。目视脚尖。

三、南拳的桩步训练指导

(一)半马步—左(右)弓步—并步

预备势:并步抱拳。

1. 半马步

向左分开左脚,脚尖指向左。屈膝双腿成半蹲,将重心稍移向右腿成半马步,注视左侧。

2. 左弓步

蹬右脚,外转脚后跟,挺右膝;向左转身体,屈左膝成做弓步,两眼注视前方。

3. 并步

收回左脚,还原成并步抱拳,两眼注视前方。然后进行左右转换练习。

(二)上步(半马步)—弓步—上步(半马步)—弓步

预备势:并步抱拳。

1. 上步(半马步)

向前上左脚,左脚尖指向前方,屈膝双腿,将重心稍移向右腿成半马步,两眼注视左侧。

2. 弓步

蹬右脚,挺右膝并伸直成左弓步,两眼注视前方。

3. 上步(半马步)

向前上右脚,右脚尖指向前方,屈膝双腿,将重心稍移向左腿,成半马步,两眼注视右侧。

4. 弓步

蹬左脚,挺左膝并伸直,成右弓步,两眼注视前方。

(三)左拐步—右拐步—半马步—弓步—右拐步—左拐步—半马步—弓步

预备势:并步抱拳。

1. 左拐步

向右前上左脚,微屈左膝,外展左脚尖;屈右膝下跪(不着地),右脚跟离地成左拐步,两眼注视前方。

2. 右拐步

向左前上右脚,外展右脚尖,微屈双腿成右拐步,两眼注视前方。

3. 半马步

向左侧分左脚,左脚尖指向前方,屈膝双腿,将重心稍移向右腿,成半马步,两眼注视左侧。

4. 弓步

挺右膝并伸直,成左弓步,两眼注视前方。

5~6 与 1~2 动作相同,只是方向不同。

(四)虚步—马步—右单蝶步—右骑龙步—并步抱拳

预备势:并步抱拳。

1. 虚步

移重心到右脚,屈右膝成半蹲,向前上半步左脚,左脚尖点地成左虚步,两眼注视前方。

2. 马步

向前上半步左脚,内扣左脚尖,向右转动上体,屈膝双腿,成马步,两眼注视前方。

3. 右单蝶步

屈左膝向下全蹲;屈右膝下跪,以小腿内侧着地成单蝶步。直立上体,两眼注视前方。

4. 右骑龙步

上体稍提起并向右转,屈左膝并内扣,左脚前掌着地;屈右膝半蹲,向前顶膝关节,右脚以全脚掌着地成骑龙步。收腹立腰,两眼注视前方。

5. 并步抱拳

身体起立,将左脚并于右脚,还原成立正抱拳,两眼注视前方。

四、南拳的基础方法练习

(一)开步右滚桥挑掌—右沉桥推掌—右沉桥单指手—右沉桥标掌—右圈桥抱拳—左滚桥挑掌—左沉桥推掌—左沉桥单指手—左沉桥标掌—左圈桥抱拳

预备势:成站立姿势,两脚左右开立,距离与肩同宽,两手抱拳放于腰间,拳心朝上,两眼注视前方。

1. 开步右滚桥挑掌

(1)下肢保持不同,右手成掌,内旋右手臂,使右掌心斜朝下,向前下方屈肘下切,手指朝左下方,两眼注视右掌。

(2)外旋右手臂,使右掌心朝里,以右手肘作为轴心,由下向左、向上经过脸前向右划弧外挑到右肩前,手指同眉高,两眼注视右掌指。

2. 右沉桥推掌

(1)内旋右手臂,使右掌心向左,屈右手肘到左肩前,手指朝上,两眼注视右手掌指。

(2)向右下沉收右掌到右腰侧,掌心向下,掌指向右,两眼注视右手掌。

(3)向左斜前方推右掌,与眉同高,掌指朝上,两眼注视右手掌指。

3. 右沉桥单指手

(1)右手掌成单指手,自左向右进行横移到右肩前方,微屈右手肘,使手心朝前,手指向上,两眼注视右单指手。

(2)屈右肘,右单指手向上挑,放于右肩上,右肘尖朝向正前方,两眼注视右手肘。

(3)下沉右肘,右单指手向前、向下进行划弧到右腰侧,手心向前,食指向上,两眼注视右单手指。

(4)向前平伸推出右单指手,使手心向前,手指向上,两眼注视右单指手。

4. 右沉桥标掌

(1)右手成掌,屈右手肘向上挑,放在右肩上,使右手肘肘尖朝前,两眼注视右手肘。

(2)下沉右手肘,右手掌向前、向下进行划弧,回收到腰侧,掌心向下,两眼注视右掌指。

(3)以右手掌指作为力点,将右手臂直臂向前平伸标出,右手掌指向前,两眼注视右掌。

5. 右圈桥抱拳

(1)屈右手肘,向左平摆右手臂会收到左肩前,右手成拳,拳心向下,两眼注视右拳。

(2)外旋右手臂,屈右手肘,右拳向上、向前划弧绕到右肩前,拳心向上,两眼注视右拳。

（3）屈右手肘,收右拳到腰侧,拳心向上,两眼注视前方。

6. 左滚桥挑掌

（1）双腿保持不动,左手由拳变掌,内旋左手臂,掌心朝斜下方,向前下方去屈左手肘进行切击,左手掌指向右,两眼注视左手掌。

（2）外旋左手臂,使左手掌心向里,以左手肘作为轴心,向右、向上经过面前向左划弧进行外挑到左肩前,左手掌指同眉高,两眼注视左手掌指。

7. 左沉桥推掌

（1）内旋左手臂,使左掌心向右,屈左手肘到右肩前,左手掌指向上,两眼注视左手掌指。

（2）向左下沉左手掌,回收到腰侧,左手掌心向下,掌指向左,两眼注视左手掌。

（3）向右斜前方推左手掌,左手掌指向上,同眉高,左手掌心向前,两眼注视左手掌指。

8. 左沉桥单指手

（1）左手掌由掌成单指手,自右向左进行横移到左肩前,微屈左手肘,左手心向前,左手指向上,两眼注视左单指手。

（2）屈左手肘,上挑左单指手,放在左肩上,使左手肘肘尖朝前,两眼注视左手肘。

（3）下沉左手肘,左单指手向前、向下进行划弧,回收到腰侧,将左手手心向前,左手食指向上,两眼注视左单指手。

（4）向前平伸退出左单指手,使左手手心向前,左手食指向上,两眼注视左单指手。

9. 左沉桥标掌

（1）左单指手成掌,去左手肘向上挑,放在左肩上,使左手手肘肘尖向前,两眼注视左手肘。

（2）下沉左手肘,左手掌向前、向下进行划弧,回收到腰侧,左手重心向下,掌指向前,两眼注视左手掌指。

（3）以左手掌指作为力点,将左手臂向前平伸标出左手掌指,掌指向前,两眼注视左手掌。

10. 左圈桥抱拳

(1)屈左手肘,向右平摆左手,回收到右肩前成拳,拳心向下,两眼注视拳背。

(2)外旋左手臂,并去左手肘,左拳向上、向前进行划弧,绕到左肩前,拳心向上,两眼注视左拳。

(3)屈左手肘,收左拳回到腰侧,拳心向上,两眼注视前方。

(二)半马步按掌—左(右)弓步冲拳—半马步按掌—右(左)弓步冲拳

预备势:并步抱拳。

1. 半马步按掌

向左侧迈左脚,左脚尖指向左方,屈膝双腿,成半蹲,将重心稍移向右腿,成半马步。向左微转腰,左手由拳变掌,向左侧从外向里进行划弧按掌,微屈左手臂,左手掌指向内,掌心斜向下,两眼注视左手掌。

2. 左(右)弓步冲拳

屈左膝,成半蹲,挺右膝,伸直右腿成左弓步。左手由掌成拳回收到腰间,左拳心向上;向前将右拳直线冲出,右手臂同肩平,拳心向下,两眼注视右拳。

3. 半马步按掌

向前上右脚,右脚尖指向前方,屈膝双腿,成半蹲,将身体重心稍移向左腿,成半马步。向左微转腰,右手由拳成掌,向下从外向里划弧按掌,微屈右手臂,右手掌指向内,掌心向斜下,两眼注视右手掌。

4. 右(左)弓步冲拳

屈右膝,成半蹲,挺左膝,伸直左腿,成右弓步。右手由掌变拳回收到腰间,拳心向上;向前将左拳直线冲出,左手臂同肩平,拳心向下,两眼注视左拳。

(三)左弓步冲拳—右虚步穿桥—马步冲拳—右弓步冲拳—左虚步穿桥—马步冲拳

预备势:并步抱拳。

1. 左弓步冲拳

(1)左脚向左侧开步,身体左转,两腿屈膝半蹲,重心微偏于右腿。同时左拳变掌经外向左侧按掌,掌心朝外。目视左掌。

(2)右腿挺膝伸直成左弓步。同时左手收至腰间抱拳,拳心朝上;身体微左转,右拳随转体向前冲出,拳心朝下,力达拳面,臂与肩平。目视前方。

2. 右虚步穿桥

重心移至左腿,右脚向前上半步,脚尖点地成右虚步。同时左拳变掌,沿右臂(桥)下向前穿出,掌指外展朝左,掌心朝前;右拳拉至腰间,拳心朝上。目视左掌。

3. 马步冲拳

右脚向前上半步,脚尖内扣;身体左转,两腿半蹲成马步。同时右拳向右侧冲出,拳眼朝上,力达拳面,臂与肩平;左掌回收置于右肩前,掌指朝上,掌心朝右。目视右拳。

4. 右弓步冲拳

身体右转,右脚稍向后移,屈右膝,左腿蹬地挺膝成右弓步。同时右拳变掌向右平搂手后收回腰间抱拳,拳心朝上;左掌变拳经腰间向前冲出,拳心朝下,力达拳面,臂与肩平。目视前方。

5. 左虚步穿桥

重心移至右腿,右腿屈膝;左脚向前上半步,脚尖点地成左虚步。同时右拳变掌沿左臂下向前穿出,掌指朝右,掌心朝前;左拳回拉至腰间,拳心朝上。目视右掌。

6. 马步冲拳

左脚向前上半步,脚尖内扣,身体右转,两腿屈膝成马步。同时左拳向左侧冲出,拳眼朝上,力达拳面,臂与肩平;右掌回收置于左肩前,掌心朝左,掌指朝上。目视左拳。

(四)麒麟步盘手左弓步双推掌—麒麟步盘手右弓步双推掌—并步抱拳

预备势:并步抱拳。

1. 麒麟步盘手左弓步双推掌

向右前方上一步左脚,外摆左脚尖,屈双膝,成左拐步;同时,两手由拳成掌,从腰间向身体左侧摆,右手掌在上,掌心向左;左手掌向下,掌心向前,两眼注视左侧。从后向左前方上一步右脚,外摆右脚尖,屈双膝,成右拐步;同时,两手从左经过提前向前摆到右侧,左手掌在上,右手掌在下,成右侧蝴蝶掌,两眼注视右侧。从后向左前上一步左脚,弯曲双腿,成半马步;蹬右腿,挺右膝,屈左膝,成左弓步;同时向前将两手掌推出,左手掌心向下,手指指尖向右;右手掌心向上,手指指尖向右,两眼注视两手掌。

2. 麒麟步盘手右弓步双推掌

向左前方上一步右脚,外摆右脚尖,屈双膝,成右拐步;同时,两手掌随屈肘由前收到腰侧,左手掌在上,掌心向右;右手掌在下,掌心向前,两眼注视右侧。从后向右前上一步左脚,外摆左脚尖,屈双膝,成左拐步;同时,将两手掌从右经过身体前向前摆到左侧,右手掌在上,左手掌在下,成左侧蝴蝶掌,两眼注视左侧。从后向右前方上一步右脚,弯曲双腿,成半马步;蹬左腿,挺左膝,屈右膝,成右弓步;同时向前将两手掌推出,右掌心向下,手指指尖向左;左手掌向上,手指指尖向左,两眼注视两手掌。

3. 并步抱拳

将左脚并于右脚,成立正姿势,两手由掌变拳,回收到腰间,拳心向上,两眼注视前方。

(五)左弓步抛拳—右弓步抛拳—上步挂盖拳—插步鞭拳—翻身左弓步挂盖拳—马步侧冲拳

预备势:并步抱拳。

1. 左弓步抛拳

向左前上一步左脚,屈左膝;伸直右腿,成左弓步;同时,伸直左手臂,左拳向前、向上、向右在经下弧形摆到左后侧成侧平举,拳心向下;伸直右手臂,右拳向后伸出,经下向右上方抛起,拳眼向后,两眼注视前方。

2. 右弓步抛拳

向右前上一步右脚,屈右膝,伸直左腿,成右弓步;同时,左拳直臂经下向左上方抛起,拳眼朝后;伸直右手臂,右拳从上向下弧形摆到右后侧成侧平举,拳心向下,两眼注视前方。

3. 上步挂盖拳

向前上一步左脚,内扣左脚尖,屈双膝,成半蹲;向右微转腰,内旋左拳,伸直左手臂在体前下挂;自然伸直右臂,下摆右拳,两眼注视左拳。屈左膝,挺右膝,伸直右腿,成左弓步;同时向左转腰,左拳经上反臂弧形挂摆到左后成侧平举,拳心向下;右拳经上直臂抢盖到体前,拳心向下,两眼注视右拳。

4. 插步鞭拳

向前先上一步右脚,内扣右脚尖,屈双膝成半蹲;同时,屈右臂将右拳摆到胸前,拳心向里;左手由拳成掌仍摆在左侧,两眼注视左侧。右脚经过右脚后侧向右进行插步,以左前脚掌着地;屈右膝,成半蹲;向右微转腰,以右肘关节作为轴心向右侧进行右拳鞭打,拳眼向上,要注意力达拳背;屈左臂,将左掌在右肩前方平摆,掌心向右,两眼注视右拳。

5. 翻身左弓步挂盖拳

将左脚前脚掌作为轴心,自然转动右脚,向左后转动身体约270°,屈左膝,挺右膝将右腿伸直,成左弓步。同时,左手由掌成拳,经下向上成立圆抢挂到左侧平举,拳心向下,右拳经下向上成立圆抢盖到体前,拳心斜向里,两眼注视右拳。

6. 马步侧冲拳

(1)向前上半步右脚,以右脚尖点地。左手由拳成掌,自身后从下与右拳相交叉于头部上方架在一起,左手掌在外,两眼注视前方。

(2)向前上半步右脚,内扣右脚尖,屈双膝,成马步。向左转动上体,右拳从上经过腰间向右侧冲出,拳眼向上,右手臂与肩保持齐平,力达拳面;左手掌自上经过腰间向前进行微伸,屈左手臂附在右肩前,左手掌心向右,两眼注视右拳。

(3)向右转动身体,直立,将左脚与右脚并拢,两拳回收到腰间,两眼注视前方。

第三节　太极拳

一、太极拳的起源

在我国武术中,太极拳是其中的一大拳派,有着非常崇高的地位,并且在民间流传非常广泛。在早期,太极拳曾被称为"长拳""十三势""绵拳""软手"。太极拳将我国众多拳种之长融会综合,并与古老的吐纳术、导引术相结合,吸取了古典唯物哲学的阴阳学说和中医理论的经络学说,而不断发展成为一种内外兼修的拳术。太极拳适合各个年龄阶段人群,各种体型和身态者练习,它具有动作松柔、刚柔相济、上下相通、快慢相兼的特点,能够实现内外相合、形意相合,练劲养气。经常参与太极拳练习,能够在身心健康方面达到很好的效果。它是一种既简单又高深的运动,能够使人练习蓄劲、修身、防身、健身、养身,使人终身受益。

经过长期的发展,太极拳也形成了不同的流派,有陈式、杨式、孙式、吴式、武式等,各流派有着各自不同的风格特点。虽然在风格、动作和套路等方面,各个太极拳流派都是自成一体,但在运动特点和一些技术方法方面仍然存在相同之处。

长期参与太极拳练习,能够对血液循环、中枢神经、心理健康、呼吸系统等产生非常好的作用。由于其在健身和治疗疾病方面具有独特的效果,太极拳被列为国际医疗体育项目,受到国内外越来越多的人的喜爱,并产生了非常广泛的影响。

二、太极拳基本技术训练指导

(一)手型

太极拳主要包括以下三种基本手型。

拳:使五个手指成卷曲,将拇指按压在食指、中指第二指关节上。自然握拢手指,拳不要握得太紧。

掌:自然分开五指,并微屈,微含掌心,虎口成弧形。不能使手指太过僵直,当然也不能太过松软弯曲。

勾:捏拢五指的第一指关节,并屈手腕,腕部和手指都要松活自然。

(二)手法

太极拳的习练主要分为以下几种手法。

掼拳:在腰间立拳并向前击打出,高度不能超过肩部,要做到力达拳面。

贯拳:两拳从下经过身体两侧向前上方划弧做横打,高度要与耳同高,稍屈手臂,拳眼斜向下,要做到力达拳面。

推掌:单推掌时,手掌必须经过耳旁内旋手臂成立掌向前推出,掌心朝前,手指指尖不能高于眼,要做到力达掌根。双推掌时,两手掌从胸前向前同时推出,掌指向上,两手指尖的距离不能比肩宽,高度不能超过眼部,要做到力达掌根。

搂掌:手掌从身体前经过膝部前进行横搂到膝部外侧,止于胯旁,掌心向下,掌指向前。

搬拳:屈手臂俯拳向上、向前,前臂以肘关节为轴心翻到体前,微屈手肘,拳心斜向上,要做到力达拳背。

棚:手臂成弧形,前臂从下向前棚架,横在体前,肘关节要比手稍低一些,掌心向内,与肩同高,要做到力达前臂外侧。

捋:稍屈两手臂,两手掌掌心斜相对,两手掌随腰进行转动,从前向后进行划弧捋到体侧或身体后侧,不能进行直接回抽。

挤:将后手紧贴前手的前臂内侧,两手臂向前同时挤出,在前挤的过程中,两手臂要撑圆,前臂不能高于嘴,要做到力达前手手臂。

按:同时将两手掌从后向前进行推按,在此过程不能将两手臂伸直,手心朝前,手指不能比头部高,微塌手腕。撑掌要同松腰、弓腿协调一致。

云手:在身体前将两手掌上下交替成立圆运转,两手不能比眉高,不能比裆低;在云拨的过程中两手掌进行翻转拧裹,不能上耸肩部;两手掌的云转同重心的移动和腰胯的转动相协调配合;并步时两脚之间的距离为 10~30 厘米。

(三)步型

在太极拳的练习过程中,要注意的还有以下七种主要步型。

并步:双脚平行,距离 20 厘米以内,全脚掌着地,脚尖向前,将身体重心平分到两腿之间,也可偏于一腿。

独市步:一腿作为支撑腿,微屈膝部;另一腿上提屈膝,大腿高于水平,小腿和脚尖自然朝下。

弓步:前腿向前屈膝前弓,膝盖同脚尖上下相对,大腿斜向地面,前脚脚尖向前;自然将后腿蹬直,脚尖斜向前方 45°~60°,双脚以全脚掌着地,两脚脚后跟之间相距 10～30 厘米。

偏弓步:屈前膝,成前弓,保持膝盖与脚尖上下相对,大腿斜向地面,将前脚脚尖外撇约 15°;自然将后腿蹬直,脚尖斜向前方 45°～60°,双脚以全脚掌着地,两脚后跟相距 10 厘米。

虚步:屈后腿膝,成下蹲,腿膝部与脚尖方向保持相同,后脚以全脚掌着地,踏实后脚,外撇脚尖为 45°～60°;前脚以脚跟或脚前掌着地,脚尖指向正前方,保持前腿膝部微屈;将绝大部分体重放在后腿上,两脚之间的横向距离,不能超过一拳宽。

仆步:一条腿屈膝向下蹲,略微外展脚尖,以全脚掌着地;另一条腿伸直,里扣脚尖,以全脚掌着地,以仆出腿的脚尖和下蹲腿的脚跟在一条直线上为宜,既不能太宽也不能太窄。

提步:一条腿屈膝下蹲,支撑身体重量;另一只脚脚尖朝下,收控在支撑脚的内侧。

(四)步法

太极拳在习练的过程中,步法也是极为重要的,以下的六种步法在练习的过程中是很常见的。

退步:身体直立,并拢脚跟,外摆脚尖;将重心移到右腿,并进行屈膝,屈左膝,提起左脚并向左后方撇步,使用左前脚掌着地,并将重心逐渐移动到左腿上,屈膝后坐,右脚以前脚掌作为轴线扭直右脚,提起脚后跟,微屈右膝,成右虚步;提起右脚向后撇步,使用右脚前脚掌轻轻着地,然后继续向右转动上体;后移身体重心,踏实右脚,左脚以左前脚掌作为轴心,提起左脚后跟,微屈左膝,成左虚步。

侧行步:身体直立,平行将两脚稍分开,脚尖向前,屈双膝微下蹲,将身体重心移动到右腿;上提左膝,左脚跟先离地,提起左脚,并向左侧横跨一步,以左脚尖着地,过渡到全脚掌,踏实左脚,成横弓步;将身体重心移动到左腿,上提右膝,右脚跟先离地,提起右脚向左侧横收右脚,靠近左脚,右脚尖先着地,然后过渡到全脚掌,踏实右脚,成小开步,双脚之间的距离约 10 厘米。

上步:将一只脚向前迈一步,脚跟先着地,然后将重心向前移,过渡到全脚掌较低,踏实脚掌。

进步:身体直立,并拢两脚后跟,两脚尖外摆;将身体重心移动到右腿,并进行屈膝;提左膝,向前上步,以左脚后跟着地,成左虚步;将身体重心移动到左腿,过渡到左脚全脚掌着地,踏实左脚,脚尖向前,成左弓步;将身体重心移动到右腿,屈膝后坐,自然将左腿伸直,上翘左脚,成左虚步;向左微转身体,外摆左脚,将身体重心移向左腿,过渡到左脚全脚掌着地,踏实左脚,同时提右膝,提起右脚后跟,前脚掌向内进行碾转;将身体重心移动到左腿,并进行屈膝,提右膝,将右脚提收到左脚内侧;向右微转上体,向右前方上右脚,成右虚步;将身体重心转移到右腿,过渡到右脚全脚掌着地,踏实右脚,脚尖向前,成右弓步,两眼注视前方。

跟步:向前收拢后脚半步。

开步:将一只脚向侧分开半步或一步,如起势的左脚移动。

(五)腿法

提腿:一腿支撑,将另一腿屈膝向前或向上提起,脚尖要离地并且要比支撑腿踝关节高。

蹬脚:一腿支撑,微屈膝部;将另一腿屈膝提起,并使脚尖上翘,以脚后跟作为力点蹬出,将腿自然伸直,高于腰部。

(六)身型和身法

在太极拳的习练过程中,还必须注意的就是身型和身法的正确运用。

头:虚领顶劲,不能偏,不能歪,微微内收下颌。

肩:保持肩部松沉,既不能前扣,也不能后张。

肘:使肘部自然下垂。

胸:胸部微内含,自然舒松。

背:背部要舒展,挺拔,不能出现驼背。

腰:腰部要自然、松活,既不能前挺,也不能后弓。

脊:中正竖直,不能出现歪斜。

膝:膝部要自然、柔和地屈伸,不能出现僵直现象。

臀胯:臀部向内进行收敛,不能向后凸,胯不能向左右歪斜。

第七章　传统武术器械技法训练指导

　　器械技法同样是传统武术训练的重要内容,武术器械也是传统武术的重要组成部分。传统武术器械技法的内容非常丰富,很多器械技法都有着非常悠久的发展历史,本章主要对其中的刀术、枪术、棍术、剑术的训练方法进行具体分析。

第一节　刀术

一、刀术概述

(一)刀术的发展

　　刀最初是作为古代人类捕猎或生产时使用的一种原始工具出现的。早期的刀并不锋利,杀伤力也比较小。根据相关考证,早在旧石器晚期就已经出现了石刀这种武器。刀在当时不仅是作为一种生产工具,同时还是一种防御野兽袭击与杀敌护身的战斗武器。

　　早在夏商时期,当时的社会就已经有了青铜业,青铜刀作为作战用的武器也相应出现,虽然是仿照石刀、骨刀等,但是在形状与质量方面已经有所改进。在当时的社会中,青铜刀的形式主要包括直脊、弯脊、直脊而首部有弯三种,其质地较为坚硬,刀刃较之以往也更为锋利。

　　到了西周,刀的形制有了很大的变化,刀柄的厚度比以往有所增加,而且近刃部也有了圆圈穿孔,表明这一时期刀的形制技术方面有了很大提升。春秋战国至东汉时期,步兵、骑兵在战争中发挥着主导作用,这就在客观上要求刀在形制方面要更好地适应步兵、骑兵的作战要求;加之铁的冶炼水平也有了一定程度的提升,所制造出来的铁制刀具质量更好,不仅刀的质地有了很大发展,而且刀的长度也有所增加,最长的甚至达到了1米以上。

　　三国时期,刀已经发展成为军队中最主要的武器,刀的冶炼业同时也有一定程度的进步。两晋南北朝时期,当时的冶炼技术已经出现用生铁与熟铁合炼而成的灌钢刀等,这种较之于一般的铁制刀更加锐利。一般情况下,步兵的装制就是环柄的刀与长锯。

　　隋、唐、五代时期,当时的军队之中只有刀制的标准装备。《唐六典·武库条令》中记载,只有刀制,而无剑制。唐代的刀主要包括仪刀、障刀、横刀和陌刀等,而当时军队中所用刀主要是横刀与陌刀,其中尤以横刀数量为最大。在这一时期,刀不仅是军队的重要武器,而且在隋、唐起义的农民战争中也普遍使用这种武器。

　　宋代,刀的形制又发生了一定的改变,由狭长的长条形方刀头演化为刀头前锐后斜,另外还增加了护手部分,除去了刀环及鸟兽饰物。宋代的长刀主要有笔刀、棹刀等种类。

　　元明时期,火器在战争中得到了更加广泛的使用,长柄刀在军中逐渐少用。这一时期,人们对于刀术的探索与研究也有了进一步发展,出现了程宗猷的《耕余剩技·单刀法选》、戚继光的《辛酉刀法》等刀法专著。

　　随着社会的不断发展以及人类文明程度的不断提高,人们对于刀的使用方法也在不断改变,刀在古代社会中是一种非常重要的冷兵器,其在军事装备历史中占据着非常重要的地位,即使到了 20 世纪初期,刀在战争中所发挥的作用仍然非常大。到了今天,刀这种兵器已经淡出了战争的舞台,在传统武术中也已经演变成为一种较为单纯的武术器械。

(二)刀术的基本知识

1. 刀的组成

刀通常是由刀刃、刀背、刀尖、护手和刀柄等构成(图 7-1)。

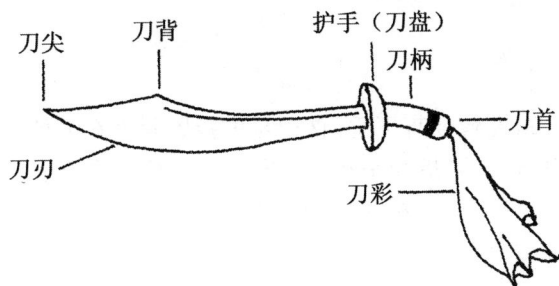

图 7-1

2. 刀的规格

刀的长度以直臂垂肘抱刀,刀尖不得低于本人的耳上端。参赛者按规则要求使用不同型号、重量、尺寸的刀。

3. 刀术的技法特点

1)刀若猛虎,动势尚猛

刀往往是刀背厚钝、刀刃薄利,因此以劈、砍为主的刀法与快、疾、猛、狠的动势是刀术的一项显著特点。由于刀快步疾、缠裹绕身、倏忽纵横,所以用猛虎之性比喻刀术的技法特点,以老虎的凶猛来比喻刀术的运动特点恰如其分。

2)刀法快捷,诡秘莫测

刀法有虚有实、有刚有柔,而且变幻莫测。民间对于刀法的经验有"刀走黑"之说,这也表现出了刀法所具有的诡秘性。程宗猷《单刀法选》讲到"其用法,左右跳跃,奇诈诡秘,人莫能测,故长技每每常败于刀"。这表明刀术不仅崇尚勇猛,而且刀法快捷、奇诈诡秘、变幻莫测也是其技法特点之一。

3)以腰助力,步疾刀猛

刀法的使用特点主要表现为劈、砍、斩、削、扫。在其用法上,为了增加相应的力量,大多时候是以腰为轴,以此来带动上身以及手臂,直到刀尖,以腰助力而发挥其猛、狠的动势。同时,以身法的闪展腾挪、俯仰扭转加大动势的幅度。因此,拳谚中又有"其用法,唯以身法为要"的说法。

二、刀术的技法训练

(一)刀的基本握法

1. 左手抱刀法

左手持握刀,左臂伸直下垂,食指与中指紧紧夹在刀柄处,拇指与食指扣住护手盘,中指、无名指和小指托住护手盘,刀背贴于手臂内侧,刀刃朝前,刀尖朝上,刀身垂于身体的左侧(图 7-2)。

2. 右手握刀法

右手虎口贴靠护手盘,五指屈握刀柄,随着刀法的变换应该适当调整握刀的力度(图 7-3)。

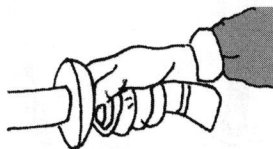

图 7-2　　　　　　　　　　　　　图 7-3

(二)刀术基本技法

刀术中的刀法有着非常多的变化,但是这些变化都是以刀法的基本技法为基础的。下面就对刀法的基本技法进行具体分析。

1. 缠头刀

两腿分开直立;右手握刀,左手的手臂向前举,肘关节稍微弯曲成侧立掌,双目前视(图 7-4)。右手手臂向内旋并上举,刀尖下垂,刀背绕到左肩部,左手手臂屈肘,左手的手掌摆到右上臂外侧成立掌(图 7-5)。

图 7-4　　　　　　　　　　　　　图 7-5

2. 裹脑刀

两腿分开站立;右手在左腋下持刀,刀尖向后上,左掌架在头部之上。双目前视(图 7-6)。右手持刀,向右平扫到身体前方再臂外旋上举(图 7-7)。右手在身体的右侧持刀,左手立掌(图 7-8)。

图 7-6 　　　　　图 7-7 　　　　　图 7-8

3. 藏刀

　　两腿分开站立；右手持刀，刀尖藏于右髋侧，左掌直臂前推为平藏刀。眼睛视正前方(图 7-9)。错步站立，右手持刀，刀身横平，刀尖向后于左腰侧，左掌架于头上为拦腰藏刀(图 7-10)。两腿分开站立，刀身竖直藏于左臂后，左掌架于头上为立藏刀。双目前视(图 7-11)。

图 7-9 　　　　　图 7-10 　　　　　图 7-11

4. 背花

　　开步站立；右手持刀直臂侧平举，左掌直臂侧平举。眼睛注视右前方(图 7-12)。右手持刀，臂内旋在体前下挂，成刀尖向左，左掌内合附于右前臂内侧。眼睛视刀尖(图 7-13)。上动不停，右转，右手持刀臂外旋，向上、向右下绕动，刀尖向右下方。眼睛视右前方(图 7-14)。上动不停，右手以腕为轴使刀在臂外侧向下、向上立绕，刀尖朝向右斜上方(图 7-15)。上动不停，右臂内旋，屈肘，刀尖向下，在背后绕一立圆，左掌下落摆至体左侧(图 7-16)。上动不停，上体向左转，刀尖下落带至腹前，刀刃向下，刀尖向后，左掌合于右前臂内侧(图 7-17)。上动不停，随上体转正，右手向右劈刀,左掌直臂上分落至侧平举。眼睛注视右前方(图7-18)。

图 7-12

图 7-13

图 7-14

图 7-15

图 7-16

图 7-17

图 7-18

5. 架刀

左脚在前,错步站立;右手持刀前举,左掌立于右前臂内侧。眼睛正视前方(图7-19)。右臂内旋,刀尖摆向左侧,左手附在刀身前部,双手向上横向托起,举刀过头(图7-20)。

图 7-19　　　　　　　　　图 7-20

6. 劈刀

右脚在前,错步站立;右手持刀上举,刀刃向前,刀尖向上,左掌按在胯旁。眼睛注视前方(图 7-21)。右手持刀,由上向下直臂劈,左掌屈肘上合,置于右肩前(图 7-22)。

图 7-21　　　　　　　　　图 7-22

7. 砍刀

开步站立;右手持刀举于右斜上方,左掌按于胯旁。眼睛视前方(图 7-23)。右手持刀,直臂向左下方斜砍,左掌上合,立掌于右肩前方。眼睛正视刀尖(图 7-24)。

8. 截刀

左脚在前,错步站立;右手持刀直臂前举,左掌立掌于右肩前方。眼睛正视前方(图 7-25)。身体右转,左脚成丁步;随转体,右手持刀,刀刃斜向下截至身体右侧,同时左掌直臂向左斜上方分掌。眼睛注视刀尖(图 7-26)。

图 7-23

图 7-24

图 7-25

图 7-26

9. 撩刀

右脚在前,错步站立;右手持刀,直臂前举,左掌立掌于右肩前方。眼睛正视前方(图 7-27)。右手持刀,直臂向上立绕至体后再变外旋,向下沿身体右侧向前撩至体前上方,左掌前伸,直臂向上绕至体侧。眼睛注视刀尖(图 7-28)。

10. 挂刀

右脚在前,错步侧身站立;右手持刀,直臂侧平举,左掌直臂侧平举。眼睛正视右前方。右臂内旋,刀尖向下,向左贴身挂出,两手合于腹前(图 7-29)。

图 7-27 图 7-28

11. 扎刀

开步站立；右手持刀放于右胯旁，刀尖指向前方，左掌按于左胯旁。眼睛正视前方(图 7-30)。右手持刀，屈肘上提向前直刺，左掌弧形上摆立于右前臂内侧。眼睛正视前方(图 7-31)。

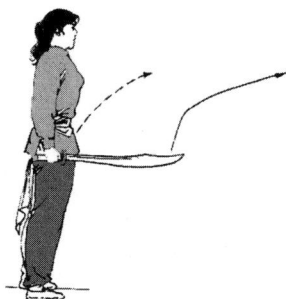

图 7-29 图 7-30 图 7-31

12. 抹刀

开步站立；右手持刀，直臂前举，左掌立于右前臂内侧。目视前方(图 7-32)。腰向右拧转，右臂内旋，刀刃向左，由前向左弧形抽回，左掌顺势助力，仍按于右前臂内侧(图 7-33)。

13. 斩刀

左脚在前，错步站立；右手持刀，直臂前举，左掌立于右上臂内侧。眼睛正视前方(图 7-34)。身体右转，右臂内旋，刀向右横击，同时左掌直臂向左侧平分。眼睛视右前方(图 7-35)。

图 7-32

图 7-33

图 7-34

图 7-35

14. 扫刀

左脚在后下蹲；右手持刀于身体右侧，刀尖与踝关节保持同一高度，左掌举于左斜上方。眼睛注视刀尖（图 7-36）。身体左转约 270°，右臂外旋，刀刃向左，向左旋转平扫一圈，左掌按于右手腕处（图 7-37）。

图 7-36

图 7-37

15. 云刀

右脚在前，错步站立；右手直臂持刀成侧平举，左掌直臂成侧平举。眼睛视右前方（图 7-38）。右臂内旋上举再变外旋，使刀在头顶上方平圆绕环一周,左掌内合按于右手腕处。眼睛注视前方(图7-39)。

图 7-38　　　　　　　　　　图 7-39

16. 崩刀

　　开步站立;右手持刀。直臂侧平举,左掌直臂侧平举。眼睛注视右前方(图7-40)。右手沉腕,刀尖猛向上崩,左掌内合按在右前臂内侧。眼睛注视刀尖(图7-41)。

图 7-40　　　　　　　　　　图 7-41

17. 点刀

　　右脚在前,错步站立;右手持刀,直臂侧平举,左掌直臂侧平举。眼睛视右前方向(图7-42)。右手提腕,刀尖猛向下点,左掌合按于右手腕处。眼睛注视刀尖(图7-43)。

18. 挑刀

　　右脚在前,错步站立;右手持刀,直臂前平举,左掌立于右上臂内侧。眼睛正视前方(图7-44)。持刀上挑,左掌立于右肩前(图7-45)。

图 7-42

图 7-43

图 7-44

图 7-45

19. 按刀

开步站立;右手持刀侧平举,左掌直臂侧平举。眼睛注视右前方(图 7-46)。右臂外旋,刀向上弧形按在身体左侧,刀尖向左(图 7-47)。

20. 格刀

错步站立;右手持刀前举,左掌立于右前臂内侧。眼睛正视前方(图 7-48)。右臂向内旋转,刀尖向下,刀刃向外(图 7-49)。身体向右旋转,右手持刀向右格挡,左掌按于右前臂内侧。眼睛注视前方(图 7-50)。

图 7-46　　　　　　　　　　　　图 7-47

图 7-48　　　　　　图 7-49　　　　　　图 7-50

21. 背刀

　　开步站立;持刀斜上举,刀背贴于后背,左掌直臂侧平举。眼睛正视前方(图 7-51)。开步站立;持刀,臂内旋于身后,左直臂侧平举。眼睛注视左前方(图 7-52)。

图 7-51　　　　　　　　图 7-52

22. 推刀

开步站立；右手持刀放置于胯旁，刀尖指向前方，左掌垂于体侧。眼睛正视前方（图 7-53）。右臂内旋，刀刃指向前方，屈肘上提再直臂向前立推，左手附于刀背前部（图 7-54）。

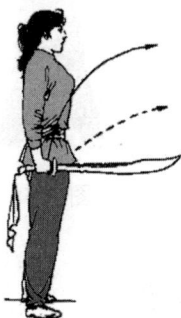 

图 7-53   图 7-54

23. 错刀

开步站立；右手持刀，直臂前平举，左掌立于右手腕处。眼睛注视前方。右臂屈肘，手腕外旋，手心向上，刀尖摆向右前方，左掌按右腕。眼睛注视刀尖（图 7-55）。右手持刀，向前推出为正错刀（图 7-56）。

图 7-55   图 7-56

24. 分刀

开步站立；右手持刀于腹前，刀身水平横直，刀尖向左，左掌附于右手腕处。眼睛注视前方（图 7-57）。双手上举，手臂平直分开，刀尖向上就是立分刀（图 7-58）。

图 7-57

图 7-58

第二节　枪术

一、枪术概述

（一）枪术的发展

枪是我国古代一种重要的冷兵器。枪由棍与矛演化而来，它是我国武术运动中一项非常重要的武器。枪与矛的区别主要表现为，矛头比较重，在形制方面比较宽厚，而枪头比较小，相对于矛更为锋利。《通俗文》中记载："剡木伤盗曰枪"。后来发展到在竹木杆上绑着形似矛头的石块、骨角锥刺猎物。在原始社会时期，原始人用来狩猎的前端修尖的木棒，便是矛的前身。后来，人们为了改进这种扎刺利器的性能，逐渐用石头、兽骨制作矛头，缚在长木棒的前端，增强杀伤力。到了商周时期，青铜制作的长矛已是重要的格斗兵器。这种青铜矛，形体宽大，刃部具有双锋，不少矛鎏部的两侧有环或孔，用以系缨。随着冶炼业的发展，铁制矛头锐长，与枪类似。

到了晋代，枪也有了很大的改进，枪头变得短而尖，而且更加轻便锋利，自晋以后枪兴矛衰。

隋唐时期，枪已经发展成为战阵中的主要兵器，步兵骑兵都以用枪为主。尤其是在唐代之后，人们逐渐习惯了将矛改称为枪的名称，同时把矛头的尺寸减小，这样应用起来更为轻便。随着军事战争的需要增加，枪的种类也日渐繁多,技击方法也更加多样。唐代枪的种类主要包括漆枪、木枪、白头枪以及朴头枪,其中漆枪多被骑兵所采用,木枪多用于步战之中,白头枪、朴头枪为皇朝禁卫军所用。宋代的长兵所使用的仍然是隋唐时期的旧制度,枪是军队中的主要武器,其形制也比较复杂,步骑兵常用的枪具主要包括捣马突枪、槌枪、抓枪、单钩枪、双钩枪等,除此之外还包括宋代李全之妻杨妙真所创的梨花枪(是长矛和火器的结合型兵器),世称她"二十年梨花枪,天下无敌手"。宋代时期枪的形制类别要比前朝更加丰富,而且用法与以前相比也更加多样化,但枪依然是军队中进行近战的主要武器。

明代时期,枪的技法得到了很大程度的发挥,枪不仅是战争中的有力武器,而且作为习武健身活动的器械也有了很好的发展。

到了清代,枪的使用更加广泛,并衍生出很多种类,如铁枪、线枪、虎牙枪、三眼枪、火焰枪、雁翎枪等。此外,清代学、练、研究枪法者很多,《手臂录》《万宝书》《阴符枪谱》等书中都记载了大量的枪术理论。

后来,随着火药的发明以及在战争中的普遍使用,枪在军事方面逐渐被淘汰。但作为武术器械却得到了发展,如今出现了单头枪、双头枪、单头双枪等套路演练形式。现代武术器械用枪,多用韧性较强的白蜡杆制作枪柄,演练时既柔且刚,表现出步稳枪颤的特点。

(二)枪术的基本知识

1. 枪的部位名称及规格

如图7-59所示,枪通常是由枪杆、枪头以及枪缨组成。枪杆一般都是由长且直的圆木(白蜡杆)制成。枪长等于或者长于本人直立直臂上举时从脚底到指端的高度。枪头的长度约15厘米,枪缨的长度通常要长于20厘米。枪各个部位的名称具体如下。

(1)枪杆:枪的木杆部分。

(2)枪头:安装在枪杆上带尖刃的金属。

(3)枪尖:枪头的尖锐部。

(4)枪库:枪头尾段的锥形圆管。

(5)枪缨:系于枪头尾端的红缨。

(6)枪把:枪杆的底端。

(7)把端:枪杆把段靠近枪把的1/3部分。

另外,枪杆靠近枪头的1/3段,为前段;枪杆正中的1/3段,为中段;枪杆靠近枪把的1/3段,为把段。

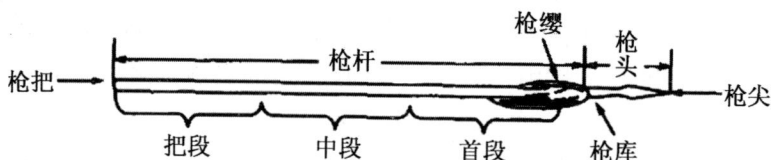

图 7-59

在实战中,枪主要是进行直线攻击,攻击的距离也比较远,进攻之后回抽也较为迅速,杀伤力非常强。枪法主要是以拦、拿、扎为主,同时还有点、崩、劈、穿、挑、拨等技术。

2. 枪术的技法特点

(1)持枪贵四平:持枪时务求平稳,同时还应该遵循顶平、肩平、枪平、脚平的原则。持枪时,应该头正、颈直,同时下颌微收,双眼平视前方。

(2)前管后锁:前手握于枪的中段,手指应该像握管一样握住枪身,同时还要保证枪杆可以灵活进退,握于枪身中段的前手应该像"管"一样套住枪身,同时还要保证枪杆在其中可以自由出入,从而可以很好地控制枪的运动路线与方向;后手要紧紧握住枪把,推动枪身运动,不仅要灵活运转枪把与控制枪梢,同时还能够很好地表现出不同的枪法。

(3)枪扎一条线:枪法比较强调直扎,通过扎这种技术来使枪尖发挥出更大的功效,直扎远取发挥枪的特长。扎不仅是枪的一项重要技术,而且是枪术最为主要的一项进攻技法。

(4)艺工于一圈:"圈"技术在枪术中有着非常重要的作用。在实战当中,两枪较量常常是彼来我往,在用枪进攻对方时应该避开对方的枪;枪的防守在于与来枪相交。

二、枪术的技法训练

(一)枪术的基本握法

通常情况下,持枪是用右手握于枪把,为后手;左手握于枪杆中段,为前手。后手要紧握于把端,前手要松活,从而方便进行前后的滑动,出枪至前手触及后手为止。

1. 一般持枪方法

双手将枪杆紧贴腰腹间，右手置于右腰侧，左手于前方，双臂微屈。单手持枪一般是以右手紧握枪把，屈臂直立于右侧或者体前方。

2. 握枪把法

虎口朝向枪头一端为阳手握法，虎口朝向枪把一端为阴手握法。四指与拇指紧握为满把。四指握枪成螺形为螺把。以拇指与食指握枪于虎口，为钳把。松握枪杆并沿枪杆滑动，为滑把。两手调换握枪前后的部位，为换把。

一般右手满把阳手握枪把，左手随动作的变化自如上下滑动。基本枪法中主要包括扎、拦、拿、劈、点、崩、挑、缠等枪法，以及戳、挑、撩、横击等把法。

(二)枪术的基本技法

1. 拦、拿枪

预备姿势：半马步，左手握住枪身的中部，虎口朝前，右掌心握枪把，置于右腰侧，枪尖高与肩平；眼睛注视枪尖。

动作说明：①拦枪，左手持枪向上翻腕，使枪尖向上向左绕一直径约 30 厘米的半圈做拦枪动作，右手握枪把随之在腰间转动；眼睛注视枪尖。②拿枪，左手持枪向下翻腕，使枪尖向上向右绕一直径约 30 厘米的半圈做拿枪动作，右手握枪把随之在腰间转动；眼睛注视枪尖。

要点：枪杆应该贴于腰部，绕圈不要太大，拦、拿等动作应该有力量。

2. 扎枪

预备姿势：成半马步，左手握住枪身的中部，虎口朝前，右掌心握枪把于右腰侧，枪尖的高度与肩持平；眼睛注视枪尖。

动作说明：右脚蹬直成左弓步，同时右手向前推送枪，做平扎枪的动作；力量应该直达枪尖。

要点：枪身应该平直扎出，后手应该触及前手，同时与蹬腿转腰相一致，力量应该直达枪尖。

第三节　棍术

一、棍术概述

(一)棍术的发展

棍是传统武术的长器械之一,又称"殳""棒""棓"等。棍被列为五兵之一,是人类最早使用的防卫器具。棍术是一种器械类传统武术,在我国北方又被称为"棒"或者"白棒",而在古时多被称为"梃"。

棍在我国有着非常悠久的历史。由于棍取材方便,制作也较容易,原始人类在狩猎时就已经开始使用天然的棍棒。《诗经·卫风·伯令》载:"伯也执殳为王前驱。"《商君书》对此就有一定的记载:人们"伐木杀兽"。《周礼·夏官·司兵》载:"五兵者:戈、殳、戟、酋矛、夷柔。""五兵"之一的"殳",为西周时期兵器之一。

明代之后,有关棍术的记载逐渐丰富起来。戚继光在《纪效新书》卷十二《短兵长用说篇》中写道:"用棍如读四书,钩、刀、枪、钯如各习一经,四书既明,六经之理亦明矣。若能棍,则各利器之法从此得矣。"明朝时期,各家棍法都是支撑体系的,同时还有着各自独特的风格。

作为武术器械的一种,棍术从清代、民国乃至现代都占据着重要的地位,并得到了更进一步的发展。另外,不同的棍法与棍术套路也在全国范围内得到了很好的普及。在新中国成立之后,棍术被列为全国武术竞赛项目长器械之一。

在长时间的发展过程中,棍术逐渐形成了多个不同的流派。在明代时期,当时就已经有了十几种著名的棍法。目前,棍的种类也是多种多样,不同的棍都有各自独特的技法特点与适用范围。

除了种类众多之外,棍术还有着很多的练习套路。棍术发展到今天,各个武术流派创造除了不同类型的棍术套路。虽然这些流派、种类在很多方面都存在着差别,但是在基本棍法的练习方面都离不开劈、崩、缠、绕等。练习棍法的形式也很多样,如单人练、集体练等。

(二)棍术的基本知识

1.棍的部位名称

棍的各部位名称如图 7-60 所示。武术器械中的棍一般选取的是质地坚硬、不易变形、形态笔直的木头,然后再通过烤、煨、打磨等工序制成。在武术运动中,棍通常是由白蜡杆制成的,其构造并不复杂,包括棍把与棍梢,长度应该大于等于持棍者的身高。

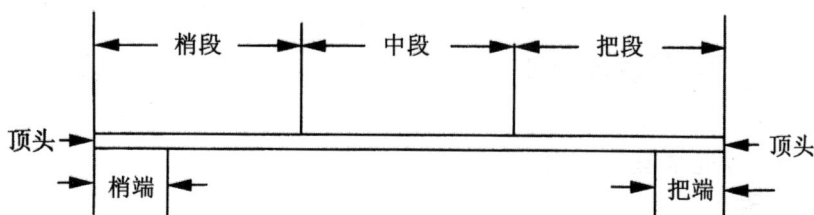

图 7-60

2.棍的基本握法与持棍礼节

1)右手持棍法

右手持棍,以拇指与食指卡握棍身,其余三指自然弯曲,虎口朝向棍梢,使棍身紧贴于身体右侧,把端触地。

2)握棍法

顺把握:双手虎口顺向握棍。

对把握:双手虎口相对握棍。

单手握:右手握住棍身距把端 1/3 处。

3)持棍礼

并步站立,右手持棍把端(距把端 1/3 处),屈臂置于胸前,棍身直立,左手成掌附在右手拇指的第二指节上,两手与胸间距离 20~30 厘米。

3.棍术的技法特点

(1)把法多变,长短兼施:把法对于棍法的施展非常重要,只有掌握把法才能更好地运用各项棍术的技法。持棍者握住棍子的一端,可以通过抢、劈等动作进行远程攻击;如果手持棍子的中间部位,就可以把、梢通用,进攻之中还包含防守,上可以挑下可以撩,同时还能够左拨右打。

(2)棍如旋风,纵横打一片:在形制方面,棍比不上枪的尖锐,而且棍把的直径也不如棒,因此在具体的运用过程中多是用棍把进行戳、扎,用棍梢进行抢、劈等动作,而且在运用过程中要做到迅速而威猛,上揭下打,纵横抢劈,可以远攻也可以近攻,或长或短,这样就可以更好地兼顾到各个方向,进而形成了纵横打一片的技术风格。

(3)兼枪带棒,梢把并用:一般情况下,棍的形制为把粗、梢细;棍梢可以按照长枪技法中的拦、拿、扎、点、崩、圈、穿、戳与穿梭等枪法运使;棍把可以按照棒的技法完成各种棒法动作。

(4)换把变招,固把击发:换把应该有招、固把便击发是棍术技法所遵循的基本原理。由于棍形制特点,棍身处可以作为握持的把位,因此形成了棍械浑身藏法的特点。

二、棍术的技法训练

(一)棍术基本步型

1. 马步抱棍

马步抱棍又称为"坐山观虎势"(图 7-61)。

两脚分开,脚朝正前方向;两膝弯曲下蹲,上体直立、挺胸、塌腰、落臀,将身体重心落在两脚之间。双手正握棍,使虎口朝向棍梢方向;肘关节微曲,使棍与地面垂直,棍梢朝上抱于左胸前。

2. 弓步架棍

弓步架棍又称为"双手擎天势"(图 7-62)。

两脚前后分开,右大腿屈膝平蹲;左腿伸直,脚尖里扣,全脚掌着地(脚外侧与脚跟均不得离地)。上体稍微前倾,两手对握棍(虎口相对),使棍横向与地面平行,两臂伸直向前上方架棍。

图 7-61

图 7-62

3. 仆步摔棍

仆步摔棍又称为"八面埋伏势"(图7-63)。

两腿左右分开，左腿屈膝全蹲，使臀部靠向脚跟，脚尖外展，全脚接触地面；右腿伸直平铺，身体直立，微转向仆步腿方向。仆步腿同侧的手正握棍，使虎口朝棍梢端，向同方向伸直臂，将棍摔向地面。

图 7-63

4. 前点步背棍

前点步背棍又称为"苏秦背剑势"。

两腿直立，两脚前后站立，用右腿支撑身体重心；右腿全脚掌着地，挺膝腿伸直；左腿伸直，以脚尖点地。身体的上部保持正直，右手正握棍，屈肘后翻，将棍置于背后，棍梢朝上，棍把朝下，另一只手抱拳于左体侧。

5. 歇步正握棍

歇步正握棍又称为"古藤绕树势"(图7-64)。

两腿交叉，屈膝全蹲；左大腿紧压在右腿大腿上，左脚掌着地，脚尖外展；右腿大小腿折叠，脚跟离地。身体的上部稍微前倾，两手正握棍，虎口朝着棍梢方向，使棍与地面垂直，棍梢朝上；两臂曲肘，一臂横于胸前，将棍立举于左体侧。

6. 后点步举棍

后点步举棍又称为"举火烧天势"。

两腿直立变前后站立，右腿全脚掌着地，挺膝腿伸直；左腿伸直，绷直脚面，以脚尖点地。双手正握棍，一手屈臂于胸前，另一手上举，使棍直立垂直于地面，棍梢朝上，将棍于侧上方举起(图7-65)。

7. 虚步点棍

虚步点棍又称为"太公钓鱼势"。

两腿前后站立，右腿全脚掌着地，膝关节半蹲，脚尖外展，脚跟点地；左腿膝关节微曲,前脚掌内侧点地。上体向前倾斜 30°左右,挺胸、塌腰、落臀。两手正握棍,虎口朝向棍梢方向,使棍梢向前下方以梢端前接近地面,力达棍梢端(图 7-66)。

图 7-64 图 7-65

8. 坐盘挎棍

坐盘挎棍又称为"以逸待劳势"。

两腿交叉叠拢下坐,臀部和右腿的大小腿外侧及脚面外侧着地,左腿压在右腿上,使膝关节斜向上,脚掌的外侧着地。双手对握棍,屈肘,将棍横向置于体侧(图 7-67)。

图 7-66 图 7-67

(二)棍术基本步法

1. 起步抱棍

一脚站立,另一脚抬起。身体保持正直,左手臂保持自然下垂;右手正握棍,屈肘抱棍,手与肩部保持同一水平,使棍保持竖直(图 7-68)。

2. 落步斜举棍

一脚保持站立,另外一只脚以脚尖落地。身体保持正直,左手臂自然屈肘抱拳;右手正握棍,右手臂伸直,将棍向右侧上方举,棍梢朝右上方(图 7-69)。

图 7-68 图 7-69

3. 垫步挑棍

左脚向前方摆起,右脚蹬地,向前垫步(右脚向左脚跟进,在左脚落地前落地)。上体前倾,含胸、沉胯。双手握棍,垫步的同时向前挑棍(图 7-70)。

4. 震脚举棍

将重心转到左脚支撑,右脚抬起,脚尖上翘,当抬到膝关节下面时用力跺地,在此时左脚抬起。双手正握棍,将棍向右上方举起,棍梢朝上(图 7-71)。

图 7-70 图 7-71

5. 上步拖棍

一脚支撑身体,膝关节微曲;另一脚向前迈出一步,脚跟落地。上体稍微向前倾。右手正握棍把段,左手臂向左侧下方伸直,使棍梢触地(图 7-72)。

6. 退步拉棍

一脚支撑身体,另一脚向后退步。身体的上部稍微向后倾,保持后移重心的姿势。右手正握棍把段,虎口朝棍梢方向,手臂向前平伸,使棍身横向成水平,棍梢朝前。左手臂自然配合(图7-73)。

 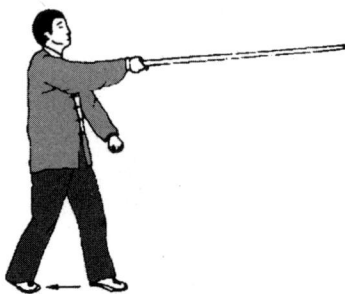

图 7-72   图 7-73

7. 倒插步戳棍

左腿屈膝站立,右腿经左腿后方,向左侧倒插步或左腿经右腿后方向右侧倒插步,脚外侧着地。上体微前倾向插步方向拧身,含胸、斜肩、扭胯、落臀。两手正握棍;左手握于中段,右手握棍把段;将棍梢端或棍把端向插腿的方向戳棍(图7-74)。

8. 摆步拔棍

右脚支撑身体的重心;左脚向左前方迈出,脚尖外展,膝关节伸直。上体向左侧倾斜,含胸、扭腰、落臀、转胯。双手正握棍,以棍梢段向左前方拔棍(图7-75)。

图 7-74   图 7-75

9. 跨步扎棍

右脚蹬地,将重心前移,使身体腾空,右腿蹬直;左腿屈膝,膝关节上抬向前上方跨步。上体前倾,含胸、斜肩、送臀。双手正握棍;左手握棍中段,右手握棍把段;将棍梢端向提膝方向扎棍,左手滑向右手,双手靠拢,力达棍梢端(图 7-76)。

10. 盖步压棍

左腿屈膝,右腿经左腿前向左盖步,或左腿经右腿前向右侧盖步,以脚外侧着地。上体侧前倾,含胸、拧腰、落臀。双手对握棍,虎口相对;左手握棍梢段,右手握棍把段;随盖步的同时,顺势向下压棍,力达棍中段(图 7-77)。

图 7-76　　　　　　　　　　　图 7-77

11. 跃步挑棍

一腿抬起,向前落地;另一只脚上步用力蹬地,使身体腾空跃起,同时在跃步过程中做前跃步挑棍(图 7-78)、侧跃步挑棍(图 7-79)、后跃步挑棍(图 7-80)。

图 7-78　　　　　　　　图 7-79　　　　　　　　图 7-80

第四节　剑术

一、剑术概述

(一)剑术的发展

剑是一种平直、细长、带尖而且两面有刃的短兵械,它是武术短器械之一,向来有"百刃之君"的称谓。

早在新石器时代,剑就已经作为生产工具出现了,当时只是很小的石刃与骨剑。从考古发掘的实物来看,早在商代我国就已经出现了铜剑。西周时期,剑在车战中所起的作用还不太重要,当时只是作为短兵相接时用的防身武器。当时剑的主要材质是青铜,剑的规格较为短小,从考古所发现的当时的实物来看,当时剑的长度一般是 20～40 厘米。当时的剑由于剑身比较短小,因此在实战当中主要是进行前刺。

到了春秋战国时期,冶炼技术有了进一步的提升,同时受到战争等客观因素的影响,铁制剑应运而生。铁制剑的长度有了进一步的增加,最长已经达到了 1.4 米,剑的中间还有突出的脊,剑刃与剑柄之间连接的地方加宽成了格。另外,剑的整体质量也有所增加,并且当时的社会上已经出现了铜锡合金剑。当时,佩剑的风气在社会上广为流行,剑术理论也有了一定程度的发展。

到了汉代,青铜剑已经完全退出了当时社会,取而代之的是铁剑。当时铁剑的长度已经超过了 1 米,剑身几乎加长了 1 倍;之前弯曲的刀刃部分已经平直,相比于以前更加的锋利。在当时社会中,佩剑也相当盛行,《汉书》中记载:"汉制,自天子至百官,无不佩剑。"而且当时还有一套非常严格的制度对佩剑行为进行规范。在当时的朝野当中,击剑运动也非常盛行,文人学士将学剑与读书放在同等重要的地位。此外,这一时期剑术的相关理论也更加丰富,汉代共有《剑道》38 篇,这是对以往剑术理论的进一步总结。除了斗剑,当时还出现了套路形式的"舞剑"。

唐代,剑这种武器已经退出军队,但是在民间实现了更好的传播与普及。当时的民众非常喜爱参与剑这项运动,习剑佩剑的风气非常盛行,这在唐代的很多诗歌中都有很好的体现,如杜甫的《观公孙大娘弟子舞剑器行》。

在宋代,当时的瓦舍之中已经出现了剑舞的表演形式。宋代之后,社会上的剑舞风气逐渐盛行,而击剑逐渐被其取代。

明清时期,剑术在民间已经得到了非常广泛的传播,并且已经发展成为自卫强身的一种娱乐手段。之后,相击格斗的剑术发展成为短兵运动,舞练形式的剑术运动经过不断的继承与发展逐渐成为一种"套路运动"。其种类内容非常丰富,具体包括八卦剑、达摩剑、青萍剑、峨眉剑、昆仑剑、太极剑、武当剑等。明代茅元仪所著的《武备志》中记载了剑的各种招式方法,不仅绘制了相应的图画,而且还做了详细的解释。在清代,宋仔凤(赓平)著有《剑法真传》一书。

经过长时间的发展与创新,剑已经从最初的一种武器演逐渐演变成为一种健身的重要工具,并且形成了很多不同的流派。在新中国成立之后,剑术被国家相关部门列为武术竞技项目之一。1989年,国家体委武术研究院组织编制了《剑术竞赛套路》,以此对剑术相关的比赛套路进行了更好的规范。

(二)剑术的基本知识

1. 剑的组成

如图7-81所示,剑通常是由剑身、剑柄两部分组成。其中,剑身主要是由剑尖、剑锋、剑刃(两侧)、剑脊几部分组成,剑柄由剑格(护手)、剑茎、剑首组成。另外,剑还包括剑穗、剑鞘等组成部分。

剑的长度一般是以练习者直臂下垂反手持剑,剑尖要高出持剑者耳朵上端为宜。而在参与竞赛时,参赛者所持的剑应该根据其年龄、性别等因素的不同选择相应型号的剑。

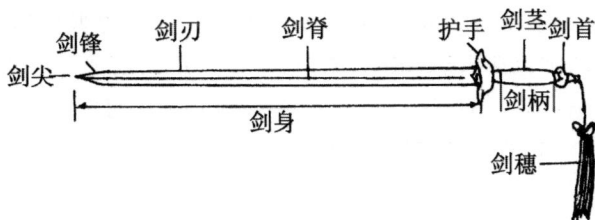

图 7-81

2. 剑术的技法要求

剑术的名目非常繁多。总体来讲,剑术的特点是轻快、敏捷、潇洒、飘逸,灵活多变,而剑术的技法主要包括以下几个方面的要求。

1)刚柔兼备

剑器具有短小轻便的特征,这样有利于在运用的过程中更好地进行变化,欲达以短制长须刚柔兼备,参互运用。

2)气韵洒脱

气韵主要指的是剑术中的节奏与气度。剑术运动应该气度宏大,洒脱自如,富有节奏变化的韵律感。

3)身剑合一

身剑合一是剑术技法的最高境界,剑术要求以身运剑,身法、步法、神意、剑法应该融为一体。

4)轻快敏捷

在舞剑过程中,剑法应该做到清楚准确,同时要明确其剑器各部性能,明确其剑法运动方位(攻防目标)。

5)以巧制胜

剑法的衔接变化需变换把法,如螺把、钳把、满把等,众多的变化又与手腕的劲力运使技巧有关,如挂剑时须扣腕,撩剑须旋腕,不然就不能够全方位地表达剑法。这就要求执剑手的指、掌应该虚实变换,手腕要做到灵活转展,把持剑器时应该把握好分寸,达到合理地调节剑法和劲力之变化。

二、剑术的技法训练

(一)剑法基本动作

1. 握剑

虎口贴近护手(或称"剑格"),拇指与其余四指相对握拢剑柄。握剑也叫作"把法",通常包括满把、螺把、压把、钳把、刁把、按把等形式(图7-82)。但是,在具体练习时一般将握剑分为正握、反握、俯卧与仰卧。

(1)正握剑:立剑,小指侧刃向下。

(2)反握剑:立剑,小指侧刃向上。

(3)俯握剑:平剑,手心向下。

(4)仰握剑:平剑,手心向上。

2. 持剑

手心贴紧护手(也称"剑格"),食指附在剑柄之上,拇指和另外三指分别紧扣在护手的两侧,剑脊轻贴前臂后侧(图7-83)。

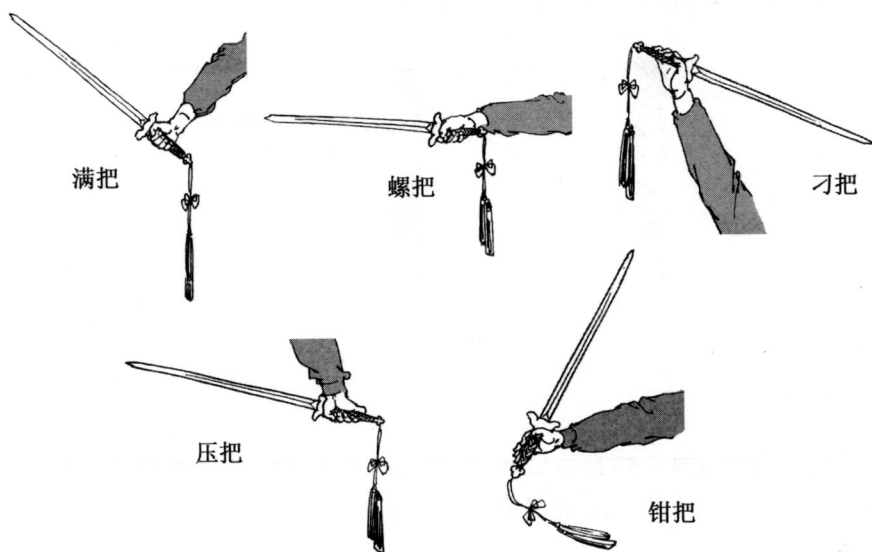

满把　　　　　螺把　　　　　刁把

压把　　　　　钳把

图 7-82

图 7-83

3. 立剑

一只手握住剑的把手,剑刃朝上下。还可以一只手握住剑柄,虎口朝上或者朝下,剑身要保持垂直。

4. 平剑

一只手握住剑柄,手心朝上或者朝下,剑刃应该朝向两侧。

5. 刺剑

如图 7-84 所示。刺剑时,剑刃可以做出立剑或者平剑的姿势,从腰间发力,动作应该果断而迅捷,持剑臂与剑成一直线。

图 7-84

6. 劈剑

劈剑动作如图 7-85 所示。劈剑主要用于攻击对方的头部或者肩部,具体可以划分为左抡劈剑、右抡劈剑以及后抡劈剑。

图 7-85

7. 挂剑

挂剑动作如图 7-86 所示。挂剑主要用于格挡对方的兵刃,其具体可以划分为以下三种形式。

(1)上挂剑:沿身体两侧向后贴身插挂。

(2)下挂剑:沿两腿外侧向后贴身插挂。

(3)抡挂剑:剑贴身体绕立圆挂一周。

图 7-86

8. 撩剑

如图 7-87 所示,甲乙进行对剑。当乙所持的剑攻到甲的腰肋部时,甲通过转身动作避开剑锋后,用自己所持的剑撩割乙的手腕。

图 7-87

1）正撩剑

正撩剑时,持剑者的前臂应该向外旋,手心朝上,贴着自己的身体成弧形撩出,同时力达剑身前部。

2）反撩剑

反撩剑前臂内旋,其他动作与正撩剑相同。

9. 云剑

如图 7-88 所示,以腕关节为轴,剑在头顶或者面前平圆环绕。

图 7-88

10. 抹剑

如图 7-89 所示,平剑,用剑身中部由前向左（右）平腰拉带的动作。抹剑具体可以划分为以下三种形式。

1）左抹剑

手心朝上,剑尖朝右前方,然后剑身由前向左侧弧形运行。

2）右抹剑

手心朝下,其余动作与左抹剑相同,唯方向相反。

3）旋转抹剑

手心向上（或向下）,剑尖朝右（或左）前方,而后身体迅速向左（或右）旋转一周或一周以上再弧形抽回。

图 7-89

11. 绞剑

如图 7-90 所示。绞剑就是用剑尖进行立圆环绕，主要作用是圈割对方的手腕，因此绞剑的动作幅度不宜过大。

图 7-90

12. 架剑

架剑是指立剑横架于头上的动作，主要以剑身向上挡开对方兵刃击己头部。架剑具体包括正手架剑(手心朝外)与反手架剑(手心朝里)两种形式(图 7-91)。

13. 挑剑

以立剑由下向上挑起的动作，是用剑尖或剑刃前端挑开对方的兵刃。挑剑时，应该由下而上直挑，也可以剑尖稍微向左(右)成斜面上挑(图 7-92)。

图 7-91　　　　　　　图 7-92

14. 点剑

点剑是指立剑,提腕,使剑尖由上向下啄击的动作,主要用剑尖点击对方的头部或者腕部(图7-93)。

图 7-93

15. 崩剑

崩剑又名"弸剑"。指立剑,沉腕,剑尖由下向上突然做翘起的动作(图7-94)。

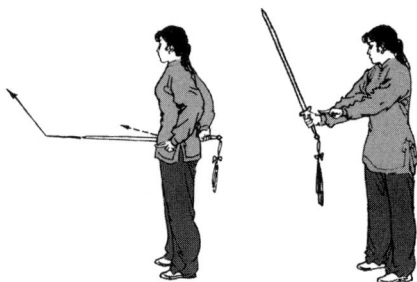

图 7-94

16. 截剑

截剑是指用剑身斜向阻拦对手的动作。截剑具体包括上截剑、下截剑、后截剑三种形式:上截剑斜向上;下截剑斜向下;后截剑斜向右后下方(图7-95)。

17. 抱剑

右手握剑。抱剑不仅是双手用剑的准备动作,同时也能通过两臂内合力贯剑身,从而阻挡对方兵刃的攻击(图7-96)。

18. 带剑

　　带剑就是剑随屈肘向体侧或者体侧后上方抽回的动作。带剑能够带开对手的攻势并随之还击对手(图 7-97)。

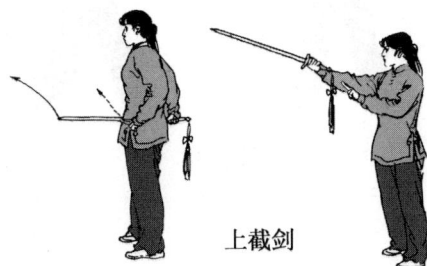

上截剑

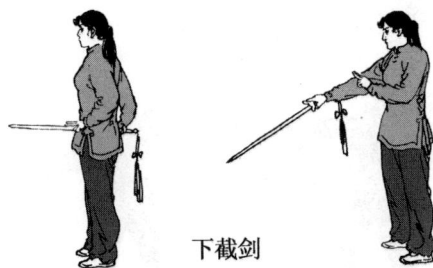

下截剑

图 7-95

图 7-96

图 7-97

19. 穿剑

　　如图 7-98 所示,剑尖领先,剑身沿身体某一部位向外引申,是一种与敌周旋、寻机攻击的剑法。

图 7-98

20. 提剑

如图 7-99 所示,剑尖朝下,剑随手臂上抬向上运动。提剑,通过剑刃由下向上摩动,兼具防守与进攻。

图 7-99

21. 斩剑

斩剑指平剑,用剑刃向左(右)横击的动作。向左斩剑时,手心朝上,剑经体前向左用力;向右斩剑,手心朝下,剑经胸前向右前方用力横摆(图 7-100)。

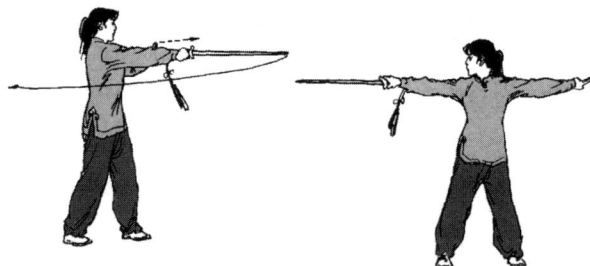

图 7-100

22. 扫剑

扫剑指平剑,于低处使剑向左右平行扫刈的动作,主要攻击对方的踝关节及小腿部位(图 7-101)。

图 7-101

(二)初级剑术训练

1. 第一段

1)弓步直刺

右手接剑,左手握成剑指。左脚屈膝并向前迈出半步的距离,右脚前脚掌着地来支撑身体的重量,脚跟向外展,膝部挺直,成左弓步。

上身同时向左旋转,右手持剑向身前水平刺出,拇指一侧在上;左手的剑指随之伸向身后平举,拇指一侧在上。眼睛注视剑尖。

2)回身后劈

左脚不动,右脚向前上一步,膝盖稍微弯曲,身体的上部向右转。同时,右手持剑经上向后方劈,剑高与身体的肩部保持同一水平,拇指一侧在上;左手剑指随之由下向前上进行弧形绕环,在头顶上方屈肘侧举,拇指一侧在下。眼睛注视剑尖。

3）弓步平抹

左脚向左前方向迈出一步,屈膝,右腿后撤,膝关节要挺直,脚尖里扣,成左弓步。左手剑指从胸前逐渐下降,经左下向上弧形绕环,于头上屈肘侧举,拇指一侧在下;右手持剑(手心转向上)随之向前平抹,剑尖稍微向右斜。眼睛注视前方(图 7-102)。

4）弓步左撩

右腿屈膝在身前提起,脚尖点地并绷直脚背。同时,右手持剑臂外旋,使剑由前向上、向后划弧,至后方时,屈肘使手腕、前臂贴靠腹部,手心朝里;左手剑指随之由头顶上方下落,附于右手腕部(手心朝下)。眼睛注视剑身(图 7-103);右腿继续向右前方落步、屈膝;左腿在后蹬直,脚尖里扣,成右弓步。右手持剑由后向下、向前反手撩起,小指一侧在上;左手剑指随右手运动仍然附在右手腕处。眼睛注视剑尖(图 7-104)。

图 7-102

图 7-103

图 7-104

5）提膝平斩

左脚向前迈出,右手的手腕向左上翻转并且屈肘,使剑向左平绕至头部前上方,右脚屈膝提起。右手继续翻转手腕。使剑向右平绕到右方后(手心朝上),之后向前进行平斩;左手剑指由下向左、向上弧形绕环,屈肘横举于头部左上方。眼睛注视前方(图 7-105)。

6) 回身下刺

右脚向前落步,脚尖外撇,膝稍微弯曲,上身向右转动。同时,右手持剑手腕反屈,将剑尖下垂,然后向后下方直刺,剑尖低于膝,拇指一侧在上;左手剑指先向身前的右手靠拢,之后在刺剑的同时向前上方伸直,拇指一侧在上(图7-106)。

图 7-105　　　　　　　　　　　　　　图 7-106

7) 挂剑直刺

左脚向前上一步,屈膝,拇指一侧朝下成反手,翘腕然后摆动手臂,剑尖抄挂,持剑手抄至左肩时屈肘使剑平落胸前,手心朝里;此时左腿伸直站立,右腿随之在身前屈膝提起,左手剑指屈肘附于右手腕处(图7-107);左脚前脚掌碾地,上身向右转动,持剑下插,左手剑指仍然附在右手腕处。眼睛注视剑尖(图7-108);上体继续转动,右脚向身后跨一大步、屈膝,身体的上部从右向后转;左腿在后蹬直,脚尖里扣,成右弓步。右手持剑向前方直刺;左手剑指随之向后方平伸。眼睛注视剑尖(图7-109)。

图 7-107　　　　　　　　　　　　　　图 7-108

图 7-109

8)虚步架剑

右手持剑先将剑尖一小圈,臂内旋使持剑手的拇指一侧朝下。同时,以右脚跟与左脚前脚掌为轴碾地,上身从右向后转动,左脚向前收拢半步,两膝弯曲成交叉步。转身的同时,右手持剑反手向后上方屈肘上架;左手剑指屈肘经左肩前附于右手腕处。眼睛向左平视(图 7-110);右腿屈膝不动,左脚向前进一步,膝盖稍微弯曲,前脚掌虚着地面,右腿支撑身体的重量成左虚步。在右手持剑略向后牵引,同时左手剑指向前平伸指出,手心朝下。眼睛注视剑指(图 7-111)。

图 7-110

图 7-111

2. 第二段

1)虚步平劈

左脚脚跟外展,上体向右转,转移重心由左腿支撑,右脚跟随之离地,成为前脚掌虚着地面的右虚步。在转身过程中右手持剑向下平劈,拇指一侧在上;左手剑指即向上屈肘,手心向左上方,眼睛注视剑尖(图 7-112)。

2)弓步下劈

右脚着地,左手剑指伸向右腋下,右手持剑臂向内旋转使手心朝下。左脚向左前方迈出一步并屈膝;右腿后蹬成左弓步。左脚向前迈出一步的同时右手持剑屈腕向左平绕,划一小圈后向前下方劈剑,剑尖的高度与膝保持水平;左手剑指由右腋下面向左、向上绕环,在头顶上方屈肘侧举。眼睛注视剑尖(图 7-113)。

图 7-112　　　　　　　　　　　　　　图 7-113

3)带剑前点

以前脚掌虚点地,两腿屈膝略蹲。右手持剑向上屈腕,剑向右耳带回,肘稍微弯曲;左手剑指由前向下落附在右手腕处。眼睛平视右前方(图 7-114);上体继续转动,右脚向右前方迈步,落地之后屈膝半蹲;左脚跟进向右脚并步屈膝,点地成丁步。右手持剑向前点击,拇指一侧在上;左手剑指即屈肘向头顶上方侧举。眼睛注视剑尖(图 7-115)。

图 7-114　　　　　　　　　　　　　　图 7-115

4)提膝下截

右腿伸直,左腿退步后屈膝,上身后仰。右臂外旋手心朝上,使剑向右、向后上方弧形绕环;左手剑指不动(图 7-116);身体的上部继续转动,右臂内旋使手心朝下,剑向左、向前下方划弧下截,身体的上部向前倾,左腿屈膝提起。眼睛注视剑尖(图 7-117)。

图 7-116

图 7-117

5）提膝互刺

右腿略屈膝，左脚向前落步，脚尖外撇。右臂外旋使手心朝上，并在左脚落步的同时向上屈肘，将剑柄收抱于胸前，手心朝里。剑尖高与肩平；左手剑指随之下落，屈肘按于剑柄上。此时两腿成为交叉步，目视剑尖（图 7-118）；右腿向身前屈膝提起，左腿伸直站立。右手持剑向前平直刺出；左手剑指向后平伸指出。眼睛注视剑尖（图 7-119）。

图 7-118

图 7-119

6）回身平崩

右脚迈出，左脚脚跟外转，屈膝略蹲，上身向右后方旋转成交叉步。右手持剑臂外旋，剑身与右前臂成水平；左手剑指上举，附于右手心上面。眼睛注视剑尖（图 7-120）；上身向右转，左腿挺膝伸直，右腿略屈膝。同时，右手持剑用力向右平崩；左手剑指屈肘向额部左上方侧举。眼睛注视剑尖（图 7-121）。

7）歇步下劈

右脚蹬地起跳，左脚向左跃步，右腿向左腿后侧插步，两腿全蹲。在跃步的同时，右手持剑上举，在形成歇步时向左下劈，拇指一侧在上，剑尖与踝关节同高;左手剑指下按于右手腕上面。眼睛注视剑身(图 7-122)。

图 7-120

图 7-121

8)提膝下点

右手持剑成平剑,两脚前脚掌碾地,上身转动,两腿边转边站立,右手持剑平绕一周。上身稍向左后仰,剑身继续向外、向上弧形绕环,剑尖贴近于右耳侧;左手剑指离开右手腕向上屈肘侧举。眼睛注视前下方(图 7-123);右腿伸直站立,左腿屈膝提起,上身向右侧下探俯,右手持剑向前下点击。眼睛注视剑尖(图 7-124)。

图 7-122

图 7-123

图 7-124

第八章　传统武术养生技法训练指导

健身气功是以健身为目的，以较为和缓的形体活动为基础，身心状态趋向于调身、调息、调心合一的体育运动项目。其发展历史悠久，文化底蕴深厚，是我国非常重要且极富特色的一类养生功法。易筋经、五禽戏、六字诀、八段锦、十二段锦、大舞、导引养生功十二法等都是目前广受欢迎的传统养生项目。本章主要就前四种养生项目的技法训练指导进行研究。

第一节　易筋经

一、易筋经概述

（一）易筋经的概念

易筋经这一健身养生项目是从我国古代流传下来的，在我国民族传统体育及传统养生功法的发展中，这一养生项目产生了非常重要的影响，我国健身养生爱好者普遍喜欢参与这一项目。下面对易筋经的概念进行解释。

1."易"

易筋经中的"易"是"改变"的意思，但结合这一养生项目的语境来看，用"改良"或"增强"来解释"易"字似乎更合理一些。

2."筋"

我国传统医学认为，筋是人身的经络，其位于肌肉内，骨骼和关节外，主要用来联络周身。由此可见，"筋"有两个层面的含义，即器质层面和功能层面。

（1）从器质方面来看，筋主要是指肌肉及与其邻近的组织，如血管、筋腱、神经等。

（2）从功能方面来看，筋主要指的是肌肉的运动和力量。

3."经"

易筋经中的"经"是法典、指南的意思。

综上，我们可以将"易筋经"的概念界定为"通过活动肌肉、筋骨，使全身气血、经络通畅，从而达到增进健康、祛病延年目的的一种传统养生功法"。

(二)易筋经的功能

1.全身充分运动，促进筋骨强健

习练者在练习易筋经时，必须将肢体充分舒展开来，也就是说不管是肢体还是躯干的屈伸与扭转，动作都要彻底、充分，这样才能对机体各部位的骨骼及关节产生牵拉性的刺激，才能使机体在多角度、多方位的状态下进行活动。长期坚持这一练习，机体组织如肌肉、肌腱、韧带等会变得更加柔软和灵活，血液循环也会更加通畅，机体新陈代谢速度也会因此而加快，这样强筋健骨的功效就很明显了。

2.治疗病疾，对生理功能进行调整

易筋经给人体健康带来的益处已经经过了现代医学的证明，如促进血液循环，促进内脏功能的改善，预防过早衰老，对系统疾病(心血管疾病、呼吸系统疾病、消化系统疾病)以及常见病症(头痛、尿频尿急、失眠等)进行防治。另外，易筋经的功法特点要求练习者在练习过程中应保持心情处于宁静状态，放松身体，在良好的情绪状态下进行练习，身体及四肢要协调运动，这样既有利于对生理功能进行协调，预防生理功能失调，还有利于促进健康，增加寿命。

这里需要提醒的是，易筋经练习量与其他健身功法相比而言是比较大的，而且高难度的动作也比较多，所以对于体力充沛的人而言更为适合练习，如果练习者体质较弱，需根据自身情况来调节运动量和练习时间，避免不切实际地加大运动量，这样不仅达不到健身养生的功效，反而会引发其他健康问题。

3.平衡阴阳，畅通气血

《内经》中提到，"阴平阳秘，精神乃治；阴阳离决，精气乃绝"。概括来说，这句话说明了一个道理，即身体是否健康，由人体阴阳之气决定。易筋经练习有利于促进真气在体内的顺利运行，能够使大脑和身体彻底放松，这样阴阳之气在体内就会处于一种平衡状态，这对提高人体健康水平非常

有利。

气为血之帅,血为气之母,这是中医中常见的一句话。维持正常的生命活动需要气,气的充足能够促进人体肌肤柔滑,能够提高机体的抗外邪能力,此外,脏腑的正常活动也离不开气这一基本的物质。血被称为"神经活动的补给站",其在人体全身流通,滋润着人的每一个部位。而易筋经对气息升降的调节正是在中医经络走向和气血运行的基础上进行的,这样有助于气血的通畅和气血运行的改善,从而使身体能够更加健康和强壮。

二、易筋经技法训练指导

(一)预备势

双脚并拢自然战立,下颏微微内收,向正前方直视。

(二)韦驮献杵第一势

动作方法(图 8-1):

(1)左脚向左方移半步,弯曲两膝。

(2)两臂向前抬,直至两臂平行,掌心相对。

(3)两臂肘自然弯曲并内收,两掌收于胸前,看向前下方。

图 8-1

(三)韦驮献杵第二势

动作方法(图 8-2):

(1)抬起两肘,两掌伸直,掌心朝下,手指相对。

(2)前伸两掌,指尖朝前。

(3)两臂向两侧方向平举,指尖朝外侧。

(4)五指并拢,坐腕立掌,向前下方看。

图 8-2

(四)韦驮献杵第三势

动作方法(图 8-3):

(1)向前平举两臂并内收,收到与胸齐高后平屈,掌心向下,直视前下方。

(2)两掌内旋,两掌外翻至脖颈,掌心向上,虎口相对,外展两肘,直到与肩部齐平。

(3)身体重心移到双脚前脚掌,脚后跟提起。上托两掌到头顶上方,掌心朝上,肩外展,咬紧牙关。

(4)安静站立片刻。

图 8-3

(五)摘星换斗势

1. 左摘星换斗势(图 8-4)

(1)脚跟落地,双手成拳状,拳心向外,两臂侧上举。拳变掌,掌心对着斜下方,向前下方直视。

（2）左转身体，弯曲膝盖。右臂向上举起做"摘星"姿势，右掌自然张开；左臂摆到体后，左手背与命门轻贴。看向右掌。

（3）直膝转体。右手向头顶右上方摆，放松手腕，肘部稍微弯曲，掌心朝下面，手指朝左，中指尖与肩井穴是垂直关系；左手背与命门轻轻贴住。目随手动，向掌心方向直视。

（4）保持片刻，然后两臂自然伸展到体侧。

2. 右摘星换斗势

动作同左摘星换斗势，方向相反。

图 8-4

（六）倒拽九牛尾势

1. 右倒拽九牛尾势（图 8-5）

（1）屈膝，右移重心，左脚后撤；右脚跟内转，右腿保持右弓步的动作姿势。左手内旋，沿着向前、向下的轨迹划弧后伸直，五指依次收回保持拳的姿势，拳心朝上；右手向前上方划弧，直至与肩齐高时握拳，拳心朝上。看向右拳方向。

（2）重心向后移，屈左膝，向右转腰，左右臂分别内旋与外旋，肘部弯曲收回。看向右拳方向。

（3）重心往前移，做弓步动作。左转腰部，两臂一前一后伸展。看向右拳方向。

（2）（3）重复 3 遍。

（4）向右脚方向移重心，收回左脚成开立。两臂在身体两侧自然下垂。看向前下方。

2. 左倒拽九牛尾势

动作同右倒拽九牛尾势,方向相反。

图 8-5

(七)出爪亮翅势

动作方法(图 8-6):

(1)向左脚方向移动重心,收回右脚成开立。左右臂分别内旋、外旋,成侧平举,两掌的掌心向前,两掌于体前做怀抱姿势,掌心朝前,随后两手成柳叶掌姿势立在云门穴前,指尖朝上。看向前上方。

(2)扩胸松肩,两臂前伸,掌心慢慢朝前,成荷叶掌,指尖朝上面,双眼看向前方。

(3)放松手腕,弯曲肘部,臂部收回,成柳叶掌。看向前下方。

(2)(3)重复 3～7 遍。

图 8-6

(八)九鬼拔马刀势

动作方法(图 8-7):

1. 右九鬼拔马刀势

(1)右转上体。左右手分别内旋、外旋。右手收回并向后伸展,掌心朝外。左手向前上方伸展,掌心向外。左转上体。右手摆到头前上方,肘弯曲,向左绕头半圈;左手向头的左后方摆动,肘弯曲。头部向右转动,右手中指按压耳郭,手掌扶按玉枕。看向左后方。

(2)右转上体,展臂扩胸。向右上方直视,稍停片刻。

(3)屈膝并向左转体,右臂向内侧收回,含胸;左手沿着脊柱尽可能向上推动。眼睛向右脚跟看。

(2)(3)重复3遍。

(4)直膝转体。双手手臂侧平举,掌心向下。

2. 左九鬼拔马刀势

动作同右九鬼拔马刀势,方向相反。

图 8-7

(九)三盘落地势

动作方法(图 8-8):

(1)双脚开立,弯曲膝盖并稍蹲下。两掌下压到与环跳穴齐平,屈肘。

(2)掌心朝下,肘部稍弯曲。身体慢慢保持直立。看向前下方。

(1)(2)重复3遍。第1、2、3遍分别为微蹲、半蹲和全蹲。

图 8-8

(十)青龙探爪势

1. **左青龙探爪势**(图 8-9)

(1)收左脚,保持开立姿势。两手握固向腰间收回,拳心朝上。看向前下方。右手拳变掌,右臂伸直并外展,掌心朝上。

(2)右肘和右手腕弯曲,右掌成"龙爪",向左平直伸出,眼睛随手的移动而转动。躯干左转 90°左右。

(3)"右爪"变掌,向左前方弯曲身体,掌心向下按到左脚的外侧。躯干从左向右转动。

(4)上体直立。右拳向章门穴位置收回。

2. **右青龙探爪势**

动作同左青龙探爪势,方向相反。

图 8-9

(十一)卧虎扑食势

1. **左卧虎扑食势**

(1)右脚尖内扣,左脚向右脚内侧收回。身体左转 90°左右,两手握固于腰间。

(2)左脚前迈,两拳提到肩部同时变"虎爪"向前扑按。

(3)逐渐屈伸躯干,重心随之移动。两手同时绕环一周。然后上体下俯,两手到地面。屈后腿膝部,稍抬前脚跟。然后挺胸、抬头、瞪目。

(4)上体直立,两手置于腰间。向后移重心,左脚尖内扣,向左移重心,向右 180°转体,右脚随之移动成丁步姿势。

2. **右卧虎扑食势**(图 8-10)

动作同左卧虎扑食势,方向相反。

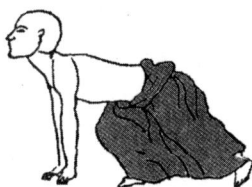

图 8-10

(十二)打躬势

动作方法(图 8-11):

(1)起身,后移重心,双脚开立。两手自然外旋成外侧平举,肘部弯曲,两掌掩耳,十指在枕部扶按,鸣天鼓 7 次。

(2)从头部开始慢慢向前弯曲,直至成俯身姿势,两腿伸直。

(3)上体由骶椎开始慢慢伸直,两掌做掩耳状,十指在枕部扶按。

(2)(3)重复 3 遍。

图 8-11

(十三)掉尾势

动作方法(图 8-12):

(1)双手离耳,展臂前伸,十指交叉,掌心朝内。肘弯曲,翻掌向前伸直,掌心朝外。肘部屈,掌心朝下置于胸前。俯身抬头,两手下按。

(2)向左后方转头,左前方扭动臀部。

(3)两手交叉还原到体前屈的姿势。

(4)向与第一次相反的方向转头、扭臀。

(5)两手交叉还原成体前屈。

(2)～(5)重复 3 遍。

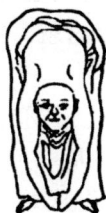

图 8-12

(十四)收势

(1)两臂外旋,上体直立。两臂向上举起,肘稍屈,掌心朝下。眼睛注视前下方。

(2)两臂内收,两掌置于腹部,掌心朝下。

(1)(2)重复 3 遍。

(3)两臂自然下垂,双脚并立。

三、易筋经技法训练的注意事项

(一)前提条件是放松

全身保持放松是练习者进行易筋经练习的前提条件,这就要求练习者在练功过程中全面放松身心。

(1)全身处于放松状态后,气就能够顺畅地在体内运行,心里也不会想一些其他的事,注意力会全面集中到练习中来,这样就能在无拘无束的放松状态下完成动作练习。身体放松后,精、气、神要保持高度的统一,从而使神经细胞处于充分的休养状态,使全身活力充沛。在练习过程中,全身的放松是由头部引领的,气的运行是由动作变化导引的,只有意气相随,意形相随,才能使内功在健体强身方面的作用充分发挥出来。

(2)易筋经对全身放松有突出的强调,但练习者必须注意一点,即保持放松而非松懈。练习过程中,肢体保持放松,但不要松懈,意念保持放松但不要松散。这样才是轻松自如、舒适自然的练功状态,才能使身心的紧张感得到全面的消除,也才能获得良好的锻炼效果。

(二)重要基础是调身

对于易筋经习练者而言,调身是重要基础。调身具体是指练习者通过对意念的运用来对基本动作(掌型与掌法、步型与步法、身型与身法等)进行调节,使之与易筋经的要求相符,即将易筋经的基本动作调准,从而按照练功要求进行练习,完成练习目的。这就需要练习者从以下几方面加以注意。

1. 准确规范

从韦驮献杵第一势到掉尾势是易筋经养生功法的十二势基本动作,前后还有预备势和收势,这些动作从始至终都要准确规范地完成。学拳容易改拳难,因此初学易筋经的练习者必须在刚开始就严格规范自己的动作,准确、舒展地完成每个动作,这样才能形成正确的动力定型,也才能为自己易筋经技能的进一步提高奠定良好的基础。如果初步练习时就马马虎虎,不严格按照标准动作的要求练习,形成错误的动作习惯后就很难再纠正了。

2. 遵守经脉运行规律

《易筋经》所言之筋,就是指十二经筋,其玄妙的地方主要就在于通过特定姿势(正确调身),使整条经筋处于激发状态,对所对应的整条经脉造成一定的刺激,使整条经脉维持有序状态,这样经脉的通导性就会加强,气血就会更加通畅,人体阴阳之气就能够维持平衡状态,这对机体潜能的激发和内功的增强具有非常重要的意义。

3. 刚柔相济,虚实相兼

刚柔有度、虚实相兼、松紧得当是易筋经的基本动作特征,这里的刚与柔并不是固定的,而是相互转化的,同时二者也是相互交融的,即柔中有刚、刚中带柔。刚即"实",柔即"虚"。例如,"倒拽九牛尾势"这一基本动作中,"刚",也就是"实",主要体现在双臂内收旋转并逐渐拽拉到止点;"柔",也就是"虚",主要体现在通过转动腰来带动两臂伸展到下次收臂拽拉前,这些动作都要求练习者在用力之后保持适当的放松,在放松之后适度地紧张起来。

(三)基本环节是调心

调心也是练习者在易筋经练习中必须高度重视的一个问题,调心就是调节意念,即练习者调整自身的精神意识和思维活动。作为一种心理过程,意念的产生、动作实际上就是能量转换的过程;意念发挥作用就是传递信息的过程,所以注重调心主要是为了传递信息,为了获取必需的能量。

(四)关键是调息

学会调息也是练习者在易筋经练习中必须掌握的一个技能。调息就是通过腹部运动来对五脏的生存环境进行调整,练习者在一呼一吸之间,肚子或处于收紧状态,或处于膨胀状态,这就其表现出来的腹部状态变化。调息需要注意以下几点。

(1)本质上而言,易筋经就是一种典型的吐纳术,也就是调息术。在练习易筋经功法的过程中,练习者始终都需要吐故纳新,采气换气。对呼吸的调整要靠意识来完成,通过意识调整呼吸有利于保持呼吸的均匀与放松。

(2)调息的方法主要有顺式调息法和逆式调息法,易筋经中主要采用的是后者,即在呼吸时收缩横隔膜肌,腹部起伏,这一调息方式是以膈肌活动为主的。通过调息,练习者呼吸系统的通气、换气和产能机能将会得到不断的提高与增强,这样生命之气也会更加充盈和旺盛,这就使人体各种身心活动的顺利完成具备了良好的基础与充足的动力。此外,调息也有利于促进经脉的通畅、气血的运行和练习者功力的提高。

(3)易筋经的调息方式较为独特,与其他养生功法的调息有一定的区别,练习者在进行某些特定动作的练习过程中,有时需要呼气时发音,但不能够发出声。例如,"三盘落地"势中,练习者在身体下蹲、两掌下按时,要求在与动作相配合的基础上发"嗨"音,这主要是为了下蹲时能够气沉丹田,避免下蹲后下肢感到紧张与不适,引起气上逆到头部,出现头晕现象。此外,强肾和壮丹田也是口吐"嗨"音能够达到的功效。

第二节　五禽戏

一、五禽戏概述

(一)五禽戏的概念

"五禽戏"是华佗(东汉医学家)在其所在的历史背景下,以导引术发展为基础,以中医脏腑、经络气血等为理论指导,结合自身所掌握的知识和积累的经验对虎、鹿、熊、猿、鸟五种动物的神态及代表性动作进行模仿,并整理总结而成的一套体育健身养生功法。

　　五禽戏中的"五"并不是确切的一个数,而是一个约数;"禽"是禽兽的意思,古代所说的禽兽就是动物;在古代,"戏"是指歌舞、杂技等活动。可见"五禽戏"是一种较为特殊的健身养生运动形式。五禽戏图即虎戏图、鹿戏图、熊戏图、猿戏图、鸟戏图分别对应图 8-13～图 8-17。

图 8-13

图 8-14

图 8-15

图 8-16

图 8-17

(二)五禽戏的功能

练习五禽戏,能够使健康水平提高,身体素质得到改善,身体机能不断增强。作为一种典型的传统保健养生导引术,五禽戏的锻炼要求极为严格,以意领气、心静体松、气贯周身,动作紧凑有序、呼吸柔缓等都是练习者在练习过程中必须达到的要求。下面就五禽戏的主要健身功能进行分析。

1. 动作技术的健身功能

相对于其他养生功法而言,五禽戏的动作难度是较低的,但其要求较高,不管是动姿还是静态动作,都要进行精化、细化的处理。例如,"虎举"中手型的变化经历了3个过程,即撑掌、屈指、拧拳,两臂举起和下落可以具体分4个阶段完成,即提、举、拉、按,在动作变化中要注意内劲的运用,在手动的过程中,眼神也要随之而动,头部的仰俯动作也要与身体的动作相协调。经过一段时间的练习后,练习者对动作就比较熟练了,这时还需配合呼吸来做相应的动作,并做到内外的协调统一。

五禽戏动作不但能够使练习者的四肢面颌得到锻炼,还能够使五脏六腑得到一定程度的锻炼,这样练习者机体的各部分功能都会得到改善,气血更加通畅,经络运行也畅通无阻,筋骨、关节的灵活性与稳固性也会得到一定程度的提高,这样一来,强身健体的锻炼目的就达到了。例如,猿戏中指尖和眼神的动作比较多,练习者末梢神经的功能可以从其指尖和眼神的变化中反映出来。所以,经过猿戏动作的练习,练习者神经系统的反应能力将会得到提高,肌肉系统和神经系统会更加协调地运行,这对四肢过早衰老、神经反应迟钝具有很好的预防作用。

在五禽戏练习过程中,练习者的运动是全方位的,其需要做各种不同的动作,如前俯后仰、侧屈提落、拧转折叠、缩放开合等,这些姿势的练习能够很好地锻炼相应的部位,如颈椎、胸椎、腰椎等。总的来看,五禽戏的大部分动作都是以腰为主轴和枢纽进行的,在这一基础上,上、下肢进行不同方位的运动,这样脊柱的活动幅度就会增加,健身功效也会更加显著。下面具体来分析五禽戏的健身功能与价值。

首先,含胸;拔背;腰的侧弯、旋转;伸缩脊柱等躯干运动在五禽戏中较为常见。这些动作对于改善练习者的血液循环状态、调节内脏器官、提高身体机能等都具有非常重要的积极作用。此外,脊柱畸形者练习这些动作能够得到一定的缓解。

其次,五禽戏中,练习者不仅要做上肢运动,还要做下肢运动,不同肢体的运动有不同的健身功效。收缩、伸展、旋转等是五禽戏练习者需要完成的主要上肢动作,如在熊戏、虎戏、鸟戏中,展臂的动作最为常见;而臂的收缩动作常出现在猿戏、鹿戏中。练习者在做这些上肢动作的过程中,会有一定的手形变化,这就能够对相应关节产生一定的牵动作用,如肘关节、肩关节、掌指关节、腕关节等,从而促进这些关节灵活性的提高。练习者还需要通过一些步型变化和步法来配合上肢动作,这就能够在一定程度上加强腿部的支撑力、稳定性及灵活性。整体来说,五禽戏中的四肢动作练习对于舒筋通络、促进气血活跃、强筋壮骨、增强体质等具有非常重要的影响。

最后,练习者在平时生活中很少会锻炼到的肌肉群能够在五禽戏中得到一定的锻炼,小到手指、脚趾的运动也是练习者需要严格按照要求进行的,这样就能够促进远端血液微循环的通畅。

2. 呼吸调整的健身功能

在五禽戏气功锻炼中,呼吸是非常关键的一个环节。这一环节的养生与健身功效也是不可忽视的,具体分析如下。

腹式逆呼吸是五禽戏练习者在练习过程中主要采取的一种呼吸方式,这一呼吸方式有利于促进练习者腹肌和肠肌力的增强。在进行腹式逆呼吸的过程中,肠肌会不断上升与下降,这就能够很好地按摩周边的器官,如腹腔等。同时,该呼吸方式还有利于使胃的活动能力得到提高,使腹腔的血液循环得到良好的改善。此外,促进呼吸功能增强、促进肺循环,提高血液中含氧量等也是该呼吸方式所具有的健身功效。

细、匀、深长是五禽戏呼吸的主要特点,五禽戏虽然以腹式逆呼吸为主,但呼吸的速度并不固定,富于变化,时而缓慢,时而加快。例如,在做鸟戏的鸟翔动作时,练习者需要长吸长呼,要放慢呼吸的速度,这有利于呼吸深度的增加。另外,长吸长呼时,练习者需要向上举起两臂,做扩胸、展胸动作,这能够使心肺承受的挤压力得到缓解,充分发挥肺功能。再如,在虎戏的虎扑动作中,练习者需慢吸快呼,这有利于肺功能的改善与增强。

另外,呼吸中枢是支配人体呼吸的主要组织,一般对调节意识没有特别的要求,但腹式呼吸中应注意意识的调节,所以这也是五禽戏的一项练习要求。练习者有意识地进行呼吸锻炼可以使植物神经系统得到调节,进而能够调节内脏活动,因此,在五禽戏练习中,采取正确的呼吸方式能够改善内脏器官的功能。

3. 意念运用的健身功能

练习者在练习五禽戏动作的过程中,要将意念的调节重视起来,在练习时进入一种意境,进入相应的角色,仿佛自己就是在大自然中一样。

在五禽戏练习过程中,练习者通过意念的假设能够产生很逼真的感觉,即仿佛自己回归到了大自然,如返璞归真一般。例如,在练习虎戏时,就像真的和老虎一样威猛;练习鹿戏时,感觉自己四肢轻捷;练习熊戏时,有拖沓沉浑之感;而练习猿戏时,感觉自己比平时更加机敏;练习鸟戏时有悠然之感。这些意境有利于改善练习者的器官机能。意念是富于变化的,时张时弛、刚柔相融,虚实之间相互转换,这有利于提高练习者的"神",使其达到修身养性的目的。

另外,导引也是五禽戏的意念所表现出来的重要作用,这种意念与一般的静功是有区别的,并非将意守在某个特定的部位,而是在调节意念的过程中形、意相结合,也就是说随着动作的变化而调节,动作与意念是相互协调的,这样有利于达到气达周身,"周天按穴转"的效果。

二、五禽戏技法训练指导

(一)预备势

(1)双脚并拢自然站立,眼睛注视正前方。
(2)左脚向左一步移动,双脚开立,调整呼吸,意守丹田。
(3)屈肘提臂至胸前。
(4)外展双肘,两掌内翻并置于腹前。
(3)(4)重复 2 遍,之后双手还原起始姿势。

(二)虎戏

1. 虎举

(1)双手十指成虎爪状,看向两掌方向。
(2)两掌变拳并上提至与肩齐平的高度,十指撑开举到头顶。
(3)掌变虎爪,外旋再变拳,拳心相对。
(4)两拳下拉到肩膀的高度时变掌下按到腹前,十指撑开,掌心朝下。
(1)～(4)重复 3 遍,然后两手还原起始姿势。

2. 虎扑

(1)两掌变空拳并上举到肩部以上的高度。
(2)双手向上、向前划弧,十指成虎爪状,掌心朝下,同时挺胸塌腰。
(3)含胸,屈膝下蹲,同时双手向下划弧,掌心朝下。直膝送髋并后仰,两掌变拳提到胸两侧。

（4）屈左膝，两手举起，向前一步迈左脚，脚跟着地；屈右膝并下蹲。上体向前倾，拳变虎爪状向膝前扑，掌心朝下。随后保持正常的开步站立姿势。

（5）～（8）的动作同（1）～（4），左右方向相反。

（三）鹿戏

1. 鹿抵

（1）屈双膝，右腿支撑体重，左脚向左前方迈一步，脚跟着地。同时向右转体，掌变拳摆向右方与肩齐平的高度。眼睛看向右拳方向。

（2）向前移动身体重心，屈左膝，右腿伸直。同时，向左转体，拳变鹿角状，向上、左、后方向画弧，然而伸展左臂，肘体在左腰侧紧贴；向头前方举右臂，同时向左后方伸抵。向右转体成开步站立姿势，双手自然落于体前。

（3）～（4）动作同（1）～（2），左右方向相反。

（5）～（8）动作同（1）～（4）。

以上8个动作重复1遍。

2. 鹿奔

（1）做左弓步姿势，同时掌变拳向体前举，直至与肩齐平，两拳距离同肩宽。

（2）重心后移，左腿直膝，整个脚掌着地，屈右膝。低头，弓背，收腹。同时两掌前伸变"鹿角"状的拳。

（3）重心前移，直腰挺背做左弓步姿势。"鹿角"变空拳，举到与肩齐平的高度。

（4）自然开立，拳变掌。

（5）～（8）动作同（1）～（4），左右方向相反。

（四）熊戏

1. 熊运

（1）两掌握空拳成"熊掌"状并置于腹部。

（2）上体以腰腹为轴顺时针摇晃，两拳顺势画圆。目随上体的摇晃而转动。

（3）～（4）的动作同（1）～（2）。

(5)～(8)的动作同(1)～(4),左右方向相反。

之后两拳变掌,自然下垂。

2. 熊晃

(1)右移重心,提左髋,屈左膝,左脚离地。两掌变"熊掌"。

(2)前移重心,左脚向左前方迈一步,整个脚掌着地;伸直右腿。同时身体向右侧转动,左拳向左膝前上方摆;右拳向身体后摆动

(3)向左转体,后移重心,屈右膝,直左膝。同时拧腰晃肩,右拳向左膝前上方摆动,左拳向身体后摆动。

(4)向右转体,前移重心。屈左膝,直右膝。同时左拳向左膝前上方摆动,右拳向体后摆动。

(5)～(8)的动作同(1)～(4),左右方向相反。

(五)猿戏

1. 猿提

(1)自然伸展十指并变"猿勾"状。

(2)两掌上举到胸部前,同时提脚跟,左转头。

(3)两肩下沉,脚跟着地,头摆正。同时"猿勾"变掌。

(4)两掌下按并自然放在身体两侧。

(5)～(8)的动作同(1)～(4),只是头要转向右侧。

2. 猿摘

(1)左脚后退,脚尖着地,屈右膝,重心移到右腿。同时,屈左肘,左掌成"猿勾"置于左腰侧;右掌自然摆到右前方。

(2)后移重心,左脚全脚掌着地,屈左膝并下蹲,右脚做右丁步姿势。同时,右掌提到头左侧。

(3)右掌按至左髋侧,右脚向右前方迈一大步,蹬伸左腿,脚尖着地,重心前移,右腿伸直。同时,右掌举到体侧肩部的高度变"猿勾";左掌向前上方举,保持采摘势。

(4)后移重心,左掌成"握固";右手变掌自然置于体侧。随后屈左膝下蹲;右脚保持右丁步姿势。同时,左手成托桃状,右掌在左肘下捧托。

(5)～(8)的动作同(1)～(4),左右方向相反。

(六)鸟戏

1. 鸟伸

(1)微屈两腿并下蹲,两掌相叠于腹前。

(2)向头前上方举起两掌,上体稍前倾,提肩缩颈,挺胸塌腰。

(3)两掌相叠置于腹前。

(4)右移重心,双腿伸直,向后方抬左腿。同时左右掌成"鸟翅"摆向体后,抬头伸颈,塌腰挺胸。

(5)~(8)的动作同(1)~(4),但左右方向相反。

2. 鸟飞

(1)屈双腿,两掌成"鸟翅"在腹前相合。直右膝,屈左膝并向上提左腿,小腿下垂。同时,两掌成展翅状侧平举。

(2)左脚下落,微屈两腿。两掌合于腹前。

(3)直右膝,屈左膝并上提,小腿下垂。同时,两掌向头顶上方举起。

(4)左脚下落,微屈两腿。两掌合于腹前。

(5)~(8)的动作同(1)~(4),但左右方向相反。

(七)收势

五禽戏的收势主要是引气归元,缓和气息。

(1)两掌向头顶上方举起。

(2)两掌逐渐下按至腹前。

(1)(2)重复2遍。

(3)两手缓慢地在体前划平弧,高度约与脐部齐平。

(4)两手合拢于腹前,闭眼静养,调整呼吸,保持几分钟。

(5)睁眼,双手合掌搓擦直到感觉有热度。

(6)双手手掌擦摩面部,做3~5遍。

(7)两掌自然下垂。

(8)恢复成预备势。

三、五禽戏技法训练的注意事项

(1)练习者心神要保持放松,集中精力进行练习,要注意用科学的意念来引导动作。

（2）练习者在进行五禽戏功法的练习过程中，要适度调整练习量，感到身体稍稍出汗就可以了。

（3）练习者在练习过程中不可着急，要循序渐进，一步步地进行练习。

（4）如果练习者参与五禽戏运动是为了达到身体康复的效果，那么在练习过程中就应该具有针对性，可对动作进行简化，从而避免身体承受过大的压力。

（5）在练习期间，练习者要保持愉快的心情，以积极向上的思想状态进行练习。

（6）在练习过程中，练习者要注意规范自己的动作，这样健身效果更好。

（7）练习者尽可能穿舒适宽松的衣服来练习。

（8）练习场地最好是安静的、环境好的。

（9）练习者可以在音乐的伴奏下进行练习，这样可以更好地进入状态。

（10）早上进行练习效果更好，这样可以使身体各个器官的机能得到调动，从而保持充沛的精力。

第三节　六字诀

一、六字诀概述

（一）六字诀的概念

六字诀是我国自古流传的一种以呼吸吐纳为主要手段的健身养生方法，又被称作是“六字气诀”，梁代道教茅山派代表人物、著名中医学家陶弘景所著的《养性延命录》是现存最早记载六字诀的文献。

（二）六字诀的功能

六字诀的功能主要体现在以下几个方面。

1. 健身功能

六字诀这一养生方法是从古代流传到今天的，该养生方法主要是通过呼吸发音来对脏腑进行调节的。从五行理论的角度来看，六字诀中的“嘘、呵、呼、呬、吹、嘻”音分别是对肝、心、脾、肺、肾、三焦这些脏器进行调节的，这说明通过发音能够很好地按摩人体的内脏。练习者在发音的过程中会产生一些震动,从而引发相关脏器的共振,这就能够产生预防或治疗脏器疾病的功效了。另外,练习者在六字诀练习中通过发音还能够对机体内的经络产生一定的刺激性作用,人都有七经八脉,这一刺激性影响能够带动身体其他经络的活动,从而使机体经络畅通,气血充足,达到强身健体的效果。六字诀中的发音能够同时对脏器和经络产生刺激作用,从而能够直接给身体带来积极性作用。

2. 教育功能

气功热最早流行于我国是在 20 世纪 80 年代后期到 90 年代初期。这段时期,我国一些气功师以传统健身功法为基础,对一些新的健身气功功法进行了创编,并将其推广到群众健身活动中。这些健身气功引起了中老年人的喜爱,并在促进中老年人身心健康方面起到了积极的作用。然而,一些不法分子借"气功热"的浪潮大搞"带功报告""特异功能"之类的迷信东西,还美其名曰"科学"。他们之所以宣传迷信内容,主要就是为了骗取老百姓的钱财。有些不法分子甚至加入了邪教组织,这些组织大都带有政治色彩,极大地危害了社会的和谐与稳定。虽然后来我国有关部门粉碎了这些邪教组织,但为了避免这种危害社会稳定的现象再次发生,为了使广大人民群众能够科学安全地进行健身,国家体育总局对健身气功功法进行了大范围的推广,并对传统的六字诀功法进行了挖掘和整理,通过倡导科学的健身养生功法来教育人们,促进人们身体健康。当前,人们积极参与六字诀功法健身,反映出该健身方式的教育价值在一定程度上已经得到了实现。

3. 经济功能

六字诀给人们带来经济方面的效益就是其经济价值的主要表现。六字诀在经济方面所产生的作用具有间接性和潜在性,主要从两个方面体现出来,具体分析如下。

(1)现代人的健康意识在不断加强,而且亚健康人群在不断增加,在这一情况下,六字诀突出的健身功能隐藏着巨大的经济效益。

(2)六字诀具有鲜明的民族色彩,因此在对六字诀进行组织宣传时,可以利用其民族因素对"国际健身气功交流比赛大会""世界养生大会""全国健身气功交流比赛""全国高等院校健身气功邀请赛"等一些经贸活动进行开展,这些大会与活动的举办为六字诀创造了实现其经济价值的机会。通过举行各种比赛能够促进影像、图书、办班、服装、交流大赛等有关行业的进一步发展,能够给这些行业带来良好的经济效益。

4. 文化功能

作为我国民族传统体育文化的重要产物,六字诀反映了我国传统文化的内涵与特点。所以,理论上而言,传统文化是六字诀发展的思想指导,在行为方式上其也会在一定程度上制约六字诀的发展。六字诀这项气功功法植根于中华民族文化土壤,就像一棵枝繁叶茂的大树,其根须向四面八方伸展,对各方面的养分进行吸收。六字诀的文化理论渊源是来自多方面的,它对中国传统哲学思想和文化理念进行了吸收与借鉴,又在一定程度上反映了传统科学(医学、美学等)的内涵。

人们参与六字诀健身运动主要是为了增强体质和对传统文化进行传承与弘扬,人们在参与其中的过程中会慢慢学习到"做人的真谛",逐步领悟到如何实现人生的价值。因此说,对六字诀的文化价值进行深入认识,对六字诀的文化成分进行充分挖掘,对六字诀中合理的文化思想内涵进行提取与总结,使之适应现代科学发展的要求,与当代文明实现协调发展是非常重要且必要的。

5. 社会功能

社会主义和谐社会的构成是一项系统而又复杂的巨大工程,需要社会各界的共同参与和努力。六字诀养生功法对身心的和谐有突出的强调,强调从人自身的内外协调统一提升到人与自然、社会的和谐层次,从某种角度上而言,六字诀是一项有关"和谐"的健身功法。其和谐的思想内涵主要体现在"天人合一"为理论基础和"三调合一"的练功方法上。

实践证明,人们在参与六字诀健身养生活动的过程中,道德涵养会不断提升,会上升到一个新的高度。所以,不管是从促进人民身心健康方面而言,还是从社会主义和谐社会建设方面而言,对六字诀进行推广与普及都是一项功在当代、利在千秋的事业,这项事业的发展会促进社会主义和谐社会的繁荣。

总之,在新的历史时期,推广与开展健身功法·六字诀,既有利于增强人民体质,又有利于对人民矛盾进行化解,促进社会的和谐稳定,这正是其社会价值的主要表现。

二、六字诀技法训练指导

(一)预备势

双脚自然开立,脚间距离约同肩宽。

(二)起势

(1)十指相对向胸前托起。

(2)手掌内翻,并慢慢下按到肚脐的高度。

(3)双膝弯曲并下蹲;向前拨手掌,直到两臂成圆。

(4)两掌收至肚脐前,虎口交叉,自然呼吸。

(三)嘘字诀

(1)两手分开置于两腰侧,小指与腰际轻贴。

(2)向左90°转体;右掌向左穿出,与肩齐平,同时口吐"嘘"字音;双目睁圆。

(3)右掌收回,身体转正。

(4)动作同(2),左掌穿出,方向相反。

(5)右掌收回,身体转正。

左右穿掌各3次,共吐6次"嘘"字音。

(四)呵字诀

(1)微提双手小指,指尖朝斜下方。双腿弯曲并下蹲,两掌同时向前插出,两臂肘部微屈。

(2)收臂,双手成"捧掌",置于肚脐前。

(3)直膝屈肘,两掌置于胸前位置。

(4)两臂肘部外展到与肩前;两掌内翻。然后两掌慢慢下插,同时口吐"呵"字音。

(5)双手手掌向肚脐前下插,膝微屈并向下蹲;同时,两掌向前慢慢拨出,直到两臂成圆。

(6)两掌于腹前成"捧掌"。

(7)直膝屈肘,两掌还原胸前。

(8)肘部外展到肩前;两掌内翻。然后两掌慢慢下插,同时口吐"呵"字音。

(5)~(8)的动作重复4次,共吐6次"呵"字音。

(五)呼字诀

(1)两掌外旋内翻,掌心对着肚脐,张开十指。

(2)直膝;两掌向肚脐慢慢合拢,与肚脐相距大约10厘米的距离。

(3)弯曲膝部并下蹲;两掌同时外展直至两臂成圆形,口吐"呼"字音。

(4)慢慢直膝;同时,两掌朝肚脐慢慢合拢。

(3)(4)动作重复5次。共吐6次"呼"字音。

(六)呬字诀

(1)双掌自然下落。

(2)慢慢直膝;同时,两掌向胸前缓缓托起。

(3)两肘自然下落,在肩前立掌。两肩胛骨靠向脊柱,展肩扩胸,藏头缩项。

(4)稍弯曲膝部并下蹲,同时耸肩,慢慢向前推两掌,掌心朝推掌方向,同时口吐"呬"字音。

(5)掌心向内,双掌间距离约同肩宽。

(6)缓缓直膝,同时双肘弯曲,两掌向胸前收拢。

(7)两肘自然下落,在肩前立掌。两肩胛骨靠向脊柱,展肩扩胸,藏头缩项。

(8)稍弯曲膝部并下蹲,同时保持肩部的放松,慢慢向前推两掌,掌心朝推掌方向,同时口吐"呬"字音。

(5)~(8)的动作重复4遍。共吐6次"呬"字音。

(七)吹字诀

(1)向前推两掌,掌背朝上。

(2)两臂侧平举,指尖朝向外侧。

(3)手掌向后划弧,直至手掌位于腰后。

(4)稍微弯曲膝部并下蹲;两掌向下滑动,同时口吐"吹"字音,肘部弯曲,手臂提起在腹前环抱。

(5)缓缓直膝;同时收回两掌。

(6)双手手掌向后摩运到后腰部。

(7)同动作(4)。

(5)~(7)的动作重复4次。共吐6次"吹"字音。

(八)嘻字诀

(1)双手手掌自然下落;然后内旋外翻。

(2)缓缓直膝;手肘同时提到胸前。随后,继续向面前提双手,到面前后两臂成弧形。

(3)肘部弯曲收回到胸前,约与肩齐高。然后双膝慢慢弯曲并下蹲;同时两掌按于肚脐前。

(4)双手手掌继续向下、向左由外分至左右髋旁约 15 厘米,同时口吐"嘻"字音。

(5)左右掌的掌背相对合于小腹前。

(6)同动作(2)。

(7)同动作(3)。

(8)双手手掌顺势外开到距离髋约 15 厘米的位置,同时口吐"嘻"字音。

(5)~(8)的动作重复 4 次。共吐 6 次"嘻"字音。

(九)收势

(1)两掌在腹前慢慢合抱,虎口交叉;同时缓缓直膝;稍静养一会儿。

(2)左右手掌轻揉腹部 12 圈,顺时针、逆时针各 6 圈。

(3)手臂自然落于体侧。

三、六字诀技法训练的注意事项

(一)校准口型,体会气息

六字诀功法运动重点就是以吐气发声为主,所以,口型的变化和气息的流动是练习者需要重点考虑的问题。口型的变化会直接对气息通过喉、舌、齿、牙、唇时的流动线路产生影响。六种口型中,每种口型都对应一种特定的气息运动方式,不同的气息运动方式会对内气的运行与相应脏腑功能产生不同的影响。所以,练习者一定要对口型的要求有所了解,随时注意对口型的校准。判断口型是否正确,主要从两方面来进行,一方面,出声时对字音是否准确进行体会;另一方面,对每个字的正确口腔气流流动方式进行体会。

此外,练习时还要将"先出声,后无声"的原则掌握好。练习者在初学时,为校正口型与读音,需正确采用吐气出声的方法,同时要注意避免憋气;在经过一段时间的练习后,可逐渐采取吐气轻声的方法来练习,最后慢慢向吐气无声的状态过渡。

(二)寓意于气,寓意于形

在进行六字诀功法练习时,练习者不仅要掌握好吐气发声的方法,还应展现出舒缓圆活的动作,同时配合一定的意念引导,即寓意于气(呼吸),寓意于形。但对意念活动不作过分强调,保持协调自然状态即可。如果练习者过分注重意念,做出来的动作就会稍显僵硬,呼吸也会显得急促,无法保持松静自然的状态。同时,在练习过程中,也要保持形体上的放松,对肢体运动的规格不要太在意,要达到形松神静的要求,这样才能自然缓慢地呼吸,才能控制脉搏频率,也才能使全身保持自然松静的状态。如果多肢体动作过分注意,就会导致动作僵硬,对机体的内部平衡造成破坏,这样调整气息的目的就无法实现。此外,练习者还应注意协调吐纳与导引的关系,以前者为主,后者为辅,而非简单地结合吐纳与导引。

(三)注意呼吸,微微用意

自然呼吸或腹式呼吸是最常用的呼吸方法,腹式呼吸又分顺腹式与逆腹式两种情况。逆腹式呼吸是六字诀功法中主要采用的呼吸方法。采用这种呼吸方法能够增加横膈膜的升降幅度,从而可以在一定程度上按摩人体脏腑,这对全身气血的通畅运行有非常积极的促进作用。但练习者在初步进行六字诀功法练习时需要注意,呼吸时一定要微微用意,按照"吐惟细细,纳惟绵绵"的要求来呼吸,不能为了使腹部收缩或鼓胀而用力呼吸。

(四)动作松柔舒缓,协调配合

六字诀功法运动不仅强调呼吸吐纳,同时也对动作导引有一定的要求。动作导引能够促进关节灵活性的提高,能够使筋骨更加强健。因此练习者要注意在呼吸吐纳、吐气发声的同时配合一定的动作导引,而且动作必须符合松柔舒缓的要求,不能对正常的呼吸吐纳和吐气发声造成干扰。

(五)循序渐进,持之以恒

练习者尽可能在空气清新、环境幽静的地方练习六字诀,着装以运动服为宜,适度宽松的服装有利于顺利完成动作和气血在体内的流通。同时,练习者还应该保持舒畅的心情,要放松身心,集中注意力来练功。

练习者必须在坚持循序渐进原则的基础上来练功,不要急于求成。老年群体或身体素质较差的练习者应该合理调整练习的运动量、动作幅度,采用合理的呼吸方法,注意量力而行。练功结束后,做像搓手、擦面、全身拍打等之类的简单保健动作效果会更好,有利于身心状态的放松与恢复。

练习者要想在六字诀功法锻炼中达到一定的效果,必须坚持不懈,持之以恒,如果半途而废,三天打鱼,两天晒网,是无法取得明显健身功效的。

第四节 八段锦

一、八段锦概述

(一)八段锦的概念

八段锦是一套独立而完整的健身养生功法,其发源于北宋。八段锦中的"八"不仅仅是指段、节和八个动作,还指该功法包含多方面的要素,而且这些要素是相互联系与制约的,是循环运转的。《遵生八笺》(明朝高濂所著)中讲道,"八段锦引导法于后午前做,造化和乾坤。循环次第转,八卦是良因"。后来人们又以"锦"来比喻这套动作,"锦"由"金"和"帛"二字组合而成,表示绝美华贵的意思,具体就是指这套方法编排得很精致,动作舒展完美,可以达到健身治病的积极效果,除此之外,人们还以"单个导引式式的汇集"来解释"锦"字,这说明八段锦这套功法是完整的,就像丝锦一样连绵不断。经过不断的编排,最后将八段锦的动作名称确定为两手托天理三焦、左右开弓似射雕、调理脾胃须单举、五劳七伤往后瞧、摇头摆尾祛心火、双手攀足固肾腰、攒拳怒目增气力、背后七颠百病消。在最开始的练习中需做好预备动作,在最后一式做完后还有相应的收势动作。

(二)八段锦的功能

1. 促进平衡能力的提高

提高平衡能力对于八段锦练习者尤其是中老年练习者而言是非常重要的。中老年人要想维持独立生活,就必须具备一定的平衡能力,这是基本的保障。如果平衡能力较弱,跌倒摔伤的情况就很容易发生,摔倒后可能会引起软组织挫伤,甚至还会造成脑血管疾病和骨折,这会严重威胁中老年人的生命健康,特别是骨折和发生心脑血管疾病后,会给个人、家庭和社会带来一系列重大的问题。所以,平衡能力的提高与改善有利于预防老年人跌倒摔伤。

对人体的平衡能力进行衡量时,通常会采用的一项指标是闭眼单腿站立。有关研究者在对参与八段锦功法锻炼的中老年人的身体形态和生理机能进行调查与了解后发现,受试者在进行两个半月的八段锦练习后,闭眼单腿站立的时间较之前明显增加,这表明其平衡能力得到了一定的提高。八段锦中,"左右开弓似射雕""摇头摆尾祛心火"和"背后七颠百病消"等动作都能够促进练习者平衡能力的提高。例如,"背后七颠百病消"这一动作要求练习者以两脚脚尖支撑身体重心,这就对其平衡能力提出了较高的要求,练习这一动作也必然能够改善其平衡性。此外,练习者在平衡能力提高的同时,关节灵活性及下肢力量也会得到相应的改善。

2. 对情绪状态进行调节

情绪是人对客观事物所做出的一种特殊反应,体现了人对客观事物的态度。情绪会在很大程度上影响人的工作、生活和健康。情绪愉快稳定,就能够使人的工作与学习效率得到提高;情绪积极乐观,就可以使人的生理与心理功能得到良好的调节,从而使其身心更加健康。消极的情绪对身心健康极为不利,甚至会造成身心疾病的发生。

目前已经有很多研究都证实了八段锦对情绪具有积极的改善作用。刘洪福等人经过实验研究后得出,进行八段锦练习能够使人的紧张、焦虑和忧郁程度不断降低,能够明显改善练习者的情绪状态,同时也能够缓解练习者的强迫与偏执心理,在一定程度上能缓解精神病症状。八段锦之所以能够产生这些功效,主要是因为其要求人们在练习过程中做到宁神调息、静心用意,保持虚怀若谷的心境,通过意识的引导来完成动作。因此,八段锦可以促进神经系统调节功能的改善,可以使中枢神经系统的疲劳得到缓解,可以对情绪进行有效的调节,使人处于身心平衡的状态。

3. 对失眠状况进行改善

随着竞争压力的不断增加和生活节奏的日益加快,人们承受着越来越大的心理压力。在巨大的压力下,人们很容易失眠,我国患失眠症的人有很多,而且还在不断增加。据失眠调查显示,我国有过不同程度失眠症状的人超过一半。面对这一症状,通过服用安眠药物来帮助入睡的人约有 20.0%。这类药物虽然有明显的功效,但是其有一定的副作用,长期服用会影响人体的健康。一些患者长期靠安眠药入睡,久而久之对药物的依赖性越来越大,最后出现了很多不良的症状,如白天困倦、呼吸困难、认知和精神运动损害等。

与安眠药物相比而言,我国传统保健功法在改善失眠症方面的作用是很大的,而且如果操作得当,是不会有副作用的。八段锦这项有氧运动以中小强度为主,而且动作较为简单,所有年龄段的人群都适合参与。八段锦功法运动中的动作都是寓于阴阳之中的,强调导形而引气,气血顺则脏腑调,从而能够使脏腑的生理功能维持正常状态。而气血调和、经络畅通又能够使失眠症从根本上得到缓解与治疗。此外,八段锦具有"调心、调身、调息"等多方面的作用,这些作用的发挥能够使练习者的大脑疲劳症状得到缓解,紧张等不良情绪得到调节,从而能够在很大程度上促进练习者的身心健康。

4. 促进心理健康

作为我国优秀且独具特色的民族传统文化遗产,八段锦以中医学基本理论体系为理论基础,集强身健体、保健、养生等诸多功能于一体,其要求人们在练习过程中做到"心静体松",这有利于调整中枢神经系统功能,有益于促进练习者心理健康水平的提高。国外一些研究机构认为,目前我国可以较好地通过养生功法对心理状态进行调节的运动形式就是八段锦了,可见八段锦在调节人体心理状态方面的优势是很明显的。随着练习时间的增加,练习者的心理水平会向健康状态慢慢靠近。

通过八段锦练习,能够减缓内部情绪和外部刺激对练习者的干扰,能够有效调整与改善练习者的不良心理,如焦虑、紧张、烦躁、情绪低落等。此外,具有抑郁症、容易激动的人通过八段锦练习也能够得到一定程度的缓解,因为八段锦的功法特点要求练习者在练习过程中做到心静体松、精神内敛、心平气和、以意导动、坦荡安稳、排除杂念。总之,坚持八段锦练习能够调适精神,使练习者保持积极健康的心理状态。

二、八段锦技法训练指导

(一)预备势

动作方法(图 8-18):

(1)双脚并拢自然站立。

(2)左右脚分开而立,向右腿方向移动身体重心。

(3)两臂向两侧摆到与髋齐高的位置。

(4)上动不停。稍屈膝;同时两臂外旋在腹前合抱,呈圆弧形,两掌指间大约保持 10 厘米的距离。

(二)两手托天理三焦

动作方法(图 8-19):

(1)接预备式,两臂外旋稍向下落,十指分开并交叉于腹前。

(2)缓缓直膝;同时上托两掌到胸前,随之托起两臂,抬头。

(3)继续上举两臂,直至肘关节伸直;同时下颌内收。

（4）慢慢降低身体重心；微屈两膝关节；同时，慢慢分开十指，两臂自然下落，两掌置于腹前。

托举、下落为一遍，共做 6 遍。

图 8-18　　　　　　　　　图 8-19

（三）左右开弓似射雕

动作方法（图 8-20）：

（1）接上式，右移重心，自然开步而立；两掌交叉置于胸前，双眼看向前方。

（2）扎马步；右掌变"爪"，置于肩前；左掌变八字掌，左臂向左推出直到与肩齐高，摆出拉弓射箭的姿势。

（3）右移重心；右手爪变掌，向上、向右画弧，直至与肩齐高；左手指变掌，掌心斜向后。

（4）右移重心；并步而立；两掌捧于腹前，双眼看向前方。

（5）～（8）与（1）～（4）的动作相同，左右方向相反。

一左一右为一遍，共做 3 遍。

图 8-20

(四)调整脾胃须单举

动作方法(图 8-21):

(1)接上式,两腿伸直;向上托左掌,左臂经过外旋、内旋举到头左上方的位置,左肘稍屈。同时,向上托右掌,右臂内旋置于右髋旁,右肘微屈,双眼注视前方。

(2)松腰沉髋,重心下移;膝关节微屈;同时,微屈左肘,左掌置于腹前,右臂外旋,右掌捧于腹前,左右手手掌的指尖是相对的,且之间相隔大约 10 厘米,双眼看向前方。

(3)(4)的动作与(1)(2)相同,只是方向相反。

一左一右为一遍,共做 3 遍。

图 8-21

(五)五劳七伤往后瞧

动作方法(图 8-22):

(1)接上式,双腿、双臂同时伸直;双眼注视前方。上动不停,两臂向外旋动;向后转头,动作稍停片刻;双眼看向左后方。

(2)松腰沉髋,重心下降;微屈膝关节;同时,两臂内旋置于髋旁;双眼看向前方。

(3)的动作与(1)相同,只是方向相反。

(4)的动作与(2)完全相同。

一左一右为一遍,共做 3 遍。

图 8-22

(六)摇头摆尾去心火

动作方法(图 8-23):

(1)接上式,左移重心,自然开步而立;同时,将两掌上托到头上方,微屈肘关节,双眼看向前方。

(2)上动不停,做半蹲马步姿势;同时,两臂自然落于身体两侧,两掌在膝关节上方扶好,微屈肘关节。

(3)右移重心;向右侧方向倾上体,然后俯身;双眼看向右脚方向。

(4)上动不停。左移重心;同时,上体从右向前、向左缓缓旋转;双眼看向右脚方向。

图 8-23

(5)右移重心,做马步姿势;同时,向后摇头,上体直立,下颌微收;双眼直直地看向前方。

(6)~(8)的动作与(3)~(5)相同,只是方向相反。

本式一左一右为一遍,共做3遍。

(七)双手攀足固肾腰

动作方法(图8-24):

(1)接上式,两腿伸直;同时,两臂朝前上方举起,伸直肘关节,双眼看向前方。

(2)两掌掌心相对,微屈肘部,两掌落于胸前,双眼直直地看向前方。

(3)上动不停。两臂外旋,左右手的手指沿腋下的方向向后插;双眼看向前方。

(4)左右手掌的掌心向下摩运到臀部位置(沿脊柱两侧);然后俯身,两掌继续向下摩运到脚面;抬头,稍停片刻。

(5)沿着地面向前伸展两掌,随之手臂上举,身体慢慢挺直,直至两臂上举到头顶,双眼看向正前方。

本式一上一下为一遍,共做6遍。

图 8-24

(八)攒拳怒目增气力

动作方法(图8-25):

接上式,右移重心,开步而立;做半蹲马步姿势;同时,两掌握固置于腰的两侧,双眼看向正前方。

(1)左冲拳(注意动作应缓慢),冲出的高度同肩高,拳眼保持向上;瞪眼,眼睛看向冲拳的方向。

(2)左臂内旋,左拳变掌。左臂外旋,微屈肘关节;左掌向左缠绕并变拳,拳心朝上;双眼看向左拳方向。

(3)弯曲肘关节,左拳置于腰侧,拳眼朝上;双眼看向正前方。

(4)～(6)的动作与(1)～(3)相同,只是左右方向相反。

本式一左一右为一遍,共做 3 遍。

图 8-25

(九)背后七颠百病消

动作方法(图 8-26):

(1)接上式,脚跟向上提;头用力向上方顶起,稍停片刻。

(2)脚跟回落触地。

一起一落为一遍,共做 7 遍。

图 8-26

(十)收势

(1)接上式,两臂向两侧摆起,直至与髋的高度齐平。

(2)屈肘,两掌于丹田相叠。

(3)两臂自然垂于体侧。

三、八段锦技法训练的注意事项

八段锦技法训练非常有利于提高练习者的身心健康水平,但只有练习者采取科学的锻炼方法才能达到这一效果,这就要求练习者在练习过程中要保持自然的心理状态,正确对待,采用科学的方法来进行练习,避免因练习方法不正确或心理不健康而"走火入魔"。具体来说,练习者需要在八段锦功法练习中注意以下两个问题。

(一)切忌"急功近利"

八段锦既练心,又练德,这是一个长期的过程,练习者只有一步步坚持练习,才能终身受益。《类经》(明张景岳所著)中提到,"此道以多为贵,以久为功,行之有数,持之以恒"。这就要求练习者无论是在休闲时间,还是在繁忙中,都要抽出一些时间来练习,并自然而然地形成良好的锻炼习惯。如果练习者不能循序渐进,持之以恒,就无法取得明显的健身功效,更无法终生获益。

(二)适应征问题

目前在我国流行的健身气功有很多种,我们需以不同健身功法的运动原理和功法特点为依据来对其适合的运动对象进行明确。如果修习对象不明确,辩证施动,就很容易导致偏差问题的出现。心理学认为,人的气质大体有四类(多血质、黏液质、抑郁质、胆汁质),不同气质类型的人都有适合其参与的健身项目。气功是人的一种主动的活动过程,气功锻炼与人的气质特征有必然的内在关系。八段锦功法要求练习者在练习过程中要做到宁神调息、静心用意,这就对练习者的气质提出了一定的要求,具有相应气质的人能更好地达到这一要求。因此练习者需以自己的性格特点和实际情况为依据来选择适合自己的练习方式,不能不顾切身实际随大流去采取大众化的方式进行练习,这样是无法取得预期效果的。

此外,八段锦练习效果与练习者的年龄、体质状况等有很大的关系,不同年龄和不同体质的人参与八段锦功法运动,需要注意的重点不同,如果千篇一律地练习,效果就会不明显。

八段锦是一把双刃剑,如果是有需要的人以科学的方法参与练习,就能够获得良好的效果,但如果是一些不法分子对其加以利用,就会破坏社会稳定、危害人类健康。所以在八段锦练习过程中,我们要取其精华,使八段锦在科学与健康的道路上发展。

第九章　传统武术搏击技法训练指导

技击属性是传统武术的本质属性，其源于古代生产劳动与战争中的格斗经验，传统武术在发展过程中其技击理论和运动形式不断完善，并形成了各种具有完整技击技法理论体系的搏击运动项目。这些运动项目能充分满足习武者强健体魄、防身自卫的习武需求，并符合现代体育的竞技化发展需求，对武术融入现代竞技体育是一个很好的尝试。本章主要就武术体系中的散打、擒拿、摔跤等搏击技法训练进行阐述与分析。

第一节　散打

一、散打概述

散打，又称"散手"，古称"相搏""角抵""手战"等，是中国武术运动中的一项双人搏斗运动，也是中国武术技击方法的重要形式之一。

散打最初起源于古代人们的生存需要和生产劳动，远古时期，人们在从自然界获得生产资料的过程中逐渐形成拳打、脚踢、绊摔、奔跑等技能。这些技能在人类文明进化过程中逐渐成为农业生产之余人与人之间的一种搏斗游戏，战争出现后，人与人之间的搏斗在战场士兵的徒手对抗中不断发展，成为一种重要的军事技能，被视为散打运动的雏形。

商周时期开始，人与人之间的徒手搏斗技能一直是作为军事训练的重要内容而存在的，这种搏击一直流传到今天，至今仍是军中的重要训练科目。

在民间，人与人之间的搏斗游戏和搏斗切磋也随着武术运动的发展一直存在，清代，农民运动和练武的"社""堡"广泛兴起，武术在民间发展迅速，各流派、各场馆的拳术风格不一、打法不一，因此，各武馆之间经常在一起进行武艺切磋，民间这些正规的武艺比赛称为"打擂"。

民国时期，1928 年 10 月 28 日，南京举办了第 1 届国术国考，散打包含在其中。1933 年,南京举办全国运动大会,散打是主要比赛项目。只是当时的散打比赛在规模、制度、技术、规则等方面并不完善。

新中国成立以后,我国重视武术发展,散打运动也获得了良好的发展条件。1980 年 5 月,全国武术观摩交流大会在太原举行,散打运动得到进一步推广。此后,国内各种规模、类型的散打比赛日益增多,散打比赛规则也在不断完善之中。1980 年 10 月,昆明全国武术表演赛期间,国家体委拟定了《全国散打竞赛规则》(征求意见稿)。次年 1 月,国家体委在北京召开全国散打竞赛规则研究会,制定《全国散打竞赛规则》(初稿),并举行了全国武术散打邀请赛,标志着武术散打运动正式成为一项全国性比赛项目。

1998 年,第 13 届亚运会将散打列为正式比赛项目,我国散打运动开始走出国门、走向世界。

2002 年 7 月,第 1 届世界杯武术散打比赛成功在上海举办,这一项国际级别的赛事将我国传统武术中的散打运动更进一步推向全世界。2004 年,新的《武术散打竞赛规则(试用)》出台,散打运动比赛规则更加完善,为其更进一步地适应国际竞技体育发展需要奠定了基础。至 2016 年 11 月,"世界杯"武术散打比赛已经成功举办了 8 届,该项赛事作为武术散打界最高级别的国际大赛,为在全世界范围内推广和普及散打运动发挥了作用。同时,对于推动国家体育总局继续进行武术申奥,增加全国武术人口、传播中国传统文化也具有重要意义。

二、散打阶段训练任务

武术散打是一个系统的武术运动,具有完善的技法体系、训练体系,对武术散打的学习需要理论与实践的有机结合,有计划、有组织地开展各个阶段的训练活动。

具体来说,武术散打训练可以分为以下几个阶段。

(一)散打基本功训练

散打训练初期,最重要的是培养习武者的散打兴趣,在此基础上,安排习武者学习散打运动的基本理论知识、基本功、基本技术动作等内容。

该训练阶段,习武者散打基本功的训练是训练的主要内容,训练中,习武者应扎实掌握基本功,以为日后更高阶段的技术进步和发展奠定良好的基础。

此外,应重视对散打运动理论知识、动作原理的讲授,以便于习武者能更好地掌握正确的散打基本动作,为其散打专项击打力量、速度及攻防转换能力的提高奠定基础。

(二)散打意识培养

散打意识的培养和形成需要一定的散打动作基础,在此基础上,应该有针对性地通过进攻、防守及反击的训练,逐渐培养散打运动者的攻防意识,为进一步提高其散打竞技水平做好准备。

散打意识的培养从某种程度上来说,就是散打战术意识的培养,它需要习武者不断进行散打技术动作组合的练习,良好的、具有实效性的技术动作是落实散打战术的重要途径。

(三)散打技术提高

在前两个阶段的学习过后,散打运动者大多已经具备了良好的散打基本功底,并具有了一定的技战术基础,甚至一些散打运动者还形成了个人的技术特色。这一阶段,教练员应该结合不同习武者对散打运动技战术及散打技法理论的应用和理解程度,因材施教,进行有针对性的散打技术提高训练。

该阶段,应在全面提高习武者散打攻防技术的前提下形成个人技术特长,提高散打运动者的专项运动素质,增强其打击力量,促进其散打运动水平的进一步提高。

三、散打技法基础训练

(一)姿势

散打姿势,又称"起势"或"格斗势"。左脚在前为左势,右脚在前为右势,以左势为例,正确的散打姿势具体如下。

双脚前后开立,略宽于肩,前脚掌着地斜向前方,两膝微屈;头颈部正对前方,含胸、收腹、收臀,肩部放松;左手抬拳,屈肘 90°～120°;右拳置于下颌右侧,屈肘 80°～90°;下颌内收,目视对方面部。

(二)拳法

1. 冲拳

冲拳,又称"直拳",属于直线进攻拳法,在散打实战对抗中,具有扰乱对手视线的效果。

左冲拳:左脚在前,脚掌蹬地,左转体,重心稍前移,前击左拳,右拳右下颌外侧待发(图 9-1)。

右冲拳(图 9-2):技法动作基本同左冲拳,只是在发拳时,身体应稍左倾。

图 9-1 　　　　　　　　　　图 9-2

2. 掼拳

掼拳,又称"摆拳",是一种从侧面袭击对手的拳法,拳法路线为弧线,在散打攻防中均可运用。

左掼拳:左脚在前,右转体,屈臂,左拳向外—前—里横掼,右拳护右腮(图 9-3)。

右掼拳:预备势,右脚蹬地向内扣转,左转腰,右拳向外(约 45°)—前—里横掼,左拳护左腮(图 9-4)。

图 9-3 　　　　　　　　　　图 9-4

3. 抄拳

抄拳,又称"勾拳",击打力量大,击打范围广,近战进攻威力强,可配合其他散打拳法组合进攻使用,同时,也具有近身防守的良好效果。

左抄拳:左脚在前,实战步。右转体,重心下沉,左脚蹬地,右上挺髋,借力右击左拳,肘屈 90°～110°。

右抄拳:基本拳法同左抄拳,右脚蹬地,左转体,右拳借扣膝转腰之力,由下—前—上抄。

(三)腿法

1. 蹬腿

蹬腿,在散打运动中多用于主动出击,具有较大的杀伤力,可以根据实战需要选择攻防范围。

左正蹬:左脚在前,实战步,屈右腿,左腿提膝,大腿靠近胸腹,勾脚尖起并蓄力前蹬,力达前掌(图 9-5)。

右正蹬:重心前移,左腿稍屈,左转体,右腿提膝,勾脚前蹬,同时,向前送髋,力达前掌。

图 9-5

2. 踹腿

踹腿,是散打运动实战中使用率最高的腿法之一,具有动作灵活、富有变化、易调整攻防方向的特点。

左踹腿:左脚在前,实战步。右腿稍屈;左腿提膝,小腿外摆,勾脚尖,展髋,挺膝前踹脚掌(图 9-6)。

右踹腿:左腿支撑,左转体 180°,出腿的方法基本同左踹腿,只是动作方向在对侧。

踹腿过程中,为了达到更好的攻防实战效果,可以稍微倾斜身体,以求力达攻防点,注意身体平衡。

图 9-6

3. 鞭腿

鞭腿，又称"边腿"，从对方的旁边进攻。和其他腿法动作相比，具有明显的弹射性，发力突然、出腿和收腿快速、高低随意，是散打高手常用的腿法之一。

左鞭腿：左腿在前，实战步。右腿稍屈，上体右倾；左腿屈膝向左摆，扣膝，绷脚背，小腿向前弹踢。

右鞭腿：左腿支撑，右脚在前，左转体 180°，右腿进行连贯而迅速的屈膝、扣膝、弹踢。

四、散打进攻技法训练

(一)肘击

肘击是散打中常用的进攻技法，常见技法训练内容如下。

1. 顶肘

所谓顶肘，即以肘尖顶击对手，根据攻击对方身体部位的不同，可以分为上（顶面）、中（顶胸）、下（顶腹）三层次，同时，还可以从左右、前后实施顶肘。

以平顶肘为例，实战步，前进一步靠近对方，使肘击在有效攻击范围之内，突然出肘平顶对方。

2. 盘肘

所谓盘肘，即从侧面攻击对手，进攻路线为弧线，但攻击效果并不会因此削弱,常用于攻击对方肋、腹部。

盘肘时,前进一步靠近对方,使肘击在有效攻击范围之内,内旋臂,并猛转体,随之手臂横扫攻击对方。

(二)膝击

运动生理学研究表明,在人体中,膝关节是十分坚硬的一个身体部位,具有较强的抗击打和击打能力,因此,在武术散打中,膝是一个非常重要的攻击部位,且位于人体下部,动作不易被发现,具有良好的隐蔽性。由于膝的进攻范围有限,因此,常用于散打中的近身攻防,可令对方防不胜防。

武术散打运动中,常用的膝法主要有以下几种。

(1)顶膝:屈膝,由下向上顶击,力达膝尖。

(2)冲膝:屈膝,向前冲撞,力达膝前部。

(3)侧顶膝:屈膝,由外向内顶击,力达膝尖或膝后部。

(4)横撞膝:屈膝,由外向内撞击,力达膝内侧。

(三)摔法

摔法,也称"跌法",是现代散打运动中得分取胜的有效手段,同时能有效震慑对方、消耗对方。

目前,武术散打运动中,常用的摔法主要有以下几种。

1. 抱腿别腿摔

对方左边腿进攻我方上体,迅速靠近对方,右手抓对方左脚腕,屈左臂用肘窝夹其左膝窝。躬身,左手由裆下穿,掌扣其右膝窝,右手右后扳拉其左脚腕。右后转体,继续扳拉,迫使对方因失去重心而倒地(图9-7)。

图 9-7

2. 接腿上托摔

对方右正蹬腿踢击，我方可用两手抓握其小腿，屈臂上抬。挟托其脚后，上右步，向前上方推展，令对方摔倒。

3. 接腿勾腿摔

对方用右侧弹腿踢击，我方可用左手抄抱其小腿，右手穿对方右肩，压其颈；同时，右脚踢对方支撑腿，令对方摔倒。

4. 接腿涮摔

对方用右侧弹腿踢击，我方可用双手抓握其右脚左拉，并向下—右—上摆荡，令对方失去重心摔倒。

5. 格挡搂推摔

对方左脚在前，拳击我方头部，我方可用右臂抵架来拳，同时，屈臂顺势由对方左臂外侧自上而下滑，卡其左臂，并上左腿支撑，右手回扒对方左大腿，左手猛推对方左胸，使对方失去重心而摔倒（图 9-8）。

图 9-8

(四)组合动作进攻

1. 左冲拳—左踹腿

双方由实战姿势开始，快速上步，以左冲拳击打对方面部，同时，以左踹腿踢击对方腹部（图 9-9）。

训练要点：出拳要快，左踹腿可根据对方防守位置的变化改变攻击路线。

2. 右踹腿—左右冲拳

双方由实战姿势开始，垫步上前，以右踹腿踢击对方腹部，同时，以左右冲拳连击对方面部(图 9-10)。

训练要点:出腿要快,脚落地的瞬间出拳。

图 9-9

图 9-10

3. 左踹腿——右踹腿

双方由实战姿势开始,滑步调整双方有效攻击距离,以左踹腿踢击对方腹部,左脚落地即可,迅速以右踹腿踢对方(图 9-11)。

训练要点:注意进攻过程中身体重心的迅速转移与调整,保持身体平衡和攻击的有效性。

图 9-11

4. 左侧弹腿——左右冲拳——左踹腿

双方由实战姿势开始,垫步上前,以左弹腿踢击对方腿部,同时,以左右冲拳连击对方面部,趁机再次垫步追进,以左踹腿踢攻击对方(图 9-12)。

训练要点:进攻动作要连贯、迅速,注意进攻过程中进攻点的准确性。

图 9-12

5. 左冲拳—抱腿前顶摔

双方由实战姿势开始,疾步逼近对方,以左冲拳攻击打对方面部,待对方身体后倾躲避的同时,弯腰抱腿前顶摔,令对方失去重心而摔倒(图 9-13)。

训练要点:出拳要快;身体下潜抱腿要快。

图 9-13

五、散打防守反击技术训练

防守反击,具体是指防守后的反击,在散打运动中,防守反击的本质就是控制与反控制。

(一)拳法防守反击

1. 摇避闪躲—左手直拳反击

对方右摆拳技术击打我方头部,我方以摇避躲闪对方来拳,再以左摆拳反击对方头部。

训练要点:准确判断对方进攻意图和进攻部位;防守和反击转换应快

速、及时、果断。

2. 格架防守—右手直拳反击

对方击打我方头部，我方应以格架防守对方来拳，与此同时，以右手直拳接左手摆拳反击，攻击对方头部。

训练要点：准确判断对方进攻意图和进攻部位；提高反击意识，提高防守与反击动作速度。

3. 推拍防守—右手直拳反击

对方用直拳技术击打我方头部，我方可推拍防守对方来拳，与此同时，以右手直拳反击对方头部。

训练要点：准确判断对方进攻意图和进攻部位；防守和反击转换应快速、及时、果断。

4. 后闪防守—左手摆拳反击—右手直拳反击

对方运用直拳击打我方头部，我方迅速躲闪，并伺机在对方身体前倾时以左手摆拳接右手直拳反击对方头部。

训练要点：准确判断对方进攻意图和进攻部位；提高防守与反击的速度，反击动作应迅速、果断。

(二)腿法防守反击

1. 提膝防守—左侧踹反击

对方鞭腿攻击我方下肢，我方应以提膝防守对方来腿，并以左腿侧踹反击对方头部。

训练要点：准确判断对方进攻意图和进攻部位；提膝防守应有缓冲；侧踹应快速、及时。

2. 撤步防守—左鞭腿反击

对方右鞭腿攻击我方大腿，我方应后撤左腿快速躲闪，同时以左鞭腿反击对方头部。

训练要点：准确判断对方进攻意图和进攻部位；撤步距离应适中；防守和反击转换迅速、果断。

3. 滑步防守—右鞭腿反击

对方左鞭腿攻击我方大腿，我方应以后滑步防守，并以右鞭腿反击对方大腿。

训练要点：准确判断对方进攻意图和进攻部位；后滑躲闪距离应适中；快速、果断反击。

4. 截击防守——右鞭腿反击

对方右鞭腿攻击我方头部，我方可以侧踹腿攻击对方躯干，阻截对方来腿，再迅速以右鞭腿反击对方头部。

训练要点：准确判断对方进攻意图和进攻部位；及时、准确阻截；迅速、果断反击。

(三)组合动作防守反击

1. 截击防守——下潜抱腿接过肩摔反击

对方运用直拳连续攻击我方头部时，我方应以侧踹腿阻截防守，防守未果时，对方常近身逼近，并运用拳法继续攻击我方头部，此时，可迅速下潜抱对方腿，将对方过肩摔倒。

训练要点：建立反击意识；下潜动作迅速。

2. 搂腿防守——右手直拳接勾踢摔反击

当对方右鞭腿攻击我方时，我方可上步搂对方腿防守，并趁搂腿伺机以右手直拳猛击对方面部，当对方躲避之时，以左勾踢动作将对方摔倒。

训练要点：准确判断对方进攻意图和进攻部位；直拳击打力量要大，为勾踢反击和破坏对方身体平衡奠定基础；反击过程中，"打"与"勾"的动作应同时进行。

3. 里抄防守——勾踢摔反击

当对方运用左鞭腿攻击躯干时，运用里抄防守，并迅速上步，双手用力旋转上掀并配合左勾踢将对方摔倒。

训练要点：里抄防守和上步动作要连贯；上掀动作要突然、快速；"掀"与"勾"的动作应同时进行。

4. 里抄防守——涮腿勾踢摔反击

对方以左侧踹腿攻击我方，我方可进行里抄防守，并迅速上步，涮腿勾踢对方，令对方摔倒。

训练要点：准确判断对方进攻意图和进攻部位；里抄防守和上步动作要

连贯;近身涮腿要快速;反击过程中,"别"与"勾踢"的动作应同时进行。

(四)反反击

1. 左直拳进攻—摆拳反击—摇避闪躲摆拳反反击

以左直拳进攻对方头部失利后,可用右摆拳动作反击,先摇避闪躲,再以左摆拳反反击。

训练要点:准确判断对方反击意图、技术和部位。

2. 右直拳进攻—抱腿摔反击—反夹颈摔反反击

以右直拳攻击对方头部失利后,可运用抱腿摔技术反击,以右手夹住对方颈部,将对方夹颈摔倒。

训练要点:准确判断对方反击意图和部位。

3. 左鞭腿进攻—鞭腿反击—搂腿冲拳勾踢反反击

向前垫步,以左鞭腿攻击对方左大腿失利后,可运用右鞭腿反击,反击过程中,先闪躲腿或躯干以免对方反击成功,再以搂腿勾踢将对方摔倒。

训练要点:准确判断对方反击意图、技术。

4. 单跳步侧踹腿进攻—鞭腿反击—转身摆腿反反击

以提膝单跳步拉近与对手的距离,争取近身搏击,再以左侧踹腿攻击对方躯干,对方顺利闪躲后,可运用左鞭腿反击,反击时,迅速转身,再以后摆腿反反击,踢击对方头部令其摔倒。

训练要点:准确判断对方反击意图、技术。

第二节　擒拿

一、擒拿概述

擒拿以武术技击为主要内容,是武术踢、打、摔、拿四大技击术的组成部分,是一项斗智、斗力、斗技的激烈的对抗性运动,可以至微之巧力一招制敌。

"擒拿"一词,在我国史籍中早有记载。"擒"即"擒者,捉也";"拿"即"控制"的意思。关于擒拿的技法要领,《春秋公羊传》庄公十二年记载:"(宋)万怒,搏闵公,绝其脰。"即运用"锁喉法"使敌人绝气而亡。

武术擒拿格斗起源于我国古代先民的生产劳动,在获取生产资料的过程中,徒手与禽兽搏斗,久而久之便形成了各种有效的制敌技巧和方法,这些攻防技能尽管没有脱离人类生产劳动的技能范畴,但其是武术擒拿的重要基础。

阶级社会民族矛盾与部落战争频发,使用武力成为争抢财富的重要手段,原来的人与兽的斗争变成人与人的斗争,武术擒拿就是在这种人与人的徒手搏斗中正式形成的。

擒拿有明显的技击作用,历代被兵家所重视。明代戚继光《纪效新书·拳经·捷要》中介绍各拳术名家时就有"鹰爪王之拿"的记载。清朝称为串指,民国时期,正式统称为"拿技""擒拿"。

现代擒拿可以分为大擒拿和小擒拿。其中,小擒拿又称"锁筋扣骨手",多为一些小巧功夫,用于近身格斗,通过锁拿敌人关节、筋脉等令对方失去反抗能力;大擒拿又称"分筋错骨手",通过拿捏敌人肌腱或利用反关节技术令敌人失去反抗功能。

目前,武术擒拿是公安专业人才的专项训练内容,是公安人员自卫防身和制敌的一项重要技术能力,其吸收各种格斗术,尤其是武术各拳种流派的技击精华,具有实用性、针对性和简捷性的特点。一般人也可进行擒拿格斗的教育训练,以提高自我防卫能力。

二、擒拿技能训练方法

(一)强化技巧

武术擒拿讲究实用巧劲,并不十分重视双方之间的直接、强硬对抗。因此,强化技巧,是习武者练习擒拿技术、提高擒拿技能水平的一个重要方法。

在学习擒拿技术动作的过程中,指导员或教练员应教授习武者弄清擒拿技术的正确特点,争取在动作与姿势的练习过程中,体会技法动作的用力顺序、运行方向、攻守技巧,以增强技法效果。

具体来说,在武术擒拿训练实践中,指导员或教练员应重视习武者对技法动作细节的掌握,因为动作细节往往决定了整个动作组合或动作套路的攻防效果,改进动作细节是强化技巧的基础,如此才能使习武者的擒拿技术动作更加协调、完整和准确。

（二）动作配合

武术擒拿格斗的实战要求较高,双方对抗过程中,需要习武者快速反应,并做到技术动作的连续、连贯配合,如此才能收到良好的制敌效果。

在擒拿训练过程中,指导员或教练员应在习武者建立正确的擒拿动作基础之上"趁热打铁",积极组织习武者强化擒拿技术动作的组合训练,使习武者能在准确掌握擒拿技术动作的基础上,掌握各种动作、技法的综合运用,以强化、巩固和提高擒拿实战技能。

（三）条件实战

条件实战是进行擒拿技法练习的重要训练方法。

擒拿强调对对手的制服,而制服效果是否有效,必须放到实战中去检验,鉴于运动者在学习过程中不可能一次就能实现良好的擒拿效果,同时又为了避免运动者在直接进入实战练习中受伤,故多采用条件实战进行练习。

条件实战练习中,可以结合运动者的擒拿基础和擒拿技术学练目标有针对性地安排两人或多人实战,其他人配合练习者进行实战,或者在条件实战中运动者相互配合进行有目的的训练。

在其他人配合练习者的实战中,教练员或指导员进行有针对性的攻击或防守,促进练习者多次使用所要练习的技法动作,提高其实战效果。

在两人的配合练习过程中,教练员或指导员对双方练习者提出不同的条件限制,如技术动作或组合、动作力度或速度等,以提高练习者在特殊情况下的反应、控制、攻防能力。

总的来说,在条件实战中,条件不同,技术培养也不同,但无论如何都应以练习者的擒拿能力和水平为基础,切忌进行超越其身体和技能范围之内的条件实战,以免造成运动损伤。

（四）自由实战

自由实战是擒拿技术训练的重要手段,习武者掌握擒拿技巧后,需要通过实战的检验才能进一步改进和提高。

具体来说,在习武者全面掌握现代擒拿技术动作的基础上,指导员或教练员应结合运动者的实际情况,安排相同运动能力和技术水平的人进行实战对抗,以保证对抗的公平性,实战对抗有助于双方对抗者的发展,而非强调一方的进步。

三、擒拿技法基础训练

(一)手法

(1)抓:五指合力将对方前臂或腕关节握住。

(2)压:前臂由上向下挤住对方来拳(掌)的前臂。

(3)托:用手掌由下向上举,控制对方手臂,阻止对方下击。

(4)刁:反手由里向外,小指一侧接触对方来拳(掌)的前臂或腕关节,五指合力攥住对方前臂或腕关节。

(5)拧:抓住对方前臂或腕关节,向里或向外旋转。

(6)推:向外或向前用力推挡对方来拳(掌)的前臂,使对方改变攻击方向。

(7)架:用前臂向上横截来拳(掌)的前臂。

(8)拨:用前臂由上向下、向里封堵对方的来拳(掌),使对方改变攻击方向。

(9)缠:当对方抓住我方手腕时,我方被抓手以腕关节为轴向上、向外、向下旋转,抓拧对方手腕。

(10)搅架:用前臂向斜上方架出,上架、外旋对方来拳(掌)的前臂,使对方改变攻击方向。

(11)掳抓:用前臂由下向上横截对方的来拳(掌),双方的手臂相触时,顺势反手抓紧对方前臂或腕关节,并用力向我方的斜下方拉拽,使对方失去重心而摔倒。

(二)步法

1. 滑步技术

1)前滑步

由实战姿势开始,右脚蹬地,左脚向前滑进一步,右脚随即跟进(图 9-14)。

训练要点:两脚保持原距离前移,上体姿势不变。

2)后滑步

由实战姿势开始,左脚蹬地,右脚先向后滑退一步,左脚随即跟进(图 9-15)。

训练要点:后滑时,右脚略提起,左脚用短促弹力向前蹬地。后滑步的步长与前滑步相同。

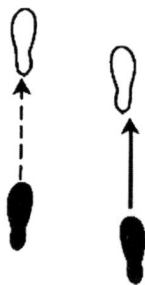 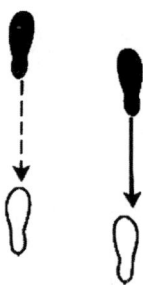

图 9-14   图 9-15

3)左滑步

动作要领:由实战姿势开始,右脚前掌内侧左蹬地,左脚左滑步,右脚迅速跟上(图 9-16)。

训练要点:蹬地动作短促有力,身体协调跟进。

4)右滑步

由实战姿势开始,左脚前掌内侧右蹬地,右脚右滑步,左脚迅速跟上(图 9-17)。

训练要点:蹬地动作短促有力,身体协调跟进。

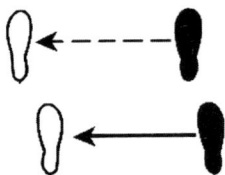 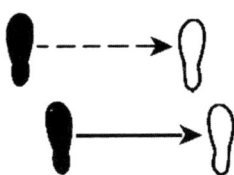

图 9-16   图 9-17

2.环绕步技术

1)左环绕步

由实战姿势开始,左环绕滑动时,右脚蹬地,左脚先向左斜前方滑移,着地后右脚迅速向同一方向跟进,重心随之向斜前方移动(图 9-18)。

训练要点:身体协调发力,绕弧形路线走步。

2)右环绕步

同左环绕步,只是动作方向相反(图 9-19)。

训练要点:同左环绕步。

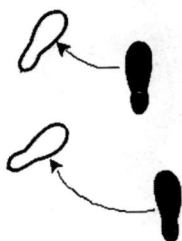

图 9-18　　　　　　　　　图 9-19

3. 垫步技术

由实战姿势开始,后脚蹬地,同时,向前脚的内侧靠拢,前腿屈膝提起。

训练要点:并拢要快,动作连贯,身体前移不腾空。

4. 纵步技术

由实战姿势开始,单腿纵步时,一腿提膝,另一腿连续蹬地前移。双腿纵步时,两脚同时蹬地起跳。

训练要点:上体正直,腰髋收紧,腾空要低。

(三)基本功

1. 指力训练

1)指功
两手食指交替戳击墙壁、木桩或其他物体。
训练要点:初学者,力量不宜过大,以免损伤手指。

2)抓罐子
两腿屈膝,半蹲成马步,左右手交替抓罐子(图 9-20)。
训练要点:罐子可装沙负重,但注意控制重量,适应后可逐渐增加重量和练习次数。

3)抓沙袋
一手上抛沙袋,待其下落时另一手迅速抓握,左右手交替抛接沙袋,反复进行(图 9-21)。
训练要点:沙袋重量适宜;可两人或多人互相扔、抓沙袋;注意抛接过程中的安全。

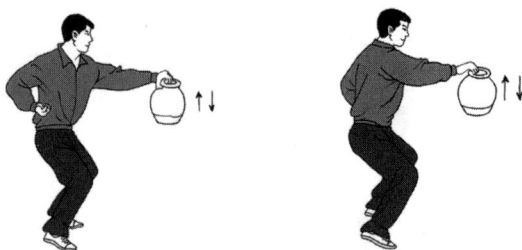

图 9-20

图 9-21

4)抓铁球

两腿开立半蹲,一手抓握铁球,上抛。当铁球下落时,另一手迅速抓握,两手交替进行(图 9-22)。

训练要点:合理选择铁球的重量,训练适应后,可逐渐增加重量和练习次数。

图 9-22

2. 臂、腕力量训练

1)推砖

马步开立,上体正直,两手各握一块砖,拇指在上,屈肘收于两腰侧,左右两手交替向前平推(图 9-23)。

　　训练要点:初学者负重不要过重,结合自身的训练基础、时间、次数和效果逐渐增加重量。

图 9-23

　　2)拧棒

　　在圆木棒上系块砖,两手各握木棒两端。马步开立,两手前伸握棒,两手向前下用力拧棒,拧起重物(图 9-24)。

　　训练要点:初学者负重不要过重,结合自身的训练基础、时间、次数和效果逐渐增加重量。

图 9-24

　　3)缠腕

　　二人一组,相对蹲成马步。甲乙双方同时伸出左手或右手,由对方外侧向里,腕处交手,同时向外旋,掌心向下,虎口向前抓握对方手臂向下拧压,再松手,换另一手缠腕(图 9-25)。

　　训练要点:注意体会缠腕的动作和用力力度,下体保持马步姿势不动,反复练习。

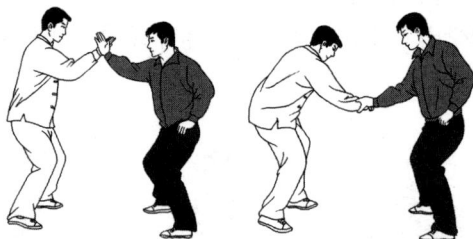

图 9-25

四、擒拿与反擒拿技法训练

当前,武术擒拿技术发展已经非常完善,各种擒拿与反擒拿技法内容丰富,这里重点分析以下几种常用技法。

(一)缠臂推击

对方背后抓我方右肩(图 9-26),应迅速左后转,左臂抢绕缠夹对方右臂,右掌推击对方下颏(图 9-27)。

训练要点:抢绕要快,缠夹要紧,发力短促。

图 9-26   图 9-27

(二)挑掌抓拧

对方正面左手抓握我方手腕,及时上步,屈肘,挑掌(图 9-28、图 9-29);内旋小臂,右掌由上向右下翻切,反抓对方左腕,同时,右脚后撤,翻拧对方手腕(图 9-30、图 9-31)。

训练要点:手法与步法协调配合;抓拧有力。

图 9-28

图 9-29

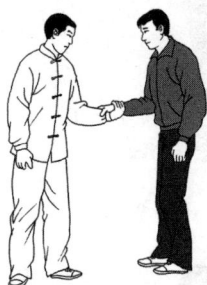

图 9-30

图 9-31

(三)掀压击肘

对方正面双手抓我方双肩(图 9-32);可用双手从对方双手间环抱,左臂上掀、右臂下压其肘部解脱(图 9-33);之后,以左手顺对方右臂内侧下捋,刁抓其右手腕,上步,屈肘横击对方左颊(图 9-34)。

训练要点:动作应标准,否则技法效果不明显,容易给对方造成反击机会。

图 9-32

图 9-33

图 9-34

(四)扣腕格肘

对方抓我方右腕,可用左手由上向下扣握住对方右手,随后,屈右肘横抬(图9-35、图9-36);左脚上步,右手变掌,反抓握住对方右手腕,并用力向内拉,上体右倾,左肘向下格压对方右肘(图9-37、图9-38)。

训练要点:扣、抓、拉动作要紧,格压有力。

图 9-35   图 9-36

图 9-37   图 9-38

(五)撑脱顶肘

对方双臂抱我方(图9-39),右脚后撤步,身体快速下蹲,屈肘外撑解脱(图9-40);随后,可以左手刁抓对方右腕,右肘尖猛击对方肋部(图9-41)。

训练要点:技法动作运用应连贯。

(六)抓颈顶裆

对方掐我方颈喉,我方应立即后撤步,屈肘上抬,两小臂从里向外格挡对方小臂(图9-42);顺势以手掌砍抓对方颈部(图9-43),并趁机抓握对方后颈部,抬右膝,顶击对方(图9-44)。

训练要点:抓颈突然,发力迅猛,上下肢协调配合。

图 9-39　　　　　　　图 9-40　　　　　　　图 9-41

图 9-42　　　　　　　图 9-43　　　　　　　图 9-44

(七)拧颈顶裆

对方搂抱我方腰(图 9-45),应用右手扳对方后脑并猛带入怀,同时,左手推按对方下颏,拧转对方头部以解脱(图 9-46);随后,抬左膝顶击对方(图 9-47)。

训练要点:动作连贯、发力快脆。

图 9-45　　　　　　　图 9-46　　　　　　　图 9-47

(八)拉臂侧摔

对方锁我方喉部,应迅速用右手抓对方小臂(图9-48、图9-49),左脚撤步,左转身,左臂向后下外拨对方身体,将对方摔倒(图9-50、图9-51)。

训练要点:动作迅速、准确、有力。

图 9-48

图 9-49

图 9-50

图 9-51

第三节　摔跤

一、摔跤概述

摔跤运动是一项由两人直接接触、互相搂抱或抓握,将对方摔倒的对抗性运动。

　　摔跤运动起源于原始社会,当时,生产力低下,人们在徒手与野兽搏斗中形成了最初的摔跤技法,人与人之间的搏斗直接促进了摔跤这一运动形式的形成。

　　现代摔跤兴起于西方国家,先后形成了古典式摔跤(希腊—罗马式摔跤)和自由式摔跤两大形式。第1届现代奥运会中,古典式摔跤是正式比赛项目之一。1904年的第3届现代奥运会上,自由式摔跤被列为正式比赛项目。2008年北京奥运会上,我国选手常永祥获得了一枚银牌,创历史最好成绩。

　　中国式摔跤是我国传统武术的重要组成部分,其与现代竞技摔跤类似。早在两千多年前,我国就出现了摔跤活动。1975年湖北江陵出土的古代摔跤画面是现存最早的摔跤实物资料。至清末,我国传统摔跤技术已经非常成熟。

　　我国传统摔跤运动融入了传统武术的相关动作,具有良好的健身作用和实用技击效果,在当今社会仍具有重要的学习和参与价值。

二、摔跤技法基础训练

(一)手法

1. 跤衣抓握

　　跤衣是摔跤运动的专业服装,无论训练还是比赛都必须穿。训练或比赛中抓握对方跤衣是一个重要的摔跤手法。

　　(1)大领抓握:拇指在内,其余四指在外抓握对方衣领。

　　(2)捌扒领抓握:拇指在外,其余四指在内抓握对方跤衣。

　　(3)小袖抓握:拇指在外,其余四指在内抓握对方小袖。

　　(4)直门抓握:拇指在内,其余四指在外,虎口朝上,抓握对方跤衣直门。

　　(5)偏门抓握(揪偏门):拇指在外,其余四指在内,虎口朝上,抓握对方跤衣偏门。

　　(6)后带抓握:右(左)手经对方左(右)肩,拇指在内,其余四指在外,手心朝下捌抓对方跤衣后带。

2. 手臂抓握

　　(1)拿臂:两手拿住对方手臂拉攦。

　　(2)倒臂:两手倒拿对方一臂,横干自己胸前。

(3)接臂:两手接拿对方一臂,借对方夺臂仰身之机进招。

(4)擦臂:右(左)手捛住对方右(左)上臂擦拉。

(5)圈臂:以右(左)手圈住对方左(右)上臂,令对方难以转动。

3. 颈部抓握

(1)抱脖:以手臂搂住对方脖颈,钳住对方。

(2)夹脖:双方相背,以肘部夹住对方脖颈,令对方不得动弹。

(3)反夹脖:双方相对,以肘部夹住对方脖颈,腋下发力,用手挟对方下颏。

(二)步法

(1)上步:脚步向前纵向移动。

(2)跨步:横向移动,用于逼近或远离对方。

(3)撤步:脚步纵向积极后移。

(4)滑步:前脚往前纵向滑动,后脚跟随前滑。

(5)划步:活腿(前腿)经底腿前走弧形步。

(6)败步:一种败中求胜步法,在不得脱身和进招时,待对方扒腰紧迫时,借力转体用腿起别子,以活腿侧后横跨移动。

(7)车轮步:活腿向后侧走弧线,底腿随之后撤。

(8)三点步:摔跤运动中的三点步,脚步动作实际上只有两步,第三步为攻击上步动作。具体来说,第一步上活腿稳定重心,第二步上底腿调整进攻距离,第三步上步攻击。

三、摔跤实用技法训练

(一)过肩摔法

1. 抱单臂挑

甲乙互相插捧,甲左臂夹乙右臂,右臂夹住乙右臂,右腿别乙右大腿,身体向右前下方用力压乙单臂,使乙后倒(图9-52)。

2. 握臂过肩摔

甲乙右势站立,甲右臂夹乙右臂于腋下,右肩插乙右腋下,上右步于乙右脚前,背右步于乙右脚前,屈膝,降低重心,下拉双臂,双腿蹬地,将乙过肩摔倒(图 9-53)。

图 9-52

图 9-53

3. 钻扛向后摔

甲左势站立,乙右势站立。甲右手抓握乙右腕,左臂圈乙右臂,右转体,胸部挤压乙右臂。乙后挣,甲降低重心,右膝跪地,头部潜入乙右腋下,将乙抱腰摔倒(图 9-54)。

(二)过背摔法

1. 抱肩颈过背摔

甲乙右势站立,甲左手插入乙右腋下,右手圈乙头颈,上右脚于乙右脚前,背左步于乙左脚前,屈膝,降低重心,将乙背腰摔倒(图 9-55)。

图 9-54

图 9-55

2. 握颈和臂过背摔

甲乙右势站立,甲左臂夹乙右臂,右臂握乙头颈,上左步于乙左脚前,左脚背步于乙左脚前,屈膝,降低重心,将乙背腰摔倒(图 9-56)。

图 9-56

3. 握臂和躯干过背摔

甲乙右势站立,甲左手握乙右臂,右手扶乙后背,上右脚于乙右脚前,背左步于乙左脚前,屈膝,降低重心,将乙背腰摔倒(图 9-57)。

图 9-57

(三)过胸摔法

1. 正抱躯干过胸摔

甲乙互搂对方肩颈,甲上右步,屈膝,两臂勒抱乙左臂,主动后倒,并以腹撞击对方,后仰挺胸倒地前瞬间,身体左转,将乙摔倒(图 9-58)。

图 9-58

2. 侧面抱躯干过胸摔

甲乙右势站立,甲右手握乙左腕,左手握拉乙左上臂,右脚上步于乙左脚后,双臂搂抱乙上体及左臂,屈膝蹬地,挺腹后仰,将乙向后摔倒(图9-59)。

图 9-59

3. 后抱腰过胸摔

甲潜入乙身后抱其腰,屈膝,双臂勒紧乙腰部,主动后倒,并蹬地发力,以腹撞击乙臀部,后仰,将乙摔倒(图9-60)。

图 9-60

(四)抱绊腿摔法

1. 抱单腿压摔

甲乙右势站立,双手抱拉乙左大腿,上右步于乙两腿之间,左脚撤步,左手握乙左脚跟,以肩压乙膝部,使乙左侧摔倒(图9-61)。

图 9-61

2. 抱双腿前摔

甲乙右势站立,甲两臂环抱乙双腿,右上步于乙两腿之间,胸部紧贴乙腿部,向上扛起乙,左转体,屈膝,将乙向下摔倒(图 9-62)。

图 9-62

3. 内勾腿摔

甲乙互相插捧,甲右腿从乙两腿间向外勾其左腿,将乙摔倒(图 9-63)。

图 9-63

(五)抱折摔法

1. 抱单臂折

甲乙互相插捧,甲左臂夹乙右臂,右手握乙右臂,引牵乙时突然向左前发力,下折乙单臂,使乙失去重心而后倒(图 9-64)。

图 9-64

2. 抱腰折

甲乙互相插捧,甲右臂上捧乙左腋,突然下沉身体,左手与右手搭扣抱乙上体及左臂,上右步于乙两脚之间,勒抱乙腰部并前顶,将乙向后摔倒（图 9-65）。

(a)　　(b)　　(c)

图 9-65

参考文献

[1]刘文海.文化认同视域下武术文化传承与对策研究[J].民族传统体育,2015(34).

[2]李信厚,郑健.文化视域下武术文化的认同与自觉[J].广州体育学院学报,2016(5).

[3]刘伟林.气韵论[J].华南师范大学学报(社会科学版),1998(4).

[4]李萍.哲学视域下中华武术文化研究[M].长春:东北师范大学出版社,2011.

[5]李亚云.文化自觉视角下武术文化发展研究[D].西安体育学院,2015.

[6]王岗,邱丕相,包磊.重构学校武术教育体系必须强化"国学意识"[J].体育学刊,2009(9).

[7]冉学东.对中国武术体育化进程的文化反思[J].成都体育学院学报,2014(1).

[8]张志辉.竞技武术套路竞赛规则嬗变的研究[D].北京:北京体育大学,2015.

[9]张雪鹏."文化进化"视域下审视传统武术技击嬗变[J].武术研究,2016(5).

[10]张岩松,陈振勇.文化学视域下剖析武术的技击本质与文化内涵[J].中华武术·研究,2015(12).

[11]赵斌,代凌江.峨眉武术文化的特征与发展路径[J].上海体育学院学报,2015(4).

[12]全国体育学院教材委员会.武术[M].北京:人民体育出版社,2009.

[13]闫洪涛,左文泉,潘治国.武术的文化底蕴与运动原理[M].西安:西安地图出版社,2009.

[14]汤一介.武术文化与修身[M].北京:中央编译出版社,2008.

[15]霸文革.社会视域下对传统武术的发展现状与困境的解读[J].中华武术(研究),2012(6).

[16]何艳强.武术教育中武术文化传承的研究[D].郑州:河南大

学,2013.

[17]王岗,李世宏.学校武术教育发展的现状、问题与思考[J].成都体育学院学报,2011(5).

[18]王燕.论中国传统武术文化的继承和发展[J].哈尔滨体育学院学报,2006(6).

[19]体育院校成人教育协作组《武术》教材编写组.武术[M].北京:人民体育出版社,1997.

[20]国家体育总局武术研究院组编.陈式太极拳[M].北京:高等教育出版社,2009.

[21]国家体育总局武术研究院组编.武式太极拳[M].北京:高等教育出版社,2009.

[22]国家体育总局武术研究院组编.杨式太极拳[M].北京:高等教育出版社,2009.

[23]国家体育总局武术研究院组编.吴式太极拳[M].北京:高等教育出版社,2009.

[24]袁东,贾文琴,胡宝林.南拳[M].昆明:云南大学出版社,2014.

[25]国家体育总局武术研究院组编.长拳[M].北京:高等教育出版社,2010.

[26]杨艳,朱方兴.浅谈气功易筋经的健身作用[J].中共太原市委党校学报,2016(5).

[27]马小兵.五禽戏发展历程研究[J].武术研究,2016(12).

[28]赵向丽.六字诀发展演变的研究[D].福州:福建师范大学,2012.

[29]吴靖龙.八段锦的身心功效与锻炼误区的研究[J].搏击(武术科学),2012(7).

[30]国家体育总局健身气功管理中心.健身气功:易筋经、五禽戏、六字诀、八段锦[M].北京:人民体育出版社,2005.

[31]王智慧.散打技术与实战训练[M].北京:人民体育出版社,2012.

[32]李德祥,王泽.武术擒拿格斗[M].北京:北京师范大学出版社,2013.

[33]邓卫民.擒拿格斗[M].北京:中国人民公安大学出版社,2009.